Family Counseling and Family Therapy

[제3판]

가족상담 및 가족치료

김지영 박선영 공저

–부부·가족상담의 이론과 실제–

양 성 원

머리말

최근의 가족상담의 관점과 기법은 다양하고 빠르게 변화하고 있고, 한국의 가족상담과 가족치료도 빠른 속도로 발전하고 있다. 1970년대 말 국내 대학에서 가족상담 과목이 개설된 이래로 다양한 교재와 자료들이 출간되었다. 이 책의 저자들은 대학에서 가족상담을 가르치고 임상 현장에서 가족상담을 담당하면서 전문성을 키워온 교육자이자 상담자들로서, 독자들이 가족치료의 핵심이론을 보다 쉽게 이해할 수 있는 교재가 필요하다는데 뜻을 함께해 책을 쓰게 되었고, 증보한 내용으로 3판을 출간하게 되었다.

'가족상담 및 가족치료 -부부 · 가족상담의 이론과 실제-'는 가족과 부부상담 분야의 가장 중요한 내용을 간추려서 이해하기 쉽도록 썼다. 또한 각 장이 끝날 때마다 각장에 대한 핵심개념 체크, 평가문제를 소개하였다. 이 책의 편집체계는 대학에서 한 학기 교재로 가족상담과 가족치료를 효과적으로 가르치고 이해하는데 적절하도록 구성하였다. 이 책에서 사용한 가족상담(가족치료) 용어는 가족문제 해결에 필요한 정보와 교육, 문제의 예방 및 성장 그리고 심리, 정서적인 어려움과 이상행동의 교정적 접근을 포괄하고 있다.

이 책은 총 4부 15장으로 구성되어 있다. 1부 부부 · 가족상담의 이해에서는 가족상담을 이해하기 위한 기본적인 내용과 개념들을 다루며, 1장과 2장으로 구성되어 있다. 1장에서는 가족상담의 발달과 개인상담과의 차이점에 대해 소개하고 있다. 2장에서는 가족상담의 기본 개념이 되는 초기 가족상담 모델의 이론적 기초와 특성을 살펴보았다.

2부 전기 부부 · 가족상담 모델과 실제에서는 대표적인 가족상담 모델 6개를 선정하여 이 모델들의 이론적 배경, 상담목표, 주요개념, 상담기법 및 사례를 설명하고 있고, 3, 4, 5, 6, 7, 8장으로 구성되어 있다. 3장은 대상관계 가족상담, 4장은 보웬의 다세대 가족상담, 5장은 사티어의 경험적 가족상담, 6장은 미누친의 구조적 가족상담, 7장은 전략적 가족상담, 8장은 인지행동 가족상담에 관해 다루고 있다.

3부 후기 부부·가족상담 모델과 실제에서는 후기 가족상담의 기본 이론과 개념들을 다루고, 대표적인 가족상담 모델 2개와 부부상담 모델 1개를 선정하여 이 모델들의 이론적 배경, 상담목표, 상담과정 및 상담기법과 사례를 소개하고 있고, 9, 10, 11, 12장으로 구성되어 있다. 9장은 후기 가족상담의 배경이 된 이론을 살펴보고, 10장은 해결중심 단기 가족상담, 11장은 이야기치료 그리고 12장은 가트맨 부부상담에 관해 다루고 있다. 13장은 가족의 관계 상실로 인한 위기 상담 중에서 부부 외도 후 상담과 사별 후 애도상담에 대한 내용이 추가되었다.

4부 가족 사정과 평가에서는 가족상담의 실제에서 중요하게 고려해야 할 점에 대해 다루고 있고, 14, 15, 16장으로 구성되어 있다. 14장에서는 가족생활주기별 발달과제와 한국의 가족문제 및 가족상담의 쟁점을 살피고, 15장에서는 가족평가의 개념과 여러 평가도구를 고찰하였다. 마지막 16장에서는 가족상담에서의 윤리적 딜레마와 윤리강령을 더 고찰하였다.

이 책의 기획부터 집필과 교정의 전 과정을 저자들이 더 좋은 책을 만들기 위해 수차례 의견조율과 내용검토를 하였고, 이 책이 가족상담에 관심 있는 학생, 임상가, 학자들에게 도움이 될 수 있도록 많은 노력을 기울였다.

끝으로 이 책의 집필을 격려하고 지원해 주신 양성원 사장님과 편집, 교정으로 수고해 주신 편집팀에게 진심으로 감사드린다.

2025년 2월

저자 일동

Content

PART 01 부부 · 가족상담의 이해

Contents

PART 02 전기 부부 · 가족상담 모델과 실제

Contents

PART 04 가족 사정(Assessment)과 평가

Part 1

부부 · 가족상담의 이해

01 Chapter

부부 · 가족상담의 이해

1 가족(부부)상담의 개념

인간은 독특한 개성을 지니고 태어나, 가족생활 안에서 경험을 통해 성장하므로 가족에 대한 다양한 이론과 가족의 역동, 그리고 문제행동에 대해 살펴보는 것은 가족을 이해하는데 중요하다.

1) 부부 · 가족의 개념

가족은 남성과 여성이 만나서 이루어지는 기본 공동체로서 이것이 부부 및 가족의 시작이다. 공동체로서의 부부 · 가족은 사회를 구성하는 기본적이고 기초적 단위라고 할 수 있다. 부부 · 가족 관계를 기초로 하여 부모 자녀관계, 형제자매 관계가 형성되며, 서로 깊은 정서적 끈으로 연결되게 된다. 부부도 하나의 체계로 볼 수 있고, 그 아래 부모 · 자녀와 형제간의 하위체계가 형성된다.

부부 공동체(집합)로서의 가족의 측면은 한 곳에서 주거와 경제생활을 함께하며 성, 애정, 성장, 휴식, 안전의 욕구 등을 충족하는 곳을 의미한다. 서로의 욕구를 인정하는 관계는 이성적이라기보다 강한 정서적인 그물망(감정적으로 뒤엉킴) 형태를 가지고 있다.

2 가족(부부)상담의 필요성 및 특징

1) 가족(부부)상담이 필요한 상황

① 가족과 함께 있는 공간 및 시간에 대해 불편해하고, 긴장과 불안감을 느끼며 위축되는 경우

② 한 사람에게 가족원의 역할과 기능이 집중되어 있어 가족원이 수동적으로 행동하는 경우

③ 가족원의 역할과 기능이 과도하게 전도되어 있는 경우

④ 가족 한 사람의 부적응으로 인해 가족 전체가 위기를 맞은 경우

⑤ 가족원 중 한두 사람의 존재가 문제라는 인식 때문에 다른 가족과의 관계가 계속 불안한 경우

⑥ 가족 간에 부정적이고 부적절한 의사소통이 지속되고, 의사소통을 통해 더욱 문제가 확대될 경우

⑦ 예기치 않은 외부사건의 발생으로 인하여 가족 전체가 긴장에 빠져있는 경우

⑧ 가족 내 죽음, 이별, 입양 등으로 가족이 재 강화되어야 할 필요가 있는 경우

⑨ 문제가 가족관계 맥락(부부갈등, 형제갈등, 세대 간 갈등)에서 일어나는 경우

⑩ 청소년 자녀의 범죄 문제, 청소년 자녀의 급성 조현병(정신분열증) 증세가 나타날 경우

2) 가족(부부)상담시 지켜야 할 기본 원리

① 가족문제를 가족원 간의 관계성에서 파악한다.

② 가족관계에 대해 선형적 인과론이 아닌 순환적 인과론에 초점을 둔다.

③ 가족치료는 주로 현재 상황에 초점을 맞추어 진행한다.

④ 가족 내의 문제와 갈등의 내용도 중요하지만, 그로 인해 어떤 결과가 초래되었

는지에 대해서도 주목하고 가족들에게도 인식시키도록 한다.

⑤ 상담자는 가능한 과거와는 다른 행동을 시도할 수 있도록 조력한다.

3) 가족(부부)상담의 논리적 기반

한 가족 구성원이 보이는 역기능적 행동은 가족체계가 불균형을 이루는 데서 기인하며, 환자(IP: Identified Patient)[1)]로 지목된 사람은 전체 가족의 대표자에 불과하므로, 가족단위를 치료의 대상으로 삼아야 한다.

가족의 역기능적인 측면이 치료가 된다면 IP(가족으로부터 문제시되고 있는 사람)의 문제행동은 사라질 것이라는 가정을 한다.

4) 체계이론에 입각한 가족(부부)상담을 위한 전제

① 가족은 여러 가지 하위체계로 구성되어 있다.

② 모든 가족은 경계를 가지고 있다.

③ 가족은 부분의 합보다 크다.

④ 가족체계의 한 변화는 다른 체계의 변화를 이끈다.

⑤ 가족체계의 움직임은 일반적인 규칙에 의해 지배되고 있다.

⑥ 가족은 가족의 항상성을 유지하기 위해 변화에 대해 지속적으로 반응한다.

⑦ 가족치료에서 개인의 문제는 그 개인(IP)의 심리 내적 문제로만이 아니라, 그를 둘러싼 가족이라는 맥락 속에서 이해한다.

5) 가족(부부)상담과 개인치료의 차이

(1) 가족(부부)상담

① 가족(부부) 상담에서 중요하게 다루는 것은 '관계'이다.

② 치료의 단위는 개인이 속한 관계의 망이다.

1) IP(Identified Patient) : 가족 안에서 문제를 가지고 있다고 지목 받는 사람(가족으로부터 문제시되고 있는 사람)

③ 내담자를 능동적 선택을 할 수 있는 존재로 보고, 문제의 원인을 객관적 잣대로 진단하기보다 개인을 둘러싼 체계의 역기능적 상호작용에서 찾는다.

④ 해결에 초점을 두고 구체적인 목표를 설정해서 종결을 생각하고 치료를 설계하므로 개인상담에 비해 치료기간이 단기적이다.

(2) 개인상담

① 문제의 원인을 개인에게서 찾는다.

② 내담자를 수동적, 반응적 존재로 보고, 내담자 개인의 과거와 현재 경험, 내면의 무의식적 역동, 행동을 객관적이고 정확하게 진단하고 평가한다.

③ 진단과 평가에 따라 다양한 상담이론으로 단기 혹은 장기적인 치료를 한다.

〈표 1-1〉 가족상담과 개인상담의 비교

구분	가족상담	개인상담
문제의 원인	• 개인을 둘러싼 가족이나 사회체계 사회맥락에서 의미 있는 사람과의 역기능적인 상호작용의 결과(상호관계적 영향) • 문제는 내담자의 가족이나 관계의 역기능과 직접적으로 연관됨 • 지금-여기에 초점	• 개인에서 찾음 : 내담자의 내적 역동, 내담자의 특성, 내담자의 행동과 연관 • 개인의 과거/현재의 경험, 내면의 갈등 • 과거에 초점(거기-지금)
내담자의 대한 시각	• 내담자는 능동적인 선택을 할 수 있는 존재 (선택의 자유)	• 수동적이고 반응적인 존재 (결정적).
인과관계를 보는 시각	• 순환적 연관성이고 회귀적인 인과관계 (A이면 B이고 다시 B이면 A이다.) (상호인과관계)	• 선형적인 인과관계 (A이면 B이다) (흑백논리)
문제의 진단과 해결 과정	• 문제를 객관적인 잣대로 정확하게 진단하지 않음	• 객관적이고 정확하게 진단하고 평가함
세상과 실재를 바라보는 시각	• 유기체론적 세계관	• 기계론적 세계관
치료기간	• 단기 : 가족체계 구성원의 내면 갈등보다는 개인을 둘러싼 역기능적 상호작용에 초점을 둔다.	• 단기, 장기
치료단위	• 가족체계 속의 구성원	• 문제행동을 보이는 개인

6) 가족(부부)상담 전문가(가족-부부상담사)의 역할

가족(부부)상담사는 심리치료와 가족체계이론 분야에서 임상실습 훈련을 받은 전문가(치료전문가, 임상심리전문가, 정신과의사)로서, 결혼, 부부, 가족체계의 맥락에서 정신장애(mental disorder)와 정서장애(emotional disturbance)를 진단하고 치료할 자격을 가진 정신건강 전문가를 말한다.

가족치료사의 관심은 가족 속에서 일어나는 바람직하지 않은 관계의 연쇄고리를 끊고, 건강한 연쇄고리를 새롭게 만들어서 선순환이 되도록 돕는 것이다.

- 가족(부부)상담 전문가는 무엇을 볼 수 있어야 하는가?
  가족의 상호작용, 심리적인 경계선, 의사소통과 대처방식, 자녀의 욕구와 부모의 욕구, 가족규칙, 가족기대, 가족비밀, 가족신화, 가족권력과 역할, 감정수준과 감정표현, 가족의 형태(핵가족, 확대가족, 모자가족, 별거, 이혼, 재혼가족 등), 가족발달주기에 의한 가족의 중요한 사건, 가족의 주 호소문제, 가족의 자원 및 장점, 사회적 관계망을 어떻게 형성하고 있는가를 볼 수 있어야 하고, 이에 따른 상담목표를 세워야 한다.

3 가족(부부)상담의 목표

가족(부부)상담의 특징은 가족을 하나의 체계로 보고 가족의 역기능적 측면을 변화, 제거하기 위해 직접 개입하는 상담적 접근법이라는 점이다. 포괄적인 가족상담 영역 중에서 특히 관계에서 파생되는 면을 중시한다. 그리고 전문적인 지식을 가지고 가족에게 제기된 다양한 문제에 개입하는 전문적인 치료라는 점이다.

가족상담의 목표는 가족의 가치, 욕구를 바탕으로 가족의 역기능적인 문제(의사소통, 신화, 정서분화)를 파악해 가족원들이 인식하도록 돕고, 가족의 생태변화와 구체적인 행동변화를 통해서 가족원의 관계와 가족체계의 기능을 향상시켜 문제증상이 완화되거나 해소되도록 돕는 것이다.

– 전체적인 가족의 기능의 향상

– 개인을 둘러싼 가족의 역기능적인 문제를 중심으로 해결하도록 함

가족상담 목표설정 시 고려할 점

① 가족이 상담을 통해서 달성하고 싶은 상태에 대해서 명확히 표현하도록 한다.
② 단기목표와 장기목표를 구분한다.
③ 쉽게 달성할 수 있는 것을 설정하여 동기부여가 되도록 한다.
④ 가족원 간의 목표에 대한 합의가 필요하다.
⑤ 목표는 구체적이고 명확해야 한다.

4 가족(부부)상담의 발전

1) 외국

① 1930년대~1940년대 : 가족상담의 인식기

– 1920~30년대 생물학자였던 베르탈란피(Ludwig von Bertalanffy)는 세상과 사람을 유기체로 보는 생물학적 관점을 발전시켰고, 그로부터 일반체계이론이 발전하게 되었다(Bertalanffy, 1968).

– 위너(Norbert Wiener)가 처음 사용한 사이버네틱스라는 용어는 사람 간의 의사소통 유형이나 피드백 과정에 관심을 돌리는데 크게 공헌하였고, 가족치료의 태동에 영향을 주었다.

– 1930년대 후반 체계론적 사고가 등장한 후 1940년대 초반에 미국이 2차 대진을 겪으면서 전쟁의 승리를 위해 국방기관에 다학제팀을 만들었다. 팀의

일원으로 있던 인류학자 베이트슨(Gregory Bateson)은 1946년 사이버네틱스 토론의 장인 메이시회의에서 기계론적 모형의 한계를 지적하고, 다양성 속에서 공통적인 조직원리를 발견하는 피드백의 순환과정을 강조하였다. 그의 공헌은 상호작용과 관계패턴에 초점을 두는 가족치료의 태동에 직접적인 동인이 되었다.

② **1950년대 : 가족상담의 형성기**

- 1945년 2차 대전 후 전쟁으로 인한 결혼의 지연, 가족 스트레스가 증가, 베이비 붐 등 가족생활의 급격한 변화가 왔고, 이에 따라 가족의 안정성 회복을 통한 사회안정에 관심이 모아지게 되었다.
- 당시 정신분열증(조현병)을 전통적 방식으로 해결하기 어려워 가족에 대한 관찰과 연구가 시작되었다. 베이트슨은 1954년 조현병 환자 가족에 관한 이중구속가설을 발표해 조현병이 대인적, 관계적 현상이라고 보았다.
- 애커먼(Nathan Ackerman)은 아동과 어머니를 함께 면담하면서 개인에게 가족환경이 미치는 영향을 중시했고, 가족평가와 치료를 주도하는 선구자적 역할을 하였다.
- 보웬은 가족을 정서적 단위로 보고 다세대에 걸쳐 전수되는 정서적 융합으로 조현병이 발생된다고 설명하였다. '가족치료'라는 용어가 1955년 보웬의 논문에서 처음 언급되었고, 그 후 1957년 3월 시카고에서 열린 미국 정신예방학회에서 공식용어로 채택되었다.
- 위터커(Carl Whitaker)는 조현병환자를 위해 '놀이치료'와 '경험적 가족치료'를, 리즈(Theodore Lidz)는 '부부균열'과 '부부불균형' 개념을, 윈(Lyman Wynne)은 '거짓 친밀성' '거짓 적대성' '고무 울타리' 개념을, 보조르메니-나지(Boszormenyi- Nagy)는 다세대 영향을 강조한 '맥락적 가족치료' 이론을 확립하였다.

– 가족은 '살아 있는 체계', 즉 '유기체'라는 관점이 생기면서, 개인을 변화시키기 위한 가장 효과적인 방법은 가족체계를 변화시키는 것이며, 개인의 변화 역시 가족의 변화를 가져온다라는 인식이 시작되었다.

③ **1960년대 : 확대기**

– 가족치료에 대한 관심이 매우 고조된 시기이며, 가족치료 학술지 『Family Process』가 1962년 발간되었다.

– 캘리포니아 팔로알토의 정신건강연구소(MRI)의 잭슨은 '가족의 항상성' 개념을 발전시켰으며, 헤일리는 '이중구속' 개념을, 사티어는 '의사소통과 상호작용' 개념을 발전시켰다. 미국 동부에서는 미누친이 '역기능적 가족구조'를 발견해 구조적 가족치료를 발전시켰다.

④ **1970년대 : 정립과 혁신기**

– 가족치료는 1970년대 개화기를 맞는다. 관련 출판물들은 최고조에 달했고, 체계론적 관점이 가족상담에 적용되면서, 치료 이론과 기술에 혁신적 변화와 발전을 가져왔다.

– 1972년 베이트슨의 '마음의 생태학(Step to an Ecology of Mind)' 출판은 가족치료 연구자들의 큰 호응을 얻었다. '대상에서 관계로의 이동'이 중심 메시지였는데, 생물이 연결된 특징을 '마음'이라고 규정하고, 마음은 개별적 유기체 및 사회, 생태 체계에도 표출되어 있다고 강조하였다.

– 이 시기에 발달한 대표적 가족치료 모델은 다세대 모델, 구조적 모델, 경험적 모델, 전략적 모델이 있고, 심리치료 모델을 가족치료에 접목한 대상관계 가족치료와 인지행동 가족치료 모델이 있다.

– 1970년대 가족치료는 영국, 독일, 이탈리아, 캐나다 등 여러 국가에서도 많은 발전을 이루었다.

⑤ **1980년대 : 전환기**

- 가족치료가 정신과적 치료기법 중 하나로 확고한 자리매김을 하게 되었다.
- 각 학파의 이론적 개념과 기법을 사용하여 해결중심모델, 심리교육, 외재화, 내재적 가족체계모델 등의 새로운 시도가 나타났다.
- 초기 가족치료 모델(체계론적 가족치료)에서 보웬과 사티어는 관계뿐 아니라 개인의 심리내면에도 초점을 두었고, 원가족 경험을 강조해서 현재뿐 아니라 과거에 초점을 두었다. 미누친과 전략적 모델은 관계를 더 강조하고 과거보다 현재에 더 초점을 두었다.
- 그러나 여러 모델이 통합한 공통점은, 치료의 첫 단계에서 가족평가를 강조한 점, 특정 가족원이 아니라 가족원 모두의 책임을 강조한 점, 가족의 의사소통 유형을 파악한 점, 그리고 치료의 목표가 가족의 융통성과 적응력 도모, 부부간 권력균형, 가족 내 개별성 확립, 의사소통의 구체성과 명료성 도모라는 점이다.
- 이 시기에 포스트모더니즘의 등장으로 사회구성주의가 등장해 우리가 경험하는 실재는 사회적이고 언어적 상호작용을 통해 구성된다고 보았다.
- 가족치료의 후기모델이 등장했는데, 해결지향 모델, 해결중심 모델, 이야기 치료, 협력언어체계 모델이 있다.

⑥ **1990년대 : 가족치료 통합기(학파 초월)**

- 다양한 가족상담모델이 소개되었고, 치료의 효율성에 대한 평가가 시작되었다. 여러 가족상담모델 사이의 간격이 실무에서 좁혀지고, 치료기법이 통합되는 현상을 보였다.
- 사회구성주의 가족상담에 대한 관심이 높아 졌다. 이야기치료 등이 소개되면서 가족구성원의 현실은 객관적이라기보다 개인의 주관적 구성에 의해 만들어지는 것으로 보았고, 언어 속에서 찾으려고 했다. 가족들 개개인의

현실을 가족 안에서 공유함으로써 일정한 가족공동체가 형성된다고 보았다.

⑦ **2000년대 : 통합적 관점**

- 기계론과 유기체론, 체계론과 포스트모더니즘의 영향으로 개인상담과 가족상담의 통합이 필요하다는 관점이 조명받기 시작했고, 상황과 상담사의 선호도에 따라 여러 모델을 유용하게 선택할 수 있다는 관점을 취하기 시작하였다.
- 최근에는 개인상담 영역도 인정하면서 체계론에 기초한 전통적 모델과 2차 가족상담이라고 하는 절충적, 통합적모델이 공존하는 방향으로 가고 있다.

2) 한국

한국은 1970년대 초반에 사티어(미국)의 『공동가족치료』라는 책자를 통해서 가족치료가 소개되었다. 1988년 '한국가족치료학회'가 정신과 의사, 심리학자, 간호사, 사회복지사 등 다양한 분야의 전문가들에 의해 창립되었다. 1993년 『한국가족치료학회』 학술지가 발간되면서 가족치료 분야의 다(多)학제적인 접근이 본격적으로 시도되기 시작하였다.

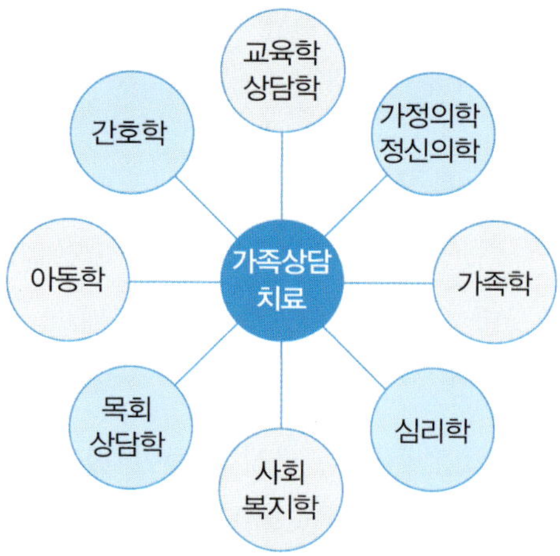

[그림 1-1] 다학제적(多學題的)접근을 하고 있는 가족상담 및 가족치료

5 개인상담, 가족상담, 집단상담

〈표 1-2〉 개인상담, 가족상담, 집단상담의 특성 비교

유 형	상담목표	초 점	치료자 역할	주요 문제
개인상담	• 성격의 재구조화 • 행동수정 • 증상제거 • 인지변화	• 무의식 • 감정전이 • 행동학습 • 기능회복 • 인지 • 사고 • 개인자아(Self)	• 비지시적/지시적 • 소극적/적극적	• 성격, 무의식적 갈등 • 행동문제, 부적응 • 스트레스 관련 불안 • 정서행동 문제
가족상담	• 가족 기능 향상	• 의사소통 • 행동유형 • 상호작용 패턴 • 가족체계	• 적극적 • 참여관찰자	• 부부문제 • 부모-자녀갈등 • 고부갈등 • 가족불화 • 가족 정서행동 문제
집단상담	• 사회적 기능 향상	• 집단참여 • 피드백 • 집단역동 • 상호작용	• 촉진자 • 조력자	• 대인관계 문제 • 부적응 • 불안, 행동 문제

〈표 1-3〉 교육(지도), 상담, 치료의 비교

구분	교 육	상 담	치 료
상담자	교사, 강사	심리전문가, 상담심리전문가	임상심리전문가, 정신과의사
목적	바람직하고 건전한 학습 및 생활태도를 촉진	개인의 태도와 행동 변화	정신장애를 가진 환자의 정상적인 생활을 도움
대상	공동목표를 가진 학습자(학생) 및 일반인	개인적 목표를 지닌 정상인 및 정서, 행동의 문제를 가진 개선	임상적으로 비정상적인 환자
내용	필요한 정보제공, 해결책과 방향제시	개인의 심리, 적응문제, 행동변화	심리장애, 이상행동
접근방법	정보, 자료의 지원적 접근	예방적 · 성장 촉진적 접근	교정적 접근

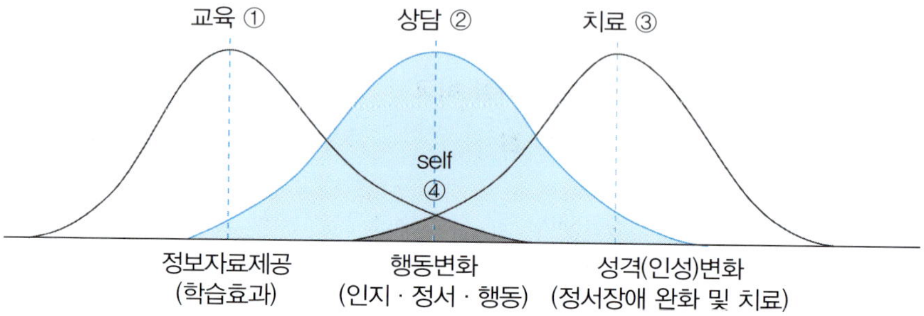

[그림 1-2] 교육, 상담, 치료의 영역

② 상담을 통하여 내담자는 ④ 스스로의 회복과 ① 교육, ③ 치료적 효과 모두를 기대할 수 있다.

평가 문제

01 다음 중 가족상담과 개인상담에 대한 설명으로 거리가 먼 것은?

① 가족상담의 상담기간은 주로 장기로 소요된다.
② 개인상담에서 문제의 원인은 주로 개인의 과거/현재의 경험 등의 내면의 갈등이다.
③ 가족상담에서 문제의 원인은 개인을 둘러싼 가족이나 사회체계이다.
④ 개인상담에서 치료의 단위는 문제행동을 보이는 개인이다.
⑤ 가족상담의 치료의 단위는 가족체계의 구성원이다.

[정답] ❶

02 현대 가족상담 및 치료의 필요성이 대두되는 배경으로 볼 수 없는 것은?

① 여성 취업의 증가로 인한 일부 아동의 방치
② 가족간 결속력 약화로 인한 이혼 등의 원인 증가
③ 현대사회의 급격한 사회 변화로 인한 가족기능 요구의 증대
④ 가족 스트레스의 적정한 수준 유지와 가족 간 대화의 증가

[정답] ❹

03 가족상담 및 치료의 필요성 인식과 향후 발전에 영향을 미친 내용으로 볼 수 없는 것은?

① 소집단 역동성
② 아동지도운동
③ 정신과 의사의 개인상담
④ 조현병(정신분열) 환자 가족에 대한 연구결과

[정답] ❸

04 가족치료의 선구자이면서 당시의 의료적 관행을 깨고 한 가족원의 정신병리를 다룰 때는 전체 가족을 다루어야 한다고 주장한 학자는?

① 휘태커 ② 리츠
③ 애커만 ④ 보웬

[정답] ❸

05 다음 중 가족상담의 관점에 해당되는 것은?

① 문제는 개인에게 있다고 보았다.
② 개인의 정신적 장애의 원인은 다른 사람과 다른 기질적 요인 때문이다.
③ 가족은 개인의 행동을 이해하기 위한 배경에 불과하다.
④ 개인이 속한 체계의 문제가 그 개인을 통해 표현된다.

[정답] ❹

06 가족상담과 개인상담 차이 중 가족상담의 내용이 아닌 것은?

① 문제가 개인에게 있다고 본다.
② 개인이 속한 체계의 문제가 그 개인을 통해 표현된다.
③ 가족상담에서 다루는 것은 관계이다.
④ 개인상담의 하나의 기법이 아니라 뒤엉킨 그물망 형태를 보는 관점과 관계 변화이다.

[정답] ❶

07 상담과 교육, 심리치료의 개념이다. 상담의 내용이 아닌 것은?

① 일반적인 대상으로 인간의 적응력을 키우고 문제해결력을 높이는 것을 목적으로 한다.
② 도움을 필요로 하는 내담자와 고도의 전문훈련을 받은 상담자간의 일련의 대면과정이다.
③ 예방적 차원의 교육적 요소가 포함될 수 있다.
④ 전문가의 역할은 지시적이거나 주도적인 편이다.
⑤ 내담자의 성격, 행동 변화, 성장을 위한 교육과정으로 정의되고 있다.

[정답] ❹

08 가족(부부)상담의 필요성 및 특징이 틀린 것은?

① 가족과 함께 있는 공간 및 시간에 대해 불편해 하고, 긴장과 불안감으로 느끼며 위축되는 경우
② 한 사람에게 가족원의 역할과 기능이 집중되어 있어 가족원이 능동적으로 행동하는 경우
③ 가족원의 역할과 기능이 전도되어 있는 경우
④ 가족 한 사람의 부적응으로 인해 가족 전체의 위기를 맞은 경우
⑤ 가족 간에 부정적이고 부적절한 의사소통이 지속되고, 의사소통을 통해 더욱 문제가 확대될 경우

[정답] ❷

09 가족상담의 목표를 바르게 설명한 것은?

① 목표는 우선 추상적, 포괄적으로 정하는 것이 좋다.
② 가족원의 오래된 내면적 갈등을 해결하는 데 초점을 둔다.
③ 선형적 인과론에 토대로 두고서 가족원 개인의 정신병리적 행동의 원인 및 결과에 초점을 두어야 한다.
④ 가족원의 역기능적인 문제를 중심으로 해결하도록 돕고 전체적인 가족의 기능을 향상시킨다.

[정답] ❹

02 Chapter

전기 부부·가족상담의 기본 개념 : 체계 이론

체계 이론이란 세계를 모든 현상의 상호연관성과 상호의존성에 의해 파악하는 것이다. 살아 있는 조직체, 사회와 생태체계는 모두 체계라고 할 수 있다.

1950년대에 출현하여 1970년대 크게 발달한 전기 가족상담모델은 체계론적 사고를 바탕으로 발전하였다. '체계(system)'라는 말은 그리스어 'synhistanai(함께 두다.)'에서 온 말로 '어떤 현상을 보다 큰 전체 맥락 속에서 이해하는 것' 혹은 '연관성의 본질을 확인하는 것'을 뜻한다(Carpa, 1995). 체계론적 사고를 중요한 과학적 운동으로 만든 사람은 생물학자인 버탈란피(Bertalanffy)였다. 체계론적 사고를 함축하는 용어는 일반체계 이론, 사이버네틱스, 생태체계 이론이 대표적이며, 이들의 공통점은 부분이 아니라 전체와의 연관성을 강조한다는 것이다.

일반체계 이론은 체계가 외부환경과 상호작용하면서 환경의 지속적인 입력과 출력을 통해 자신을 유지해 나간다고 보는 살아 있는 체계에 대한 생물학적 모델이다(Nichols & Schwartz, 2002). 사이버네틱스 이론은 가족체계를 순환적 인과관계와 피드백 고리에 의해 움직인다고 설명한다. 생태체계 이론은 미시체계인 개인이 환경과 역동적으로 영향을 주고받고 순응하면서 변화한다는 데 초점을 둔다.

1 일반 체계 이론

일반체계 이론(general system theory)은 생물학자인 버탈란피(Ludwig Von Bertalanffy)가 최초로 제시한 개념이다. 자기조절능력을 가진 세포와 마찬가지로 체계가 외부 환경과 상호작용하면서 필요한 정보를 환경으로부터 유입하고(input), 필요없는 정보들을 외부로 분출하는(output) 자율통제 기능으로 자신을 유지해 나간다고 본다. 일반체계 이론은 체계를 환경과 상호작용하는 개방체계로 보기 때문에 체계의 in-out 간의 피드백 과정을 외부관찰자가 관찰함으로써 그 체계의 특성을 파악할 수 있다고 본다. 이는 체계를 투입(in)과 산출(out)에만 관심을 갖는 블랙박스로 보는 시각으로서, 마음이 복잡하므로 마음 안을 분석하고 가정을 세울 필요가 없으며, 관찰이 가능한 투입과 산출(의사소통, 행동, 규칙, 경계, 삼각관계 등)에만 관심을 두면 된다는 것을 강조한다.

일반체계 이론은 사이버네틱스와 동일한 세계관과 동일한 기본 가정을 갖고 있어서 이 둘을 각 관점의 적용에 따라 같은 범주로 보는 사람들도 있고, 다른 하나의 분파로 여기는 사람들도 있다. 미국에서는 일반체계 이론이라는 용어가 더 널리 사용되었고, 유럽에서는 사이버네틱스라는 용어가 널리 사용되었다. 사이버네틱스는 1차와 2차로 구분되며, 1차 사이버네틱스는 일반체계 이론과 동일한 이론으로 간주하기도 한다.

2 사이버네틱스 이론

사이버네틱스(cybernetics)라는 용어는 배의 조타수를 의미하는 그리스어 'Kybernetes'에서 유래되었다. 1940년 뉴욕 메이시 회의에서 수학자, 공학자, 신경과학자로 구성된 최초의 사이버네틱스 그룹과 베이트슨 외의 인문학자 그룹은 기계와 유기체의 통제와 자기조절 과정의 차이에 대하여 정의하였다. 즉, 기계는 원인과 결과, 자극과 반응, 투입(in)과 산출(out)의 선형적인 인과관계에 의해 작동되나, 유기체는 인과적으로 연결된 구성요소 간 순환적인 배열이라는 피드백 고리(feedback loop)에 의해 움직인다는 것이다. 이러한 새로운 인식론에 사이버네틱스 용어를 붙이자고 제안한 사람은 위너(Nobert Wiener, 1948)이다. 사이버네틱스를 '인공두뇌학'으로 번역하기도 한다. 사이버네틱스이론이 초기에는 자동온도조절 장치나 로켓 같은 공학에 적용되었으나, 이 용어는 행동과학의 용어로 가족치료에도 적용되게 되었다.

이 내용은 11장 전략적 가족상담에서 부연 설명하였다.

① 1차 사이버네틱스 : 체계가 어떤 패턴을 가지고 움직이는지를 기술한다. 일정한 피드백을 주었을 때 어떤 규칙성을 보이고, 그 규칙성이 체계를 어떤 방식으로 움직이는지를 이해하도록 하는 개념이다.

> 외부의 치료자가 내담자 가족에게 지속적으로 칭찬(피드백)을 증가했다면, 이 가족은 칭찬을 통한 상호작용이 증가하는 형태(규칙성)를 가지게 된다. 칭찬이 가족의 상호작용을 증가하는 패턴(체계 변화)을 가져온다. 체계의 속성을 경계, 의사소통, 규칙, 정서체계로 설명한다.

② 2차 사이버네틱스 : 사이버네틱스 체계를 바라보고 있는 자신도, 하나의 체계를 형성하고 있음을 알게 해주는 개념이다. 체계는 환경과 상호작용할 뿐만 아니라 자율적, 자기조직적인 특성들이 있고, 인간체계는 언어와 의사소통을 통해 자기조직체계를 유지한다. 치료자가 가족에 참여해 도움이 되는 맥락을 조성하고 이는 투입(in put)이 아니라 교란(Perturbation)이며, 건강 회복은 결국 내담자의 몫이 된다(Keeney, 1983). 따라서 가족상담은 개인이 자율적으로 구성하는 의미의 세계에 주목한다. 2차 사이버네틱스는 외부의 치료적 개입이 개인, 가족의 변화를 일으키는 것이 아니라, 가족, 개인 자체의 구조적 결합에 의해 결정된다는 입장을 가진다.

1차 사이버네틱스에서의 치료자는 가족 외부의 객관적 관찰자이지만, 2차 사이버네틱스에서는 가족 내의 또 다른 체계(비계, 발판-scaffolding)로서 존재한다. 기존의 가족체계의 현실과 새로운 치료자 간의 관계로 맺어진 현실을 각각 인식하면서 변화가 일어나게 된다. 체계의 속성을 1차 사이버네틱스의 속성 외에도 자기 준거성, 자율성, 폐쇄성, 부적 피드백을 추가해 설명한다.

3 생태체계 이론

생태체계 이론은 유리 브론펜브레너(Urie Bronfenbrenner)에 의해서 발달된 이론으로 인간(역할)을 하나의 미시체계로 보고, 중간체계(생활환경), 중첩체계(습관), 외적체계(환경), 거시체계(문화) 속에서 각 개인의 역할과 환경의 상호작용이 가족발달에 영향을 주고 받으면서 발달한다는 생태학적 관점을 가진다(임윤희, 2013).

※ 생태체계 이론에서의 가족발달

① 아동은(미시체계) 성장하면서 환경의 영향을 받고, 영향을 주는 역동적 관계를 맺는다.

② 아동은(미시체계) 속한 환경에 역동적으로 순응하며 변화한다.

③ 아동(미시체계)의 발달과 관련한 생태체계는 아동의 생활 영역인 중간체계, 미시체계와 중간체계 간의 상호작용으로 만들어지는 중첩체계(행동, 습관, 말투 등), 사회구조인 외적체계, 문화와 관습과 가치를 의미하는 거시체계, 그리고 시간체계로 구성된다.

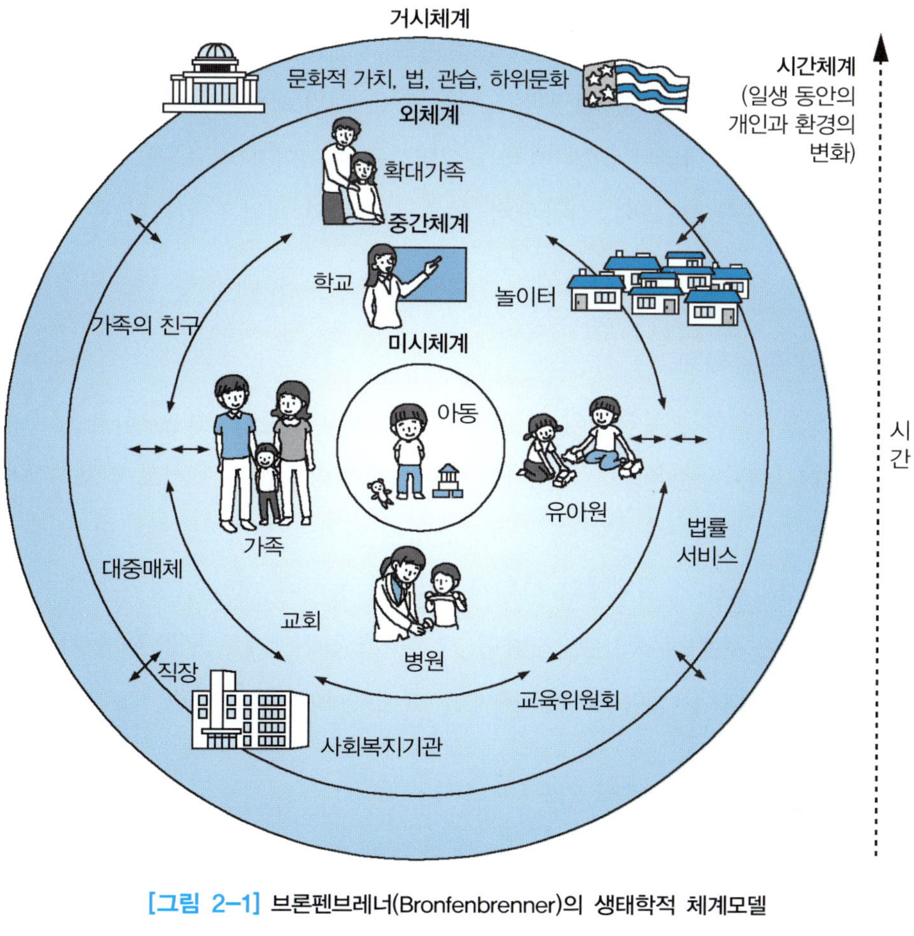

[그림 2-1] 브론펜브레너(Bronfenbrenner)의 생태학적 체계모델

4 체계 이론의 기본 개념과 가족의 특성

선기의 가족상담 이본을 이해하기 위해서는 체계 이론에서 바라보는 가족의 특성을 이해하여야 한다. 다음은 '가족체계'가 어떤 원리와 특성을 가지고 움직이는지 설명하고 있다.

전기의 가족상담 이론가들은 가족이라는 블랙박스 밖에서 들어오는 것과 나오는 것의 관계를 관찰하면 가족의 상호작용 원리를 파악할 수 있다고 믿었다. 그 결과 가족의 정상성과 역기능성을 설명하기 위한 많은 개념들이 만들어졌고, 이것은 가족의 문제나 증상이 나타나게 된 맥락을 설명하는 준거이자 치료목표가 되었다. 가족의 경계, 의사소통, 피드백, 삼각관계, 가족규칙 등의 개념은 이러한 준거틀로 소개되었다.

1) 체계와 하위체계

체계는 상호작용하는 부분들의 집합을 말하고 여러 수준이 있다. 더 높은 수준을 상위체계, 더 낮은 수준을 하위체계라고 한다. 체계의 수준들은 서로 상호작용하면서 독립적으로도 존재한다. 가족도 상호작용하는 개인의 집단으로 하나의 체계이다. 가족체계는 사회라는 상위체계의 하위체계이면서 동시에 개인의 상위체계이다. 가족의 하위체계는 부부, 부모, 부모-자녀, 형제자매 하위체계로 구분된다. 가족 체계를 이해하기 위해서는 상위 및 하위체계를 이해하여야 한다.

2) 전체성-전체는 부분의 합보다 크다.

부분적인 시야로 보면 보이지 않는 것들이 전체라는 체계로 보면 보여진다. 전체성으로 보면 원래부터 존재하는 내적 연결망을 인식할 수 있고, 이런 전체성으로 사물을 보는 것에서 치유가 일어날 수 있다. 부분에서 전체로의 전환이 체계 이론을 판단하는 일반적인 기준이라고 할 수 있다. 살아 있는 체계는 부분의 특성으로 환원되어 이해될 수 없고, 전체라는 큰 맥락 속에서 이해될 수 있다. 체계를 여러 가지 요소로 분해해서 이해하면 체계의 특성은 파괴된다(Capra, 1995).

가족은 독립된 전체로서 여러 가지 음표들이 작곡의 규칙에 따라 배열되어 상호작용하면서 곡이 만들어지는 것과 같다. 또는 사람이라는 생명체가 신체의 각 기관을 합쳐놓은 것 이상인 것과 같고, 시계가 스프링과 톱니바퀴를 모아놓은 것 이상의 특성을 갖는 것과 같다.

체계의 전체성이란 1+1=2가 아니라 '2보다 크다 혹은 1+1=3'을 의미하는 것과 같다. 예를 들어, 2인 가족의 경우 두 사람의 특성(2단위)뿐만 아니라 두 사람의 상호작용(1단위)까지 파악해야 이 가족체계의 특성을 제대로 이해할 수 있다.

가족 구성원들은 그들만의 규칙과 의사소통 패턴을 가지고 있고, 가족은 내적 조직과 외부 환경과의 관계를 조정해 나가는 독특한 정체성을 가지고 있다. 이런 가족 정체성은 가족의 구조적 전체성을 나타낸다. 예를 들어, 한 곡의 소프라노, 엘토, 베이스, 테너 각각의 파트소리를 들었을 때보다 모든 파트의 합창곡을 들었을 때 더욱 웅장하고 아름다운 감동을 받을 수 있게 된다.

3) 상호의존성

가족관계가 상호의존적이므로 가족문제의 핵심은 개별 가족 구성원에 있는 것이 아니라, 가족 구성원들의 관계적 상호작용 내에 있는 것이다. 마치 가족은 실로 연결된 모빌과 같다.

체계 이론은 패턴과 형상에 초점을 둔다. 체계의 상호보완성 역시 패턴에 대한 이해에서 출발한다. 살아 있는 가족체계를 이해하기 위해서는 가족체계 안의 가족 구성원 개개인의 실체를 파악하는 데 초점을 두기보다는 가족의 상호작용 패턴에 초점을 두고 이해한다.

4) 순환적 인과관계

선형적 인과관계는 결과에 대한 선행하는 사건이 있고, 결과가 문제라면 선행사건(원인)을 찾아 교정하면 된다고 가정한다. 예를 들어, 아내가 잔소리를 하는 것이 남편이 술을 마셨기 때문이므로 남편이 술을 마시지 않으면 된다고 가정한다.

그러나 순환적 인과관계는 살아있는 유기체는 유기적으로 연결되어 있고, 체계의 부분들은 상호영향을 미친다. 즉, 원인과 결과는 서로 연결되어 있어서 마침표를 어디에 찍는가에 따라 원인도 달라진다고 보는 것이다. 즉 남편의 술 마시는 행동 이전에 또 어떤 원인, 예를 들어 월급을 감봉당한 사건이 있음을 가정한다. 월급이 감봉당한 원인은 회사에 손해를 입힌 업무처리가 원인이고, 그것은 상사의 지시를 따르지 않은데서 기인한 것임을 가정한다. 그 이전의 원인까지 계속 찾아갈 수 있다. 순환적 인과관계에서 특정 원인을 구별해내는 것을 마침표라 하고, 이 마침표는 관찰자에 따라 다르다. 즉, 마침표를 찍는 사람에 따라 찾아내는 원인도 달라진다. 가족 간의 갈등은 대부분 원인에 대한 마침표를 각자가 다르게 찍는 데서 비롯된다. 다음 [그림 2-2]는 남편의 술과 아내의 잔소리라는 상호작용을 계속하고 있을 때 남편은 아내가 잔소리를 해서 술을 마셨다인 '잔소리 → 술' 패턴에 마침표를 찍고, 아내는 남편이 술을 마셔서 잔소리를 했다인 '술 → 잔소리'에 마침표를 찍는다.

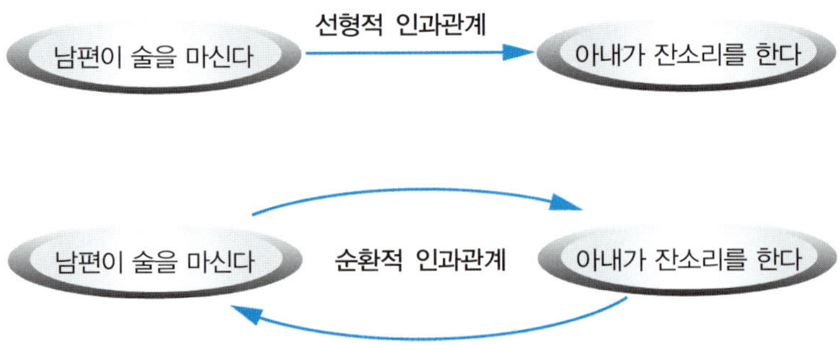

[그림 2-2] 선형적 인과론(linear causality)과 순환적 인과론(circular causality)

체계론적 가족치료는 마침표를 어디에 찍는가에 따라 순화적 인과관계로써 아내가 옳은가, 남편이 옳은가에 초점을 두기보다 이러한 패턴으로 둘의 상호작용이 지속되고 있음에 주목한다. 인과관계의 순환성은 다양한 출발에서 동일한 결과에 이르는 '동일결과성' 혹은 같은 출발에서 다양한 결과에 이르는 '동일잠재성'의 의미를 지닌다. 즉, 체계의 특성을 파악하기 위해서는 직선적 인과관계로 보기보다는 그 순환적 인과관계 고리패턴, 즉 과정에 주목해 이해할 필요가 있음을 말한다.

5) 피드백

어떤 과정이나 행동의 결과를 그 원인으로 전달하는 과정으로, 체계의 자기조절 메커니즘을 말한다. 피드백의 결과에 대해 체계가 어떻게 반응하는가에 따라 체계의 항상성(안정성)이 유지되기도 하고, 변화되기도 한다. 예를 들어, 배가 항로에서 왼쪽으로 벗어났을 때 조타수는 이탈을 확인한 후 키를 오른쪽으로 움직인다. 배가 다시 오른쪽으로 이탈하면 조타수는 이탈에 대한 새로운 평가를 한 뒤, 키의 방향을 다시 바꾸면서 본래의 안정된 항로를 유지하도록 연속적인 피드백에 의존하게 된다. 가족체계도 끊임없는 피드백 과정에 의해 안정성이 유지되기도 하고 변화되기도 한다. 피드백 과정은 안정성을 유지하는 부적 피드백과 변화를 유도하는 정적 피드백이 있다. 가족체계는 안정성을 유지하면서도 변화해야 한다. 자녀가 성장하면서 변화하기도 하고 생활주기의 시점마다 안정성이 유지되는 것이 필요하다.

① **부적 피드백** : 안정성을 유지하는 방향, 피드백으로 인해서 정보나 활동의 양이 줄어든 경우를 말한다. 안정 지향적이고, 체계와 항상성을 유지하기 위해 체념하고 그대로 가려고하는 것이다.

예) 모험을 추구하는 사춘기 자녀에게 원래의 순종적이고 의존적인 행동을 요구하는 부모의 피드백

② **정적 피드백** : 체계를 변화시키려는 방향, 피드백으로 인하여 정보나 활동(상호

작용)의 양이 많아지는 경우를 말한다. 변화지향적이고, 관계를 변화시키고자 체계를 흔드는 것을 말한다.

예) 모험을 추구하는 사춘기 자녀에게 자율적이고 허용적인 방향의 부모의 피드백

※ 유의) 정적과 부적이라는 단어는 윤리/도덕적 관점과는 상관이 없다.

가족체계가 부적 피드백에만 의존하면 가족은 같은 모습만 보이기 때문에 가족원의 자연스러운 성장과 발달이 방해를 받고, 정적 피드백에만 의존하면 가족체계를 변화와 혼란으로 가족체계가 위태해질 수 있다. 따라서 건강한 가족체계를 위해서는 부적 피드백과 정적 피드백이 모두 필요하다.

6) 의사소통

가족을 체계로 본다는 것은 가족원 개인의 특성보다 가족원 간의 상호작용 과정에 초점을 두는 것이다. 가족 구성원 간의 상호작용은 의사소통 과정을 통해 이루어진다.

어떠한 행동도 그 행동에 의미를 부여하기 전에는 진정한 의미를 갖지 않을 수 있다. 특정한 행동이나 메시지를 해석하는 방식은 다양하며, 어떠한 해석이 더 정확하다고 단정할 수 없다. 실재는 주관적으로 느끼는 것이고, 각자의 준거의 틀대로 해석하기 때문이다.

가족의 의사소통 과정을 이해하기 위해서는 중간에 끊어짐이 있는 디지털방식과 비언어적인 메시지와 맥락이 연속적으로 이어지는 아날로그 방식에 대한 이해가 필요하다. 메시지를 어떻게 수용하는가의 문제에서는 디지털 방식보다 아날로그 방식이 영향력이 더 강하다. 예를 들어, 어떤 사람이 상대방에게 "오늘 많이 피곤해 보여요."라는 언어적 메시지(디지털방식)를 전달했을 때 메시지의 해석은 두 사람의 관계,

상황에 따라 달라질 수 있다. 가족일 경우와 직장동료, 혹은 친하지 않은 관계에 따라 의미가 달라질 수 있다. 따라서 디지털 방식은 무의미한 경우가 많다.

가족의 의사소통 과정에 내용이 중요하며 일반적으로 상대가 무엇을 말했는가(내용)에 더 관심을 기울이고 어떻게 전달했는가(과정)에는 별 관심을 두지 않는다. 가족치료에서는 어떤 메시지를 전달하였나보다, 동일한 내용의 메시지를 어떻게 전달하는가에 따라 메시지의 효과가 달라질 수 있음에 초점을 둔다. 이 초점이 보다 문제에 효율적으로 대처할 수 있도록 도울 수 있기 때문이다.

〈가족상담사가 의사소통을 보는 관점〉

① 의사소통의 과정과 형태에 초점을 둔다.
② 현재의 행동을 이해하기 위해 순환적 인과관계 측면에서 접근한다.

〈가족상담의 목표설정 시 고려할 점〉

① 가족이 상담을 통해 달성하고 싶은 상태에 대해서 명확하게 표현하도록 한다.
② 단기목표와 장기목표를 구분한다.
③ 쉽게 달성할 수 있는 것을 설정하여 동기부여가 되도록 한다.
④ 가족원 간에 목표에 대한 합의가 있어야 한다.
⑤ 목표는 구체적으로 명확해야 한다.

(1) 의사소통의 상호작용 과정

우리는 대화를 나눌 때 단순히 말을 하고 상대방에게 전달되기까지의 과정에 대해 깊이 생각하지 않는다. 말을 주고받을 때의 과정을 살펴봄으로써 일치적 의사소통 대화를 할 수 있도록 한다.

① Speak : 발신자 메시지 전달(말하기의 기본 기술이 필요)
② See & Hear : 수신자는 오감을 통해 정보를 선별하여 듣는다(듣기 기본 기술이 필요).

③ Meaning : 받아들인 정보에 과거 경험, 학습된 것과 관련시켜 의미를 부여한다.

(지각체계에 왜곡이 없는지를 점검한다.)

④ Feeling : 부여한 의미에 의한 감정이 발생한다.

(감정 vs 감정에 대한 감정을 자각하고 표현한다.)

⑤ Expectation : 기대, 욕구에 대한 인식이 일어난다.

(자신이 원하는 것이 무엇인지 분명하게 인식한다.)

⑥ Defense : 방어기제, 대처방식이 자동적으로 작동된다.

(자신의 방어기제나 대처방식을 확인한다.)

⑦ Family Rule : 의사소통 규칙, 가족규칙들이 적용된다.

(역할, 감정 등에 어떤 규칙을 적용하였는지 확인한다. 안전하다고 판단하는 기준이 무엇인지 확인한다.)

⑧ Response : 발신자에 대한 수신자의 반응

(발신자는 다시 ②~⑧까지의 순환단계들을 거친다.)

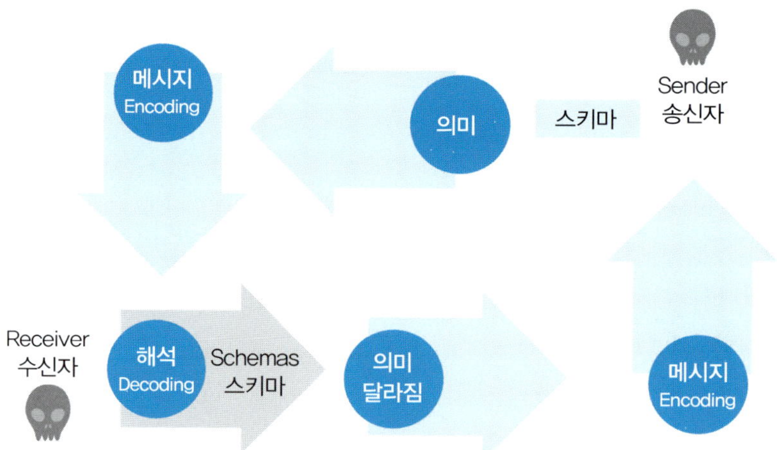

[그림 2-3] 커뮤니케이션

(2) 의사소통을 방해하는 8가지 인지적 왜곡(8장 인지행동 가족상담 참조)

Dattilio와 Padesky(2010)는 친밀한 관계에 영향을 미치는 '인지적 왜곡' 과 사고(思考)의 오류 8가지로, 자의적 추론(통제착각), 선택적 절취(책임전가), 과잉 일반화, 과장과 축소(확대하기 혹은 축소하기), 개인화(터널비전), 이분법적 사고(흑백논리), 부정적 명명(분류), 생각읽기(독심술, 상대방의 의도 넘겨짚기)를 들고 있다.
※ 인지행동상담에서 더 자세히 참고할 수 있다.

7) 경계선(Boundaries)

살아 있는 체계는 그 자체로도 존재하고 또한 자기 경계선 밖의 환경과 끊임없이 상호작용하기도 한다. 경계선은 환경과 체계를 구분하는 선으로 눈으로 보이는 물리적 경계(집의 거실과 방, 벽, 문, 창문, 천장, 바닥)와 보이지 않는 심리적 경계(애정, 불안 등의 정서적 거리)로 나눌 수 있다. 경계선은 체계 내에서 전체체계와 하위체계(부부체계, 부모체계, 자녀체계)를 구분하는 역할을 한다. 가족체계는 경계선에 의해 다른 가족체계나 사회체계들과 구분된다. 그리고 가족 내의 경계는 투명성과 융통성에 따라 모호한 경계선, 명확한 경계선, 경직된 경계선으로 구분할 수 있다.

건강하지 못한 경계로는 가족체계가 정보의 유입과 분출을 제대로 수행하지 못하는 경직된 경계선과 반대로 경계가 지나치게 개방되어 정체성을 잃은 모호한 경계선을 들 수 있다. 이 두 가지 경계선일 경우, 가족은 역기능적으로 상호작용하게 된다. 따라서 명확한 경계선을 가지고 유용한 정보와 의사소통을 수용하고, 해로운 것을 배출하는 자율통제기능이 원활할 때 가족은 건강하게 기능할 수 있다.

① **모호한 경계선** : 경계가 지나치게 개방적, 모든 정보가 공유되고 서로에게 깊게 관여하고 상호의존적이다. 가족 구성원 개인의 정체성과 자율성 발달에 어려움을 겪게 될 가능성이 많다.

② **경직된 경계선** : 지나치게 폐쇄적, 서로의 감정이나 생각, 정보를 교환하지 않으며, 가족 구성원들 사이에 관심과 배려가 부족하고, 관계가 소원하다. 가족 경계가 지나치게 모호하거나 경직되어 있을 때 가족의 역기능 문제가 유발된다.

③ **명확한 경계선** : 경계가 유연하고 융통성이 있어 정보가 적절히 공유되며, 가족 구성원들 간의 관여도 적절히 이루어진다. 건강하고 효율적으로 기능하는 가족의 경계는 자율성과 응집성을 적절히 조화를 이루며, 외부와 내부환경의 변화에 적응할 수 있도록 충분히 개방적이다.

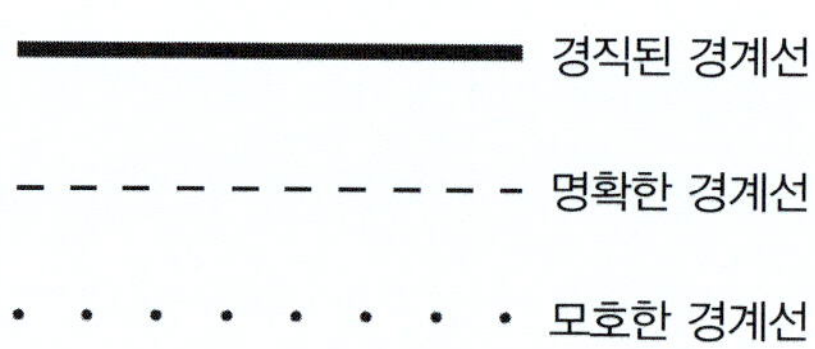

[그림 2-4] 경계선의 종류

8) 개방성과 폐쇄성

개방성과 폐쇄성은 외부체계와 주고받는 정보의 흐름이나 상호교류를 허용하는 정도를 말한다. 가족체계가 건강하게 기능하기 위해서는 상황에 따라 개방성과 폐쇄성 간에 적절한 균형을 이루어야 한다.

9) 가족규칙(ritual)

가족규칙은 가족 내에 존재하는 권력, 역할, 의사소통, 문제해결 등에 관한 지침(무언)이다.

반복적인 상호작용 패턴에서 생겨나며 가족의 상호작용을 조직하는 규범으로 작용한다. 바람직한 가족규칙은 가족의 질서와 안정을 유지하는 동시에 변하는 상황에 유연하게 대처할 수 있도록 융통성이 있어야 한다. 또한 구성원 개개인의 성장과 발달에 긍정적인 영향을 미칠 수 있어야 한다.

10) 가족역할(roles)

가족 구성원들이 가족의 기능과 요구를 수행하기 위해 하는 행동의 반복적 패턴이다.

5 가족체계의 역기능 개념

가족의 역기능은 가족의 경제적인 문제나 외부 환경보다 가족의 역기능적인 의사소통 패턴에 있다. 역기능적인 의사소통 패턴은 가족 구성원의 두려움과 불안을 가속화시키고, 이는 가족의 진정한 소통을 방해하여 가족의 건강하고 일관된 규칙 및 정체성의 형성을 방해하게 된다. 이러한 역기능 개념은 내면세계의 두려움과 불안에서 기인되며, 이것은 가족의 의사소통을 방해하며 가족을 위한 기준이나 지침을 마련하지 못하게 한다. 이러한 역기능 개념은 이중구속, 균열, 불균형, 거짓 적대성, 가짜 친밀감이 있다.

1) 이중구속

베이트슨이 조현병(정신분열증) 환자 가족의 의사소통의 특성에 관한 연구결과를 처음으로 소개하였다. 상대방에게서 언어적 메시지와 비언어적 메시지가 서로 일치하지 않고 모순될 때, 상대방은 어떤 메시지가 진짜 메시지인지 분간하지 못하고 적절한 반응을 할 수 없는 상황에 처하게 되어 정체성의 혼란을 경험하게 되며, 이를 이중구속이라고 한다. 반면, 부모가 자녀에게 일치하는 적절한 반응을 보여주고 자녀가 이에 반응하면 이중구속 상황이 성립되지 않는다.

이중구속 사례

자녀가 어머니에게 "엄마 나 사랑해?"라고 물었을 때 어머니가 "사랑한다니까 왜 이렇게 달라붙어서 귀찮게 해. 사랑해! 됐지?"라고 말했을 때 자녀는 어머니가 자신을 정말로 사랑하는지 아닌지 혼란스럽게 느끼게 된다.

2) 부부균열과 부부불균형

(1) 부부균열(부부분열)

부부가 서로 역할을 교환할 수 없고 목표를 공유하거나 보완할 수 없는 상황을 말한다(부부가 서로 힘이 거의 동등한 경우).

부부가 자신의 욕구를 충족시키기 위해 서로의 가치를 격하시키고 상대방을 손상시키는 것을 말한다. 행복한 부부관계는 부부의 역할이 서로 균형을 이룰 때 이루어진다.

부부균열 사례

부부가 서로 자녀를 자기편을 만들기 위해 선물, 애정공세 등을 이용해 경쟁하는 경우

(2) 부부불균형(부부왜곡)

부부간의 권력이 지나치게 불균형을 이룬 상황으로, 부부 중 한 사람은 강하고 다른 한 사람은 약한 위치에 있는 경우를 말한다(한쪽이 힘이 많고 다른 쪽은 의존적인 경우).

부부불균형 사례

아버지가 권위적, 폭력적이거나 경제력이 있어서 어머니가 아버지의 눈치를 보면서 의존적인 역할을 하는 경우

3) 거짓 적대성과 거짓 상호성

(1) 거짓 적대성

가족원이 진실한 모습으로 상호작용하는 것이 아니라 겉으로 거리감을 두거나 적대적인 방식으로 상호작용하는 상황을 나타낸다.

거짓 적대성 사례

부부가 상대방의 애정을 바라는 마음을 감추고, 애정을 주지 않는 상대 배우자를 과도하게 비난하는 경우이다. “저 인간하고 더 이상 못 살아요. 미워 죽겠어요!” – 진심은 상대의 애정을 갈구하는 것이다.

(2) 거짓 상호성(거짓 상보성)

가짜 친밀감이라고도 한다. 겉으로 드러낸 가족원 간의 친밀한 상호작용이 진실한 모습이 아니라 거짓된 모습을 나타내는 것을 말한다. 가족원 개인의 정체성을 인정하면 가족원 가족 전체의 결속에 방해가 된다고 믿어서, 자신의 생각이나 느낌을 표현하지 않으면서 서로 친밀한 것처럼 행동한다. 친밀한 모습에 지나치게 몰두하거나, 갈등을 표현하기를 두려워하여 역할에 융통성이 없고 자발성이 부족할 수 있다. 가족원 개인이 자신의 정체성과 독자성을 찾으려는 시도는 무시되고 가족이 함께해야 한다.

거짓 상호성, 가짜 친밀감 사례

가족이 내면의 갈등이 있음에도 겉으로는 좋은 관계를 맺고 있는 것으로 보여짐으로써 자신과 타인을 속이는 경우이다. 내면세계의 부정적 감정과 이기적인 생각, 관계갈등 대신 자신과 배우자, 다른 사람들에게 미소와 농담, 함께 하는 행동으로 위장하여 위선적 행동이 습관으로 굳어지고 결국 지치게 된다. 기능적인 관계를 위해서는 자신을 합리화하고 잘못을 상대의 탓으로 돌렸던 것을 인정하고, 서로를 존중하고 예의를 갖추어 진정한 관계를 맺는 것이 필요하다.

예 1) 개인의 내적 갈등을 감추고 친밀한 결속을 보이려는 경우

아들 : "엄마 그 모임 저 못가요. 숙제해야 돼요."
엄마 : "가족동반 모임인데 네가 빠지면 어떻게 하니? 꼭 같이 가야 해!"

예 2) 모임에서 친절하고 주변을 돕는 남편을 본 아내의 경우
부인 : "집에서는 나에게 친절한 말을 하지 않으면서 밖에 나오면 남들에게 자상하고, 제가 쓰레기를 버려달라고 몇 번이나 말했는데도 들어 줄까말까해요."(생글생글 환하게 웃으면서 말한다.)
남편 : "제 아내는요. 자신이 갖고 싶은 것은 사람을 들들 볶아서라도 꼭 가져야 직성이 풀려요."(웃으면서 말한다.)

(3) 고무울타리

문제를 깨닫고 변화를 시도해보지만 습관과 가족 항상성으로 인하여 필요에 따라 피드백을 받아들인 듯하여 늘어났다가 줄어드는 것을 말한다. 가족에게 허용할 수 있는 행동이나 정보는 받아들여지지만, 허용할 수 없는 정보는 폐쇄하여 배척하기 때문에 가족의 경계가 바뀌게 되고, 고무가 늘어났다 줄었다 하는 것을 말한다.

중요내용 핵심체크

- 사이버네틱스 이론 : 체계가 어떻게 상호작용을 하는지에 대한 이론으로, 인공두뇌학은 환경과 유기체 사이의 정보를 교환하는 피드백 방식에 대한 설명을 하고 있다.
- 생태체계 이론 : 가족발달이 어떻게 일어나는지에 대한 이론으로 인간과 환경과의 상호작용을 통해서 인간발달을 설명하는 이론이다.
- 일반체계 이론 : 어떻게 체계적 특성을 반영하는지에 대한 이론으로 세포들의 유기적 연관성과 자율통제 기능을 설명하고 있다.
- 순수체계 이론 : 주로 사이버네틱스와 일반체계 이론에 의한 체계의 특성인 자율통제기능, 항상성 · 변형성과 같은 개념을 공유한다.

평가 문제

01 가족상담이란?

가족을 하나의 (　　)로 보고 그 가족구조 속에서 서로 영향을 주고받는 (　　　)을 파악하여 (　　　)적인 패턴과 관계구조를 (　　　)시킴으로써 문제 중심이 완화되거나 해소되도록 하는 치료이다. 가족치료은 개인의 내면세계를 이해하기 위해서 그 개인 심리내부에서만 문제의 원인을 찾기보다는 가족 전체의 (　　　)의 역동성을 중심으로 가족 (　　)관계를 보는 것이 필수적이며, 가족과 내면세계를 이해하도록 이끌어 주는 하나의 접근방법이다.

[정답] 체계, 상호작용, 역기능, 변화, 상호작용, 상호

02 다음 중 가족상담에 대한 순환적 인과론에 대한 설명이 알맞은 것은?

① 어떠한 원인에 의해 결과가 일어난다고 보며, 원인과 결과의 직선적 관계를 가정한다.

② IP가 모든 가족 문제의 원인이라고 본다.

③ IP를 제외한 모든 가족원이 가족 문제의 원인이라고 본다.

④ 행동의 원인과 결과를 직선적 인과관계로 보지 않고, 상호작용 과정에 주목한다.

[정답] ❹

03 일반체계 이론에서 모든 체계는 스스로를 조절하는 기능, 즉 (　　　　)기능에 의한 조직의 원리를 일반체계 이론이라 한다.

[정답] 자율통제

04 가족의 역기능 개념

① (　　) : 가족원이 진실한 모습으로 상호작용하는 것이 아니라 겉으로 거리감을 두거나 적대적인 방식으로 상호작용하는 상황을 나타낸다.

② (　　) : 겉으로 드러낸 가족원 간의 친밀한 상호작용이 진실한 모습이 아니라 거짓된 모습. 가족원 개인의 정체성을 인정하면 가족원 가족 전체의 결속에 방해가 된다고 믿는다.

③ 베이트슨의 (　　)의 특성에서 정체성 혼란을 주는 (　　) 상황에 처한 사람은 상대방에게서 언어적 메시지와 비언어적 메시지가 서로 일치하지 않고 모

순되는 메시지를 받는다. 따라서 어떠한 메시지가 진짜 메시지인지 분간하지 못하기 때문에 어떠한 수준의 메시지에 반응하더라도 적절한 반응이 될 수 없는 상황에 처하게 되는 경우이다.

④ (   ) : 부부가 서로 역할을 교환할 수 없고 목표를 공유하거나 보완할 수 없는 상황

⑤ (   ) : 부부간의 권력이 지나치게 불균형을 이룬 상황으로, 부부 중 한 사람은 강하고 다른 한 사람은 약한 위치에 있다.

[정답] 거짓적대성, 거짓상호성(가짜친밀감), 의사소통, 이중구속, 부부균열, 부부불균형(왜곡)

05 다음 중 가족상담과 관련된 이론 중 거리가 먼 것은?

① 사이버네틱스 ② 일반체계 이론
③ 의사소통이론 ④ 선형적 인과론

[정답] ❹

06 가족상담을 할 때 기본적으로 지켜야 할 사항은?

① 가족문제는 가족원 간의 관계성에서 파악하기보다 한 사람의 정신병리적 관점에서 보아야 한다.
② 상담 시 주로 현재보다는 과거와 미래 상황에 초점을 맞추어 진행한다.
③ 가족 안에서 일어나는 문제와 갈등에만 초점을 두어야 한다.
④ 상담시 가족관계에 접근할 때 선형적 인과론이 아닌 순환적 인과론에 초점을 둔다.

[정답] ❹

07 가족체계의 특징에 대한 설명으로 거리가 먼 것은?

① 가족체계는 어떤 일반적 규칙에 의해 지배된다.
② 가족체계 간의 의사소통이 중요하다.
③ 가족체계에는 항상성이 있다.
④ 가족체계 한 부분의 변화는 전체의 변화를 초래한다.
⑤ 하위 가족체계 중에는 경계가 없는 것도 있다.

[정답] ❸

08 다음 내용을 읽고 맞으면 (O), 틀리면 (X)로 표시하시오.

① 순환적 인과 관계는 원인에 의해 결과가 일어난다. ( )
② 가족체계의 움직임은 어떤 일반적 규칙에 의해 지배된다. ( )
③ 가족체계 한 부분의 변화는 가족체계 전체의 변화를 초래한다. ( )
④ 가족 안에서 문제시되고 있는 사람을 IP(Identified Patient)라고 한다. ( )
⑤ 가족 경계선을 통해 가족의 관여 정도를 측정한다. ( )

[정답] ×, ○, ○, ○, ○

09 다음에 해당되는 가족치료의 개념은?

> 내담자: 식사 중에 아버지에게 꾸중을 들었어요. 우리 집에서 식사시간은 조용해야 해요.

① 가족규칙 ② 가족항상성
③ 밀착 ④ 가족경계선

[정답] ❶

10 (   )은 가족 구성원들이 가족의 기능과 요구를 수행하기 위해 하는 행동의 반복적 패턴이다.

[정답] 가족역할

Part 2

전기 부부 · 가족상담 모델과 실제

03 Chapter

대상관계 가족상담

대상관계 가족상담은 지그문트 프로이드(Sigmunt Freud)가 초점을 둔 정신분석적 이론을 위니컷, 코헛, 말러, 클라인 등의 학자들이 새로운 학문의 영역으로 발전시킨 이론이다. 프로이드는 초기 유아시절 경험의 중요성을 바탕으로 하여 개인 내면 세계의 성격형성이 유아시절 가족 관계 경험에 달려 있다고 보았다. 개인 내면의 역동을 가족관계적인 측면에서 조망하였으며, 유아와 그 대상인 부모와의 상호작용에서 발생하는 역동과 심리발달에 대해 설명하고 있다.

1 이론적 배경

대상관계 가족상담 이론가들은 프로이트의 개인 내적 정신분석적 접근을 가족관계로 확장시켰다. 유아기에 우리는 타인과의 관계 속에서 우리가 어떤 사람인가에 대한 인식을 하기 시작한다. 주요한 타자에게 가까이 갔다가 멀어졌다 하는 방식으로 우리는 분화(differentiation)와 통합(integration)을 통해 자기이미지와 대상이미지를

위니컷

형성한다. 유아와 어머니와의 관계는 이런 과정이 어떻게 일어나는지 잘 보여준다. 본 장에서는 대상관계 이론가 중 위니컷, 코헛, 말러, 클라인, 건트립의 이론을 소개한다.

위니컷(Winnicut; 1986)은 부모-자녀관계에서 유아와 엄마의 따뜻한 신체적, 심리적 접촉으로 'holding(지탱하기)'과 'containing(담아주기)'를 통한 'good enough mothering(충분히 좋은 엄마)'의 중요성을 강조하였고, 지탱하고, 수용해주는 충분히 좋은 엄마를 통해 유아는 안정된 자아를 형성하게 된다.

하인즈 코헛

코헛(Kohut; 1981)은 자기(self)의 개념에서 나아가 '자기대상(self object)'이라는 개념을 말하고 있다. 어머니와 유아 관계에서 자기대상인 어머니가 유아의 '자기애성 자기'를 공감적이고 안전하게 잘 돌봐주지 않으면, 유아는 병리적인 자아로 발달할 수 있다고 보았다. 안전한 환경이 되어야 할 어머니로부터 공감이 결핍되면 유아는 자기대상과 건강하게 분리하지 못하고 자기발달을 하지 못한다.

말러(Mahler; 1971)는 유아가 어머니로부터 건강한 분리와 독립해야 하는데, 이를 위해서 어머니는 유아에게 '안전한 기지(a home base)'로 남아 있어야 한다고 했다. 어머니는 유아에게 탐험을 다시 시도하기 전 "정서적 재충전(emotional refueling)"을 하는 기지(base)이며, 유아가 불안하면 언제든지 되돌아올 수 있는 심리적 안전기지가 되어 주어야 한다고 했다.

클라인(Klein; 1986)은 유아와 어머니 관계에서 내사와 투사를 통하여 어머니와 하나가 되고자 하는 마음을 가짐으로써 다른 대상과의 관계 속에서도 여러 가지 본능이 생겨나게 된다고 하였다. 유아는 자기의 환경과 적극적으로 관계를 맺으려는 환상을 가지며, 환상의 힘은 '편집자리와 우울자리'를 거치면서 성장해 가는데, 여기에 문제가 생기면 분열과 투사의 방어기제를 발달시키게 된다고 하였다. 그 결과 다른 사람과의 관계에서 상대방과 자기를 있는 그대로 인식하기 어려움을 경험할 수 있다고 했다.

건트립(Guntrip: 1975)은 상담자가 내담자에게 부모로부터 경험하지 못한 '좋은 대상(good object)'이 되어 줌으로써 내담자의 회복을 도와줄 수 있다고 한다. 내담자는 현실적으로 상담자와의 관계에서 건강한 상호작용을 할 수 있고, 이 관계를 중시하였다. 유아는 대상(어머니)과 가족관계에서 상호작용하고 관계를 맺고자하는 욕구를 가지고 있고, 이 관계는 유아의 인격 형성에 영향을 미친다고 하였다.

해리 건트립

2 상담 목표

대상관계 가족상담의 목표는 가족의 역기능적 갈등의 문제를 부모와의 상호관계 패턴의 연장선 위에 놓고, 방어기제(분열이나 투사, 투사적 동일시 등)를 사용하는 원인에 대한 통찰을 얻고, 다른 대상에 대해 '좋음과 나쁨'과 같은 분열적 생각의 투사 대신에 통합된 자아를 만들어서 온전한 관계를 형성할 수 있도록 돕는 것이다. 세부적인 목표는 아래와 같다.

첫째, 가족 구성원에게 성숙한 방어기제의 사용을 증가시키는 것이다.

둘째, 가족들이 개별화 및 연합을 이루도록 해주는 것이다.

셋째, 가족들이 발달상에서 이루었어야 할 좋음과 나쁨을 받아들이도록 돕는 것이다.

넷째, 가족 구성원들이 과거의 무의식적 이미지보다는 현실에 기반을 둔 전인적인 건전한 인간으로 서로 상호작용을 할 수 있도록 돕는다. 이를 위해 가족상담자는 개인을 가족과 분리시키지 않고 가족을 모아서 각 개인이 관계를 가지면서도 독립적일 수 있는 방식으로 서로 상호작용하는 법을 배우도록 돕는다.

상담 목표를 설정하기 위해 살펴보면 다음과 같다.

- 호소 문제가 무엇인가? 문제의 배경이 무엇인가?
- 호소 문제와 관련된 가족의 문제 처리 능력은 있는가?
- 호소 문제를 위해 지금까지 노력해 본 일은 있는가?
- 투사적 동일시를 통해 지탱되어 온 가족관계가 구체적으로 무엇인가?
- 가족 구성원의 욕구는 무엇인가?
- 가족 구성원의 욕구를 충족하는 방법과 관계를 어떻게 맺고 있는가?
- 내담자의 부정적 감정을 표현할 때 가족 구성원들이 지탱(holding)해주는 환경은 무엇인가?
- 관계적 패턴 문제는 무엇인가?
- 가족 구성원의 성숙과 성장(발달)에 도움은 무엇인가?

3 주요 개념

대상관계 가족상담은 유아의 초기 어머니와의 관계경험이 성격발달과 자아형성에 미치는 영향을 강조하는 대상관계 이론에서 출발하여, 상담자와 가족원 관계를 치유적인 매체로 활용하는 새로운 관계경험의 장을 마련해주는 이론이라는 점에서 전통적으로 관계성을 강조하는 한국문화정서로 볼 때 그 활용도가 높다고 볼 수 있다.

1) 대상(Object)

프로이트가 의미한 대상과 대상관계 가족상담 이론에서의 대상의 의미는 조금 다르다. 프로이트의 대상은 리비도 충족을 위한 수단으로서 사물을 의미하지만, 대상관계 가족상담 이론에서 대상은 유아의 외부현실에 존재하는 사람, 즉 실체를 가리킨다(Slipp, 1991:40). 유아는 어머니의 젖가슴을 통해 어머니를 좋고 나쁜 경험들로 연상하여 어머니는 부분 대상으로 존재한다(Klein, 1986). 처음에는 어머니를 전체가 아닌 부분대상으로 경험하고 인식하다가 발달을 하면서 전체로서 일관된 형식으로 지각하게 되고, 이때 한 대상인 어머니 안에 좋음과 나쁨이 동시에 존재할 수 있다고 인식 가능하게 된다.

2) 환상(Fantasy)

가족상담 시 가족 구성원의 환상이 무엇이며, 그 환상이 현재 어떻게 작용하고 있는지를 알아보는 것은 가족의 내면의 역동을 탐색하는 데 도움이 된다. 유아는 태어날 때부터 환상을 가지고 있고, 이 환상을 통해 자기의 세계를 탐험하고 나아가 어머니와 소통하게 된다고 클라인은 말했다(Klein; 1986). 따라서 환상은 유아의 발달에 중요한 역할을 하며 유아가 환경에 적응하도록 돕는다. 환상은 좋음과 나쁨의 느낌을 내면에서 서로 분리하지만, 서로 다른 두 개의 감정을 내면에 동시에 존재할 수 없게 만든다. 성장하면서 어머니가 자기의 욕구를 모두 충족시킬 수 없음을 알게 되면 위기를 맞는다. 이 때 어머니의 자상한 보살핌이 결여되면 유아는 자기의 환상을 유지하기 위하여 분열과 투사적 동일시 등의 방어기제를 사용하게 된다(임윤희, 2013).

3) 대상전이

위니컷은 유아가 어머니로부터 분리되는 과정에서 나타나는 불안을 줄이기 위해 어머니의 따뜻함과 돌봄을 대신하는 대체물이 필요하다고 했다. 그리고 곰인형, 담요, 장난감, 베개 등과 같은 대체물을 대상전이라고 명명하였다. 유아는 이때 충분히 어머니의 좋은 모습들을 내면화해 가게 된다. 환상을 통한 어머니와의 관계가 다른 세계로 옮겨가는 과정에서 대상전이는 상징적인 기능으로서 자기 외부대상과 자기 내부대상, 그리고 현실과 환상을 구분할 수 있도록 돕는 경험이라고 할 수 있다.

4) 내사, 동일시, 내면화 과정

내사(introjection)는 외부에 어떤 대상이 유아 내면의 세계로 들어옴으로써 자신과 대상과의 관계 속에서 일어나는 것이다. 유아가 성장기에 어머니의 웃는 이미지가 내사되면 유아는 어머니의 따뜻한 마음을 경험을 통해 내사하고, '좋은 자기'의 이미지가 형성된다(Goldstein, 2001: 56). 그러나 화내는 어머니의 이미지가 내사될 때 유아는 정서적으로 두려움과 불안, 무서움의 감정이 내사(內射)되는데 이러한 내사를 거치면서 내면화 과정이 일어난다. 이 때 내면화 과정에서 대상의 이미지를 그대로 유지하려는 것으로 동일시하는 경향이 있다(Greenberg & Mitchell, 1983: 331). 예를 들면, 유아가 놀다가 다쳤을 때 어머니가 충분히 유아에게 약을 발라주고 아픔을 공감하여 주었다면, 유아는 인형놀이에서 인형과 상호작용하면서 동일시하여 인형이 망가졌을 때, 어머니가 자기에게 해주었던 과정을 모방하면서 내면적 구조가 만들어져 간다.

5) 분열

컨버그는 유아가 내면의 통합을 어떻게 하는가에 따라서 약한 자아 또는 건강한 자아를 형성한다고 본다. 이때 유아는 미분화 상태에서 좋음과 나쁨이 동시에 공존할 수 있는데, 이런 상황을 좋음과 나쁨을 구분하지 못함으로써 '방어적 분열(defensive splitting)'을 경험한다(Greenberg & Mitchell, 1983: 330). 분열은 발달 초기 과정에는 정상적인 과정이지만, 성인이 되어서도 고착되면 성격장애로 발전하게 된다. 어머니와

공생애 관계에서 심리적 분리를 하는데 이 과정에서 불안과 두려움을 경험하고, 이때 어머니의 충분한 정서적 지지와 지탱해주는 환경이 결핍되면 분열을 통하여 고통을 받지 않으려 한다.

6) 투사적 동일시(projective identification)

내부세계 상태, 즉 자기의 부정적 감정을 좋음과 나쁨의 분열을 통하여 외부의 대상에게 전가하는 것을 투사(projection)라고 한다. 이때 투사적 동일시는 다른 사람에게도 실제로 자신과 같은 부정적 감정이 있다고 믿고, 그 대상에게 그 사실을 확인시키며 행동하도록 만드는 것이다.

투사적 동일시 사례

자기 안에 상대방을 향한 공격성이 일어나서 비난하고 싶을 때, 상대방도 같은 감정으로 생각하고 상대방에게 지금 자신을 비난하고 공격한다고 말한다. 그러나 상대방이 인정하지 않자 지속적으로 공격하면서 말한다. 그래서 결국 상대방이 화를 내면 자신은 차분해지면서 더 이상 비난하지 않는다.

7) 축소 · 팽창된 자기

유아는 어머니와 분리하는 과정에서 어머니에 대한 환상이 조금씩 깨어지면서 불안 또는 두려움을 경험하게 된다. 이러한 감정은 분리의 과정에서 오는 자연스러운 감정이다. 유아는 다시 그 감정을 달래고자 어머니에게 밀착하는데, 이 때 어머니가 지탱하는(holding) 환경을 제공하면 유아는 정신적으로 안정감을 갖게 되어 다시 분리할 수 있는 힘을 얻을 수 있다. 그러나 지나치게 거부하거나 심하게 야단을 치면 부모의 형상을 내면화시켜 힘없고 초라한 자기, 즉 축소된 자기(deflated self)로 수치심이 발달하게 되고, 부적절감으로 자신감이 없고 자기를 신뢰할 수 없게 된다. 또한 초라한 자기의 모습을 보이지 않으려고 유아는 '진짜자기(real self)'를 형성하는 대신 '팽창된 자기(inflated self)'를 내면에 형성하게 되는데, '가짜자기(pseudo self)'라고 할 수 있다.

〈표 3-1〉 방어기제 검사(100문항)

	질 문	그렇지 않다	가끔 그렇다	자주 그렇다
1-1	때로는 유식한 체하는 게 필요하다고 생각한다.	1	2	3
1-2	기왕이면 다홍치마라고 겉모양도 매우 중요하다.	1	2	3
1-3	돈에 여유가 없더라도 옷을 살 때는 기왕이면 최고급의 옷을 사겠다.	1	2	3
1-4	남 앞에서 잘난 체해야 하는 경우가 있다.	1	2	3
1-5	나는 남에게 선물을 할 때 절대 내 분수에 넘치는 것은 하지 않겠다.	1	2	3
2-1	나는 화가 나더라도 웃는 낯으로 대하려고 애쓴다.	1	2	3
2-2	때로는 상대방을 좋아하면서도 싫어하는 척할 때가 있다.	1	2	3
2-3	상대로부터 대접을 받고 싶어도 겉으로는 안 그런 척할 때가 많다.	1	2	3
2-4	상대방이 싫지만 겉으로는 위해주는 척할 때가 있다.	1	2	3
2-5	열등감(나는 못났어)을 느끼는 경우 오히려 당당하게 행동한다.	1	2	3
3-1	남의 좋은 행동을 보면 나도 그렇게 해보려고 한다.	1	2	3
3-2	남들이 좋다는 것은 일단 해보는 편이다.	1	2	3
3-3	나의 행동을 이끌어 줄 수 있는 강한 사람이 없으면 나는 불안해진다.	1	2	3
3-4	가족 중 누가 기분이 상하면 나도 같이 우울해진다.	1	2	3
3-5	영화나 만화를 보고 나서 영화 속의 주인공이 했던 것처럼 해보고 싶어진다.	1	2	3
4-1	누가 나에게 일을 시키면 나는 바쁜 척할 때가 있다.	1	2	3
4-2	화가 날 때는 뚱하니 말을 않는 편이다.	1	2	3
4-3	화가 나면 상대방을 은근히 골탕먹이는 경우가 있다.	1	2	3
4-4	상대방이 싫으면 그가 하는 일을 은근히 훼방 놓는다.	1	2	3
4-5	화가 나면 이불을 뒤집어쓰고 밥을 먹지 않는다.	1	2	3

	질 문	그렇지 않다	가끔 그렇다	자주 그렇다
5-1	다른 사람들이 나를 어떻게 생각하는지 늘 관심이 많다.	1	2	3
5-2	가끔 이유 없이 어떤 사람이 몹시 미워질 때가 있다.	1	2	3
5-3	남이 내 흉을 볼 것 같아 신경 쓰일 때가 있다.	1	2	3
5-4	내가 실수하면 좋아할 사람이 있다.	1	2	3
5-5	일이 잘 안되면 남의 탓이라도 해야 마음이 편해질 때가 있다.	1	2	3
6-1	밖에서 기분 나쁜 일이 있을 때 집에 와서 화풀이하는 경우가 있다.	1	2	3
6-2	누구를 야단치고 싶으나 막상 다른 사람을 야단치는 경우가 있다.	1	2	3
6-3	부모님으로부터 꾸중을 듣고 동생에게 화풀이한 적이 있다.	1	2	3
6-4	화가 날 때는 가만히 있다가 나중에 엉뚱한 일로 화를 내게 된다.	1	2	3
6-5	내 자신이 미워져서 가까운 사람에게 짜증을 낼 때가 있다.	1	2	3
7-1	모르는 게 약이라고 골치 아픈 일은 깊이 생각 않는 게 낫다.	1	2	3
7-2	나는 누구의 도움도 필요로 하지 않는 사람이다.	1	2	3
7-3	나의 장래에 어떤 나쁜 일이 생길 수 있다고 생각하지 않는다.	1	2	3
7-4	나를 나쁘게 말할 사람은 아무도 없다.	1	2	3
7-5	나는 이성(여자는 남자, 남자는 여자)에 대해 전혀 관심이 없다.	1	2	3
8-1	나는 주변에서 일어나는 일에 대해 그냥 지나쳐 버리지 못하는 성격이다.	1	2	3
8-2	일이 생기면 내가 앞장서서 사람들을 지휘한다.	1	2	3
8-3	내 주변에는 답답한 사람들이 많아서 내가 도와주어야 한다.	1	2	3
8-4	회의에서는 대체로 내가 원하는 방향으로 결정을 끌어내는 편이다.	1	2	3
8-5	나는 남에게 일을 시킬 때 아주 사소한 점까지 직접 시키는 편이다.	1	2	3
9-1	복잡한 일이 생기면 일단 머리를 식힌 다음 다시 생각해 본다.	1	2	3
9-2	남과 다툴 일이 있더라도 일단 기다렸다가 적당한 기회에 이야기한다.	1	2	3
9-3	당장에는 뜻을 못 이루더라도 기회가 올 때까지 기다린다.	1	2	3
9-4	나는 매사에 참을성이 많다.	1	2	3
9-5	어떤 일이 처음에 잘 안되더라도 느긋하게 대처한다.	1	2	3

	질 문	그렇지 않다	가끔 그렇다	자주 그렇다
10-1	나는 사람을 보면 그들의 인간성을 꿰뚫어 보는 능력이 있다.	1	2	3
10-2	내가 마음먹기만 한다면 이 세상을 바꾸어 놓을 수 있을 것 같다.	1	2	3
10-3	가끔 자신이 신비한 능력을 발휘할 수 있을 것 같은 느낌이 든다.	1	2	3
10-4	내 가족이 하는 일은 좋은 쪽으로만 받아들이는 경향이 있다.	1	2	3
10-5	나는 사람들을 감동시켜서 올바른 사람으로 만든 적이 있다.	1	2	3
11-1	무슨 일을 하기에 앞서 만반의 준비를 갖춘다.	1	2	3
11-2	시험에 대비하여 평소부터 차근차근 준비하는 편이었다.	1	2	3
11-3	나는 용돈에 맞추어 지출계획을 세우고 거기에 따라 돈을 쓴다.	1	2	3
11-4	아침마다 그날 할 일에 대해서 계획을 세워 본다.	1	2	3
11-5	평소 건강을 생각하여 꾸준히 운동을 하는 편이다.	1	2	3
12-1	내가 누구에게 싫은 소리를 한 것은 순전히 그 사람을 위해서이다.	1	2	3
12-2	일이 잘못 되었을 때 어쩔 수 없었다고 생각되는 경우가 많다.	1	2	3
12-3	내가 거짓말을 했을 때는 그럴만한 이유가 있었기 때문이다.	1	2	3
12-4	물건을 일단 사고 나면 항상 잘 샀다고 생각한다.	1	2	3
12-5	남과의 약속을 안 지킨 경우는 대개 그럴만한 이유가 있었다.	1	2	3
13-1	가끔 내 자신이 변한 것처럼 느껴질 때가 있다.	1	2	3
13-2	스트레스를 받으면 머리가 혼란스러워진다.	1	2	3
13-3	복잡한 일이 있으면 정신이 혼란해져서 엉뚱한 행동을 할 때가 있다.	1	2	3
13-4	어려운 일에 부딪히면 갑자기 내 자신이 다른 사람처럼 느껴질 때가 있다.	1	2	3
13-5	주변 사람들이 갑자기 낯설게 느껴질 때가 있다.	1	2	3
14-1	기분이 우울해지면 가슴이 답답해진다.	1	2	3
14-2	괴로운 일이 생길 때마다 몸이 아팠던 것 같다.	1	2	3
14-3	별다른 이유 없이 두통이 생겼다가 없어지곤 한다.	1	2	3
14-4	기분이 좋으면 평소 여기저기 아프던 것이 있는지 모르는 경우가 있다.	1	2	3
14-5	스트레스를 받으면 머리가 어질어질하고 곧 쓰러질 것 같다.	1	2	3

	질 문	그렇지 않다	가끔 그렇다	자주 그렇다
15-1	나는 화가 나면 운동으로 풀곤 한다.	1	2	3
15-2	기분이 울적할 때는 노래를 하거나 책을 읽으며 마음을 달랜다.	1	2	3
15-3	심심할 때는 연극이나 영화, 미술 감상 등을 한다.	1	2	3
15-4	마음이 복잡할 때는 친구들을 만나 떠들고 이야기하면서 푼다.	1	2	3
15-5	가끔 그림을 그리면서 시간을 보낸다.	1	2	3
16-1	홧김에 무슨 일을 저지르는 경향이 있다.	1	2	3
16-2	일이 잘 안되면 다른 사람에게 신경질을 부리는 경우가 있다.	1	2	3
16-3	간혹 화가 나서 물건을 깨뜨리거나 부수는 경우가 있다.	1	2	3
16-4	집에 있기 싫어서 가출한 적이 있다.	1	2	3
16-5	갑자기 화가 나서 주변 사람들을 때린 적이 있다.	1	2	3
17-1	어려운 사람을 돕는 것이 나의 기쁨 가운데 하나이다.	1	2	3
17-2	연말에 불우이웃 돕기에 참가하곤 한다.	1	2	3
17-3	나는 남의 문제를 해결하는 데 시간을 아끼지 않는다.	1	2	3
17-4	내 친구에게 어려운 문제가 생기면 어떻게든 도와주려고 애쓰는 편이다.	1	2	3
17-5	만약 미아를 발견한다면 적극적으로 부모를 찾아주려고 노력하겠다.	1	2	3
18-1	스트레스를 받으면 음식을 지나치게 먹는 경향이 있다.	1	2	3
18-2	일이 잘 안 될 때는 공상에 빠지곤 한다.	1	2	3
18-3	스트레스를 받으면 잠을 많이 자게 된다.	1	2	3
18-4	나는 상대방이 내 부탁을 거절하면 마구 떼를 쓰는 경향이 있다.	1	2	3
18-5	어려운 일에 부딪히면 다른 사람이 대신 해결해주기를 바란다.	1	2	3
19-1	일이 잘 안되더라도 웃음으로 여유를 찾는다.	1	2	3
19-2	불안한 일이 있을 때 농담으로 넘어가려 한다.	1	2	3
19-3	나는 항상 농담을 잘 하는 편이다.	1	2	3
19-4	친구들 사이에서 내가 없으면 일이 제대로 안되는 경우가 많다.	1	2	3
19-5	나는 사람들을 감화시켜서 올바른 사람으로 만든 적이 있다.	1	2	3

	질 문	그렇지 않다	가끔 그렇다	자주 그렇다
20-1	주변 사람들이 갑자기 낯설게 느껴질 때가 있다.	1	2	3
20-2	다시 어린아이로 되돌아 가고 싶은 때가 있다.	1	2	3
20-3	친구들과 얘기하다가 분위기가 어색해지면 농담으로 분위기를 전환한다.	1	2	3
20-4	갑자기 화가나서 다른 사람을 때린적이 있다.	1	2	3
20-5	다른사람과의 언쟁을 되도록 피한다.	1	2	3

채점표

– 만점은 15점 / 평균 7.5점으로 점수가 높을수록 방어기제를 많이 사용함

방어기제척도	1 허세	2 반동형성	3 동일시	4 수동공격적	5 투사	6 전치	7 부정	8 통제	9 억제	10 왜곡	11예견	12 합리화	13 해리	14 신체화	15 승화	16 행동화	17 이타주의	18 퇴행	19 유머	20 회피
점수																				

– 이화방어기제 검사(김재은, 이근후, 김정규, 박영숙, 1991) 200문항 중 100문항 선별해 사용함.

〈표 3-2〉 방어기제별 분류

성숙함에 따른 분류 (심리평가의 실제, 박영숙, 1998)				요인별 분류 (이화방어기제검사, 김재은 외 3인, 1991)			
자아 도취적	미성숙한	신경증적	성숙한	불안정 예민	자아 부정적	행동 억제적	자아 확대적
- 투사 - 부정 - 왜곡	- 동일시 - 수동공격 - 신체화 - 행동화 - 퇴행	- 허세 - 반동형성 - 전치 - 통제 - 합리화 - 해리	- 승화 - 유머 - 이타주의 - 예견 - 억제	- 투사 - 신체화 - 전치 - 해리 - 수동공격 - 행동화	- 허세 - 동일시 - 반동형성 - 퇴행	- 부정 - 회피 - 합리화 - 억제 - 예견	- 왜곡 - 통제 - 유머 - 승화 - 이타주의

4 상담 기법 및 사례

상담자가 안전한 환경을 제공하였을 때 신뢰가 형성될 수 있다. 또한 공감과 지탱하기를 통하여 가족 구성원의 두려움과 불안을 줄여 주며, 관계를 변형시키기 위해 요구된 돌봄의 활동인 해석의 기법을 통하여 문제의 원인을 인식하고 가족 간의 투사를 해석해 준다.

1) 신뢰형성

상담자는 가족 구성원에게 안전한 환경을 제공해 줌으로써 보호받고, 정서적 안정을 새롭게 경험한다고 느끼면서 자기 노출을 하도록 신뢰를 쌓는 것이 중요하다. 또한 가족 구성원에게 투사한 그들 자신의 내면세계를 통찰할 기회를 제공해주어야 한다. 가족원의 발달에서 실패한 부분을 분석하여 재중재인 역할을 한다(Greenberg & Mitchell,1983). 이전 부모와의 관계에서 통제와 공격성이 주된 상호작용이었다면, 가족원은 치료자와의 관계에서 존중과 수용을 경험하게 된다. 또한 'Holding(지탱하기)'과 같은 안정된 심리를 충분히 경험할 수 있도록 내담자에게 안정감과 신뢰를 주는 역할이 중요하다. 그러나 상담자는 가족 간 상호역동이 일어날 때 중립의 역할을 유지하며, 객관적으로 가족 상호작용에서 투사와 전이를 관찰한다. 중립적 태도는 가족원들이 스스로 자신을 탐색하고 생각과 감정을 자유롭게 인식하도록 경청하고 존중할 때 새로운 대상의 경험을 하는 것이다.

즉 상담자의 역할은 해석, 돌봄, 중립적 태도, 경청, 지탱하기, 존중, 수용을 통하여 상담과정의 질적 관계를 높이는 것이 중요하다. 가족원이 이전에 경험하지 못했던 새로운 관계를 경험하여 미래 가능성에 소망을 갖도록 한다.

대상관계 가족상담자의 자세

첫째 : 가족 구성원의 말과 감정을 있는 그대로 수용한다.

둘째 : 가족 구성원이 말을 할 때 다른 가족구성원이 평가하지 못하도록 한다.

셋째 : 힘들게 부정적 감정을 표현할 때 잘했다고 칭찬하여 줌으로써, 감정을 있는 그대로 적극적으로 표현하도록 돕는다.

넷째 : 말을 하고 싶지 않을 때 안 해도 괜찮다고 말해 줌으로써 마음을 편하게 갖도록 한다. 안전한 환경의 제공은 라포형성과 관련이 있으며, 두려움과 염려, 거절감, 비난받을 지도 모른다는 걱정을 덜어 주어 내담자가 적극적으로 상담에 참여하도록 도와 상담효과를 높이는 데 기여한다.

2) 공감과 지탱

유아의 발달에 있어서 초기의 공감은 어머니와의 피부접촉을 통해 느껴지는 안정감과 호감에서 시작되고, 언어가 발달함에 따라 언어적 표현으로 이어진다. 공감은 공감적 표정, 공감적 언어, 공감적 행동 그리고 내면 감정과 생각의 이해 모두를 포함한다(임윤희, 2013). 상담자는 가족구성원의 이해를 위해 공감함으로써 친해질 수 있다. 불안과 두려움을 공감하면서도 동시에 그 감정의 과정을 함께 버텨줌으로써 '가짜자기'에서 벗어나 '진정한 자기'가 될 수 있도록 돕는다. 공감의 구체적 방법은 내담자의 말과 행동을 주시하면서 내담자가 웃을 때 함께 웃고, 슬퍼할 때 함께 침울한 표정으로 반응해주는 방법과 같이 내담자의 마음과 신체적 반응 방식으로 공감할 수 있다. 이때 적합한 공감 시점을 찾는 것이 중요한데, 왜냐하면 상담자가 미리 개입할 경우 가족원이 자신의 감정을 인식하고 탐색하는 데 오히려 방해가 될 수 있기 때문이다.

아버지가 딸에게 투사하는 경우의 사례

- 아버지 : 저 아이는 매사에 제대로 하는 일이 없어요. 고집만 세우고 너무 게을러요.
- 상담자 : 그런 아이를 보면서 어떤 느낌이 드세요?(감정에 대한 질문)

아버지에게 감정을 먼저 인식하도록 감정을 나누고 아버지의 감정 이면에 생각을 이해하도록 한다. '게으르다'는 표현 안에 있는 가치관이 무엇인지, '고집이 세다'고 하는 것이 무슨 의미인지를 알아차리고 이해하도록 한다. 아버지가 이렇게 말할 수밖에 없는 가족 배경을 이해하고 공감한다.

3) 해석

해석은 내담자의 이해를 돕고 문제의 원인을 알게 하는 방법으로, 상담의 필수적 기법 중 하나이다. 내담자는 해석을 통해 자신에 대한 새로운 성찰과 더불어 분리와 통합을 이룰 수 있다(Greenberg & Mitchell,1983). 상담자는 가족원에게 내면화되어 있는 내면적 대상에 대한 감정이 상담자에게 투사되어 전달되는 부분이 무엇인지 인식하고 해석할 수 있어야 한다. 가족원이 내면화한 형상들이 무엇인지, 자신의 어떤 부분 혹은 어떤 모습을 투사하고 거부하고 있는지를 해석해줌으로써 내담자가 투사(projection)하고 있음을 인식시킬 수 있다.

[이고그램(Egogram) 검사]

이고그램 검사는 나의 자아상태를 알아보는 검사이다. □ 칸에 적은 숫자를 세로로 더해서 채점을 하며, 채점결과가 가장 높은 항목이 나의 자아상태라고 할 수 있다. 나의 자아상태는 비판적 어버이(CP), 양육적 어버이(NP), 어른(A), 자유스런 어린이(FC), 순응적인 어린이(AC)등의 5가지 자아상태로 구분할 수 있다.

이고그램 점검표

다음 항목에 대한 대답을 보기와 같이 골라 공간 □에 점수를 기입하세요. 현재 하고 있는 그대로를 답해 주세요.

예					
		4			

언제나 그렇다.	(매우 긍정)	5	자주 그렇다.	(약간 긍정)	4
그저 그렇다.	(보 통)	3	좀처럼(거의) 그렇지 않다.	(약간 부정)	2
전혀 그렇지 않다.	(완전 부정)	1			

1. 다른 사람을 헐뜯기보다 칭찬을 한다.					
2. 사태의 흑백을 명백히 가리지 않으면 마음이 편치 않다.					
3. 무슨 일을 할 때 좀처럼 결심을 할 수 없다.					
4. 나는 명랑하게 행동하고 장난을 잘 친다.					
5. 말이나 행동을 냉정하고 침착하게 한다.					
6. 성미가 급하고 화를 잘 낸다.					
7. 인정(하는 것)을 중요시 한다.					
8. 호기심이 강하고 창의적인 생각을 잘 한다.					
9. 정돈을 잘 한다.					
10. 농담이나 익살을 잘 부린다.					
11. 의존심이 강하다.					
12. 상대의 이야기를 경청하고 공감하기를 잘 한다.					
13. 상대의 부정이나 실패에 대해 엄격하다.					
14. 어려움에 처해 있는 사람을 보면 도와주고 싶어 한다.					
15. 숫자나 자료를 사용해서 이야기를 한다.					
16. 제멋대로 말하거나 행동한다.					
17. 후회하는 일이 많다.					
18. 좌절감을 맛보는 경우가 많다.					

19. 육하원칙에 따라 사리를 따지거나 설명한다.					
20. 일을 능률적으로 수행한다.					
21. 요령이 없고 주저주저한다(머뭇거린다.)					
22. 무슨 일이나 사실에 입각해서 객관적으로 판단한다.					
23. 다른 사람으로부터 부탁을 받으면 거절하지 못한다.					
24. 주변 사람에게 긴장감을 준다.					
25. 봉사활동에 즐겨 참여한다.					
26. 배려나 동정심이 강하다.					
27. 신이 나면 도가 지나쳐서 실수를 한다.					
28. 타인의 장점보다 결점이 먼저 눈에 뛴다.					
29. 타인의 반대에 부딪히면 자신의 생각을 바꾸고 만다.					
30. 다른 사람에 대해 온화하고 관대하다.					
31. 상대방의 말을 가로막고 자신의 생각을 말한다.					
32. 음식을 매우 배부를 때까지 먹는다.					
33. 계획을 세우고 나서 실행한다.					
34. 완고하고 융통성이 전혀 없다.					
35. 타인의 안색을 살핀다.					
36. 스포츠나 노래를 즐길 수 있다.					
37. 현상을 관찰, 분석하고 합리적으로 의사결정을 한다.					
38. 욕심나는 것은 가지지 않고는 못 배긴다.					
39. 열등감이 심하고 자신의 감정을 참고 억제한다.					
40. 상냥하고 부드러우며 애정이 깃들어 있는 대화나 태도를 취한다.					
41. 일을 빨리 처리하는 것이 장점이다.					
42. 하고 싶은 말을 할 수가 없다.					
43. 상대를 바보 취급하거나 멸시한다.					
44. 노는 분위기(놀이)에 저항없이 어울린다.					
45. 눈물에 약하다.					
46. 대화에서 감정에 끌리지 않고 이성적으로 풀어간다.					
47. 부모나 어른이 시키는 대로 한다.					
48. '당연히 …해야 한다' '…하지 않으며 안 된다'는 식의 말투를 잘 쓴다.					
49. '와 멋있다!', '굉장하군', '아하' 등의 감탄사를 잘 쓴다.					
50. 매사에 비판적이다.					
합 계					

<table>
<tr><td>50</td><td></td><td></td><td></td><td></td><td></td></tr>
<tr><td>48</td><td></td><td></td><td></td><td></td><td></td></tr>
<tr><td>46</td><td></td><td></td><td></td><td></td><td></td></tr>
<tr><td>44</td><td></td><td></td><td></td><td></td><td></td></tr>
<tr><td>42</td><td></td><td></td><td></td><td></td><td></td></tr>
<tr><td>40</td><td></td><td></td><td></td><td></td><td></td></tr>
<tr><td>38</td><td></td><td></td><td></td><td></td><td></td></tr>
<tr><td>36</td><td></td><td></td><td></td><td></td><td></td></tr>
<tr><td>34</td><td></td><td></td><td></td><td></td><td></td></tr>
<tr><td>32</td><td></td><td></td><td></td><td></td><td></td></tr>
<tr><td>30</td><td></td><td></td><td></td><td></td><td></td></tr>
<tr><td>28</td><td></td><td></td><td></td><td></td><td></td></tr>
<tr><td>26</td><td></td><td></td><td></td><td></td><td></td></tr>
<tr><td>24</td><td></td><td></td><td></td><td></td><td></td></tr>
<tr><td>22</td><td></td><td></td><td></td><td></td><td></td></tr>
<tr><td>20</td><td></td><td></td><td></td><td></td><td></td></tr>
<tr><td>18</td><td></td><td></td><td></td><td></td><td></td></tr>
<tr><td>16</td><td></td><td></td><td></td><td></td><td></td></tr>
<tr><td>14</td><td></td><td></td><td></td><td></td><td></td></tr>
<tr><td>12</td><td></td><td></td><td></td><td></td><td></td></tr>
<tr><td>10</td><td></td><td></td><td></td><td></td><td></td></tr>
<tr><td>8</td><td></td><td></td><td></td><td></td><td></td></tr>
<tr><td>6</td><td></td><td></td><td></td><td></td><td></td></tr>
<tr><td>4</td><td></td><td></td><td></td><td></td><td></td></tr>
<tr><td>2</td><td></td><td></td><td></td><td></td><td></td></tr>
<tr><th>점수</th><th>비판적 어버이
CP</th><th>양육적 어버이
NP</th><th>어른
A</th><th>자유스런 어린이
FC</th><th>순응적인 어린이
AC</th></tr>
</table>

이 이고그램은 나의 자아상태(성격)를 (   )% 맞추고 있다.

중요내용 핵심체크

- 대상 : 대상관계 가족상담 이론가들은 타인과의 관계적 관점으로 존재로서의 관계를 추구하는 사회관계를 의미한다.
- 환상 : 유아가 환경에 적응하도록 돕는다. 환상은 좋음과 나쁨의 느낌을 내면에서 서로 분리하지만 서로 다른 두 개의 감정을 내면에 동시에 존재할 수 없게 만든다. 성장하면서 어머니가 자기의 욕구를 모두 충족시킬 수 없음을 알게되면 위기를 맞는다.
- 대상전이 : 위니컷은 유아가 어머니로부터 분리되는 과정에서 곰인형, 담요, 장난감, 베게 등과 같은 대체물을 대상전이라고 하였다.
- 내사 : 외부에 어떤 대상이 유아 내면의 세계로 들어옴으로써 자신과 대상과의 관계 속에서 일어나는 것이다. 유아가 성장기에 어머니의 웃는 이미지가 내사되면 유아는 어머니의 따뜻한 마음을 경험을 통해 내사하고 '좋은 자기'의 이미지가 형성된다.
- 분열 : 유아는 자기와 다른 삶 안에 좋음과 나쁨이 동시에 공존할 수 있음을 인식, 구분하지 못함으로써 '방어적 분열(defensive splitting)'을 경험한다.
- 투사적동일시 : 다른 사람에게도 실제로 자신과 같은 부정적 감정이 있다고 믿고 그 대상에게 그 사실을 확인시키며 행동하도록 만드는 것이다.
- 축소, 팽창된 자기 : 부모가 심하게 야단을 치면 부모의 형상을 내면화시켜 힘없고 초라한 자기 즉, 축소된 자기(deflated self)로 수치심이 발달하게 되고, 부적절감으로 자신감 없고 자기를 신뢰할 수 없게 된다. 또한 초라한 자기의 모습을 보이지 않으려고 유아는 '진짜자기(real self)'를 형성하는 대신 '팽창된 자기(inflated self)'를 내면에 형성하게 되는데, '가짜자기(pseudo self)'라고 할 수 있다.

평가 문제

01 대상관계 가족상담은 유아시절 가족(　　)에서 어떤 경험을 하느냐에 초점을 두고 있으며, 개인내면의 역동을 (　　　)적인 측면에서 보았다.

[정답] 관계, 가족관계

02 대상관계 가족상담의 주요 개념에서 (　　)은 타인과 (　　) 관점에서 존재로서의 관계를 추구하며, (　)과 (　), 내사, 동일시, 내면화, 분열...등을 매체로 활용하는 새로운 관계경험을 말하고 있다.

[정답] 대상, 관계적, 환상, 대상전이

03 다음은 가족상담에 대한 설명 이론적 배경이다. (　　)에 알맞은 답을 보기에서 찾아 넣으시오.

Holding(지탱하기), Containing(담아두기), 지탱, 충분히 좋은 엄마, 자기대상, 안전한 기지, 내사, 투사, 환상, 좋은 대상, 나쁜 대상

① 위니컷은 엄마의 따뜻한 신체적, 심리적 접촉으로 (　　　　)와 (　　　　)를 강조하였다. (　　　)하는 (　　　)를 통해 유아는 안정된 자아를 형성하게 된다.

② 코헛은 축소, 팽창된 자기의 개념에서 나아가 (　　　)을 진짜자기, 가짜자기라는 개념을 말했다.

③ 말러는, 유아는 어머니로부터 건강한 분리와 독립하여 새로운 것을 탐색할 수 있도록 어머니는 정서적 재충전을 하는 (　　)의 역할을 강조하였다.

④ 클라인은 유아와 어머니 관계에서 (　　)와 (　　)를 통하여 어머니와 하나가 되고자하는 마음을 다른 대상과의 관계 속에서도 관계를 맺으려는 (　　)을 가지며, 다른 사람과의 관계에서 상대방과 자기를 있는 그대로 인식하기 어려움을 경험한다고 한다.

⑤ 건트립은 (　　)과 (　　)의 경험을 유아와 어머니의 관계욕구에서 상호작용하고 유아의 인격 형성에 영향을 미친다고 한다.

[정답] Holding(지탱하기), Containing(담아두기), 지탱, 충분히 좋은 엄마, 자기대상, 안전기지, 내사, 투사, 환상, 좋은 대상, 나쁜 대상

04 상담자의 역할은 해석, 돌봄, 중립적 태도, 경청, 지탱하기, 존중, 수용을 통하여 상담과정에서 가족원이 이전에 경험하지 못했던 새로운 (　　)를 경험하여 미래가능성에 소망을 갖도록 한다.

[정답] 관계

05 초기 양육자와의 경험을 통해 현재의 인간관계가 형성된다는 이론은?

① 체계 이론　　② 학습 이론
③ 대상관계 이론　　④ 의사소통 이론

[정답] ❸

04 Chapter

보웬의 다세대 가족상담

다세대 가족상담자인 보웬은 가족문제를 바라볼 때 3세대 이상의 정서체계 관계를 분석하고 파악하였다. 이전 세대에서 제대로 정리되지 않은 정서문제는 다음 세대로 이어져서 문제를 일으킨다고 보았다. '가족'을 '정서의 장'으로 보고, 가족원은 정서적 자극의 복합체로 보았다. 가족에 대한 우리의 정서반응은 습관적으로 의식하지 못하고 생활하므로, 가족을 제대로 보려면 한 걸음 물러나서 세대 간 가족의 정서과정을 이해하고 개인의 자아분화 수준을 높이고자 하는 이론이다.

머레이 보웬(1913~1990)

1 이론적 배경

보웬(Murray Bowen)의 가족상담은 정신분석적 원리 및 실제에 직접적인 영향을 받은 치료적 임상모델이다. 보웬이 정신역동적으로 정립된 접근방법과 체계적 접근방법을 연결했다는 점에서 그가 가족치료에 남긴 업적은 높이 평가받는다. 보웬의 가족상담은 다른 가족치료적 접근보다 인간행동과 인간의 문제에 대하여 가장 포괄적인 견해를 가진다. 그는 나머지 가족 구성원에게 영향을 미칠 수 있는 한 사람의 변화에 의해서 전체의 변화가 시작될 수도 있다고 생각하였다.

보웬은 일반체계 이론 대신 자연체계 이론에 기반을 두고 있으며, 가족은 자연법칙에 따라 '생존'하기 위한 '불안'을 생활 속에서 가지고 있으며 누구에게나 있는 보편적인 현상이다(Kerr & Bowen, 1988, 선영주 외 역, 2005). 그러나 가족 구성원들이 어떠한 위기 상황에서 불안에 휩싸여 감당하지 못할 때 문제가 발생한다고 보았다. 따라서 치료의 목표도 여러 세대를 관통하는 가족의 정서적 과정을 이해하고 자아분화 수준을 높이는 데 있다.

1946년부터 9년간 매닝거 연구소에서 정신분열증 환자와 그의 어머니의 병리적 애착(모자공생 관계) 관계를 연구했고, 미국 국립정신보건연구소(NIMH) 시절에는 아버지를 포함한 정신분열증 가족 내에서 삼각관계를 연구하였다.

2 상담 목표

다세대에 걸친 삼각관계화를 이루고 있는 사람을 거기서 해방시키는 탈 삼각관계를 꾀하는 것이 치료의 목표이다. 즉, 탈 삼각관계를 통해 불안을 감소시키고, 자아분화를 증가시키는 것이다.

보웬의 가족상담은 증상은 덜 강조하며, 문제는 개인이 아니라 체계에 내재하고 있다고 간주하여 개인의 변화는 다른 사람과의 관계변화를 통하여 이루어질 수 있다고 보았다.

다시 말해, 분화되지 않은 가족 자아집합체에서 자신을 분리 독립시켜 정체감을 형성하고 자기 충동적 · 정서적 사고와 행동에서 자유를 획득해 나갈 수 있도록 돕는 것이 치료의 목표이다.

3 주요 개념

1) 자아분화

자아분화는 보웬 이론의 핵심 개념이다. 개인이 타인이 아닌 자신만의 방식에 따라 기능하는 것을 배우는 과정으로, 자아분화는 정신내적[2)]개념인 동시에 대인관계적 개념이다.

> 매우 추운 어느 날 밤, 고슴도치들은 추위를 피하려고 떼지어 몰려들었다. 그러나 추위를 피하기 위해 가까이 붙을수록 서로 뾰족한 가시에 찔려 고통스러웠다. 그러나 멀리 떨어지면 견디기 힘든 추위가 엄습했다. 고슴도치들은 붙었다 떨어지기를 여러 번 반복한 끝에, 마침내 너무 아프게 찔리지 않으면서도 편안하게 추위를 견딜 수 있는 적당한 거리를 알게 되었다. 이런 거리를 '품위'나 '좋은 매너'라고 부르게 되었다.
>
> 출처: Kerr & Bowen(1988), 전영주 외 역(2005), p.72 재인용.

분화수준이 높은 사람은 사고와 감정이 균형을 이루어 감정적 충동을 참는 자제력과 객관성을 가지고 자기 신념에 따라 행동한다. 그러나 분화수준이 낮은 사람은 주체적 정체감이 적어서 타인과 자신을 분리하지 못하고 쉽게 융합되어, 정서적 반응성이 높고, 상대를 불편하게 만들거나 비난, 단절하고 스트레스시 기능이 현저히 저하된다.

---

2) 사고와 감정 분리할 수 있는 능력, 대인 관계적 : 자신과 타인 사이의 분화를 의미

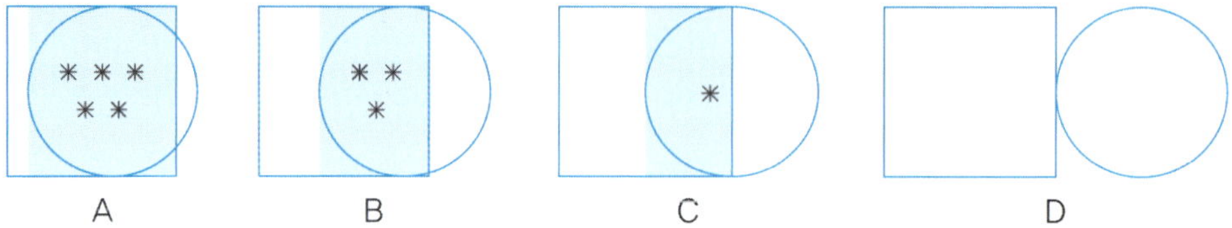

주: * 만성불안의 크기를 의미함

분화와 만성불안

출처: Kerr & Bowen(1988), 전영주 외 역(2005), p.101.

한국형 자기분화 척도

다음은 자신이나 다른 사람과의 관계에 대한 귀하의 생각이나 느낌을 묻는 질문입니다. 귀하의 생각이나 행동, 느낌에 가장 가깝다고 판단되는 번호에 표시하여 주십시오.

질 문	전혀 그렇지 않다	대체로 그렇지 않다	조금 그렇지 않다	조금 그렇다	대체로 그렇다	매우 그렇다
1. 사람들은 내가 감정을 잘 통제하지 못하는 편이라고 말한다.	0	1	2	3	4	5
2. 배우자가 나를 비난하면 한동안 마음이 괴롭다.	0	1	2	3	4	5
3. 나는 결정을 내리도록 도와줄 사람이 옆에 없으면 종종 확신이 안 선다.	0	1	2	3	4	5
4. 누군가와 논쟁을 벌이는 중에도 나는 감정에 치우치지 않고 내 입장을 분명히 할 수 있다.	5	4	3	2	1	0
5. 나는 감정이 격해졌을 때에는 제대로 생각하기가 어렵다.	0	1	2	3	4	5
6. 나는 살면서 만나는 대부분의 사람에게서 인정을 받고 싶어 한다.	0	1	2	3	4	5
7. 내 자존심은 다른 사람이 나를 어떻게 생각하느냐에 따라 달라진다.	0	1	2	3	4	5
8. 나는 어떤 일이 일어나도 별로 흔들리지 않는다.	5	4	3	2	1	0
9. 배우자가 나를 이해하지 못할까 봐 속마음을 솔직히 드러내지 못한다.	0	1	2	3	4	5
10. 때때로 나는 감정의 기복이 너무 심하다고 느낀다.	0	1	2	3	4	5
11. 다른 사람이 나를 비판하는 것에 대해 지나치게 민감하다.	0	1	2	3	4	5
12. 나는 뭔가 결정을 내릴 때 다른 사람이 그것을 어떻게 생각할지 걱정이 된다.	0	1	2	3	4	5
13. 다른 사람이 뭐라 하든 개의치 않고 대부분 내 생각대로 한다.	5	4	3	2	1	0
14. 배우자가 나한테 너무 많은 것을 바란다는 느낌이 들어 부담스러울 때가 있다.	0	1	2	3	4	5
15. 나는 스트레스가 오래 지속되면 이성보다 감정에 따라 행동하게 된다.	0	1	2	3	4	5

질 문	전혀 그렇지 않다	대체로 그렇지 않다	조금 그렇지 않다	조금 그렇다	대체로 그렇다	매우 그렇다
16. 누군가에게 화가 나면 쉽게 그것을 풀지 못한다.	0	1	2	3	4	5
17. 큰일을 시작할 때 나는 주변 사람의 많은 격려를 받아야 안심이 된다.	0	1	2	3	4	5
18. 스트레스를 받는 상황에서도 내 감정을 부인하지 않고 합리적으로 반응할 수 있다.	5	4	3	2	1	0
19. 배우자와 함께 있을 때, 때로 나는 가슴이 답답하거나 숨이 막힐 것 같은 때가 있다.	0	1	2	3	4	5
소 계						
20. 나는 중요한 결정을 내려야 할 때도 즉흥적으로 처리하는 경우가 많다.	0	1	2	3	4	5
21. 나는 예민한 편이어서 다른 사람에게서 상처를 잘 받는다.	0	1	2	3	4	5
22. 나는 사람들에게 말부터 해놓고 나중에 후회하는 일이 많다.	0	1	2	3	4	5
23. 아직도 나는 부모님이나 형제자매와 다투고 나면 기분이 엉망이 된다.	0	1	2	3	4	5
24. 나의 말이나 의견이 남에게 비판을 받으면 잘 바꾸는 편이다.	0	1	2	3	4	5
25. 대부분의 경우 내 감정이나 생각 따위로 고민하지 않고 단호하게 행동할 수 있다.	5	4	3	2	1	0
26. 배우자가 나를 너무 구속하지 않으면 우리 부부관계는 더 좋아질 것 같다.	0	1	2	3	4	5
27. 나는 화가 나면 물불을 가리지 않고 행동하는 편이다.	0	1	2	3	4	5
28. 배우자를 포함한 가까운 사람과 말다툼을 하고 나면 하루 종일 그 일을 생각한다.	0	1	2	3	4	5
29. 스트레스를 받아도 나는 별로 흔들리지 않는다.	5	4	3	2	1	0
30. 나는 대수롭지 않은 일에도 화를 잘 내는 편이다.	0	1	2	3	4	5
31. 나는 배우자가 내 생각이나 기분을 인정해주지 않으면 마음이 불편하다.	0	1	2	3	4	5
32. 나는 화가 나면 혼자 해결하지 못하고 누군가가 해결해 주기를 바란다.	0	1	2	3	4	5
33. 누군가가 압력을 가해도 내 감정과 신념을 분명히 드러낼 수 있다.	5	4	3	2	1	0
34. 나는 자라면서 집을 나가고 싶은 충동을 자주 느꼈다.	0	1	2	3	4	5
35. 나는 차근차근 따져 생각하기보다 느낌과 감정에 따라 행동한다.	0	1	2	3	4	5
36. 나는 누군가에게 무시를 당하면 자존심이 상한다.	0	1	2	3	4	5
37. 내 의견이 배우자나 주위 사람과 비슷해야 안심이 된다.	0	1	2	3	4	5

질 문	전혀 그렇지 않다	대체로 그렇지 않다	조금 그렇지 않다	조금 그렇다	대체로 그렇다	매우 그렇다
38. 나는 자기주장이 강하고 지배적인 사람을 대할 때에도 분명한 사고와 편안한 마음을 유지할 수 있다.	5	4	3	2	1	0
소 계						
총 계						

[검사결과 분석]

차원	하위	문항번호	자기점수(합계)	총점	체크한 하위차원 해석
심리적	정서반응	1,5,10,15,20,22,27,30,35(9문항)		45	높을수록 자기분화수준이 낮음
	자기입장	4,8,13,18,25,29,33,38(8문항)		40	낮을수록 자기분화수준이 높음(역채점문항)
대인관계	타인융합	3,7,12,17,24,32,37(7문항)		35	높을수록 타인융합 심함
	정서단절	9,14,19,26,34(5문항)		25	높을수록 정서적단절심함
심리+대인	정서융합	2,6,11,16,21,23,28,31,36(9문항)		45	높을수록 정서융합심함
전 체		38문항 (점수 총합계)		190	

[검사결과 해석]

나의 점수 총합	검사 결과 해석
0~48	명확한 가치와 신념을 가지며 목표 지향적이다. 융통성이 있고 안정적이며 자율적이다. 갈등과 스트레스에 인내심이 있고 강한 자아감을 갖는다. 자신의 사고와 감정 및 타인과의 정서분화 수준이 높다.
49~95	분명한 신념을 가지고 있음에도 불구하고 타인의 선택에 대해 의식하는 경향이 있다. 의사결정을 내려야할 때 의미있는 타인(부모, 배우자)의 인정을 받을 수 있는지 의식하는 편이다. 비교적 스트레스 상에서도 기능을 잃지않고 역기능적이 되어도 금방 회복이 된다.
96~143	인정에 대한 기본적 욕구가 있으며, 갈등을 회피한다. 타인을 기쁘게 하려고 노력하며 의존적이고 자율적 능력이 부족하다. 독립적으로 결정에 이르거나 문제를 해결하는 능력이 별로 없다.
144~190	척도의 가장 낮은 수준으로 감정과 사고의 융합이 너무 심해 삶이 온통 감정에 의해 지배된다. 이들은 타인의 인정을 받기 위해 개별성을 희생하며, 자신의 감정과 사고 및 타인과의 정서분화 수준이 낮아 스트레스 상황에서 쉽게 역기능적이 된다.

개인의 분화수준은 개인의 노력과는 무관한 원가족과의 정서적 분리수준을 말하는 기본분화(basic differentiation)와 개인이 맺는 현재 관계에서 분리되는 기능적 분화(functional differentiation)가 있다. 기본 분화수준이 35인 남성과 여성이 결혼 시 결혼관계에서 기능적 분화수준은 불안을 줄이려는 의도에 따라 '교환'될 수 있다. 즉, 남편은 25로 저하되고, 아내는 45로 증진될 수 있다.

이 경우 기본 분화수준은 35로 동일하나 개인적 기능분화수준은 차이가 생기게 된다.

2) 삼각관계

가족 내에서 불안과 긴장을 해소하는 정서적 역동방식을 의미한다. 이 관계에서 불안이 삼각관계에 가장 주요한 영향을 미친다. 오랫동안 평온을 유지해 오던 2인 관계가 불안정해지면서 불안이 증가하면, 긴장해소방법으로 삼각관계가 이루어지게 되는데, 이는 제3자 개입 시 형성되는 삼각관계를 통해 두 사람 사이에 확산되어 있는 불안을 감소시켜 주기 때문이다. 일반적으로 가족의 융합 정도가 높을수록, 즉 가족원 간의 분화 정도가 낮을수록 삼각관계를 만들려는 노력은 더욱 강렬하다. 또한 삼각관계는 사람뿐만 아니라 사물이나 논쟁거리 등이 개입되어 형성될 수 있다. 예) TV, 애완동물 등

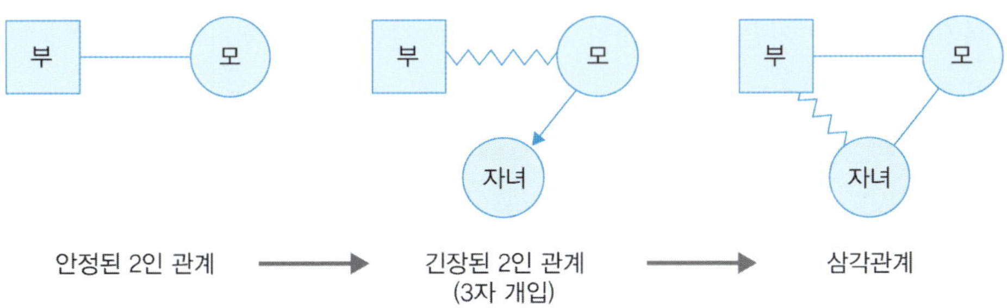

[그림 4-1] 세대 간의 삼각관계

출처: Kerr & Bowen(1988), 전영주 외 역(2005), p.171 재인용.

3) 핵가족의 정서체계

보웬은 사람들이 무의식적으로 자신과 비슷한 수준의 분화상대를 배우자로 선택한다고 하였다. 핵가족의 정서적 분위기는 부모의 분화수준에 의해 결정된다. 부모가 원가족으로부터 이룩한 분화수준에 따라 핵가족 내의 정서체계가 결정되고, 다시 가족원의 기능에 영향을 미치게 된다.

> 예) 분화수준 각각 50인 남녀가 결혼 → 자녀의 분화수준이 부모의 평균 분화 수준인 50보다 다소 낮거나 높을 수는 있지만, 극단적으로 높거나 낮은 수준(20 이하나 80 이상)이 되기는 어렵다.

핵가족 정서체계는 다(多)세대적 개념으로, 개인이 원가족으로 부터 학습된 방식으로 타인과 관계를 맺게 되며 결혼선택을 통하여 가족의 정서 과정의 결과물이며 다음 세대에도 전수될 수 있다.

첫째, 가족의 불안이 한쪽 배우자에 지나치게 치중되어 흡수될 때, 그 배우자에게 우울증이나 두통 등의 만성적인 신체적 또는 정서적 역기능이 초래되는 경우이다.

둘째, 가족의 불안이 남편과 아내에게 흡수되어 부부간의 정서적 거리와 과잉 애착이 반복적으로 일어나는 만성적인 결혼 갈등의 경우이다.

셋째, 만성적 긴장과 파괴적인 다툼이 일어나는 경우, 서로에 대한 부정적인 태도의 특징을 갖지만 가끔은 열정적인 친밀감으로 갈등이 정리되기도 하는 '청룡열차'와 같은 관계가 지속된다. 이 경우 주로 돈 문제, 자녀 문제, 성적인 문제가 갈등의 원인이라고 생각하지만, 오히려 이러한 문제가 생겼을 때 가족원에게 내재된 미숙한 정서(내재화된 원가족의 투사)가 더 문제일 경우가 많다.

넷째, 가족의 불안이 취약한 자녀에게 흡수되는 경우로, 자녀가 정서, 학습, 사회성에 어려움을 겪는 역기능 유형이다. 이 경우 자녀에게 나타날 수 있는 심리적, 사회적 역기능으로는 가출, 비행, 학습문제, 왕따, 정서장애 등 매우 다양한 증상이 나타날 수 있다.

배우자 선택
보웬은 무의식적으로 자신과 비슷한 수준의 분화 상대를 배우자로 선택한다고 하였다. 이는 자신의 원가족에서 겪은 경험을 서로에게 전이(transference)해서 상대가 아주 잘 맞는 사람이라는 느낌을 받기 때문이라고 했다.

갈등관계 부부상담 방법
각 배우자가 자신 안에서 일어나는 불안과 감정반응이 자신과 배우자에게 어떤 영향을 미치는지 잘 알게 하며, 자기방어를 위해 상대를 비난하거나 거부한다는 사실을 깨닫게 해야 한다.

4) 가족 투사과정

동일한 가족 내에서도 부모는 각 자녀에 대해 같은 방식으로 대하지 않는다. 부모의 미숙함에 많이 노출되는 자녀일수록 다른 자녀보다 융합의 정도가 높고, 가족 내 정서적 스트레스에 더 취약하며, 결과적으로 다른 형제에 비해 이성보다 감정에 의해 지배되는 삶을 살기 쉽다. 미성숙한 부모는 가족체계나 부부체계를 안정시키기 위해 무의식적으로 자녀 중 가장 유아적이고 취약한 자녀를 투사 대상으로 선택한다.

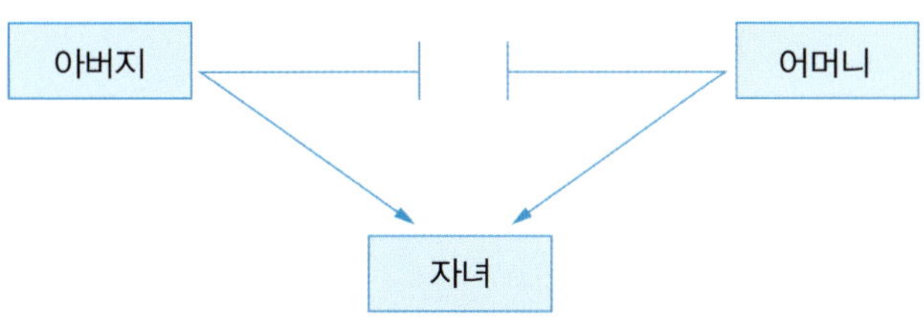

[그림 4-2] 부부갈등을 자녀에게 투사해 희생양으로 만들기

5) 다세대 전수과정

다세대를 통해 가족의 정서과정이 전수되는 것을 설명한다. 자아분화 수준이 낮은 사람이 자신과 비슷한 분화 수준을 가진 사람과 결혼하면, 다음 세대인 자녀에게 그들이 가진 미분화된 특징을 투사하게 되어 자녀의 자아를 더욱 미분화 상태로 놓이게 한다. 이러한 투사과정이 여러 세대에 걸쳐 계속되면, 3세대 또는 그 이상의 세대에 가서 조현병(정신분열증)이나 정서적 질환이 발생한다(개인의 자아분화 수준이 대물림되는 것).

6) 형제 자매 위치

다른 환경에서 태어났어도 출생순위가 비슷할 경우 성격이 유사하다는 토먼의 연구를 바탕으로, 보웬은 출생순위 또는 형제자매 위치가 가족의 정서체계 안에서 특정한 역할과 기능을 한다고 보았다. 배우자의 상호작용 역시 원가족에서의 형제 위치와 관련이 있다고 보았다.

막내와 결혼한 장남과 장녀
결혼 관계에서 좀 더 책임감 있고 의사결정 권한을 갖는 경향이 있다.

장남과 장녀의 결혼
둘 다 책임감 있는 자리에 익숙한 나머지 갈등을 겪을 수 있다.

7) 정서적 단절

원 가족으로부터 정서적 단절은 투사과정에 많이 개입된 자녀에게 주로 일어나는 현상으로, 원 가족을 접촉함으로써 생기는 불안을 줄이기 위해 부모의 집에서 먼 지역으로 이주하거나 부모와 말을 하지 않는 등 부모와의 접촉을 끊는 행위를 의미한다.

이런 행동을 통해 가족과의 끈으로부터 해방되었다고 느끼지만, 부모와의 미해결된 융합에 대한 과장된 독립성의 표현일 뿐이다. 정서단절도 세대간 전수 가능성이 있다. 부모세대에 정서단절이 있었다면, 자녀세대에서도 단절 가능성이 높다. 단절을 피할 수 있는 방법은 원가족과 접촉하면서 분화를 촉진해 미해결 애착을 해소하는 것이다.

8) 사회적 정서과정

사회가 전쟁이나 인구 증가, 성차별 등과 같은 만성적 스트레스 상황에 처할수록 사회의 불안은 커지게 된다. 그 결과로 서로 간의 결속에 대한 압력이 강해지게 되어 개인에게 거짓 연대감을 갖게 만든다. 이 경우, 개인 분화는 감소되어 개인이 사회에 융해되게 된다. 그 결과 사회는 분화 수준이 감소되고, 역기능적 삼각 관계가 계속적으로 서로 맞물려 사회 전체로 확장된다.

집단 분화수준이 높을수록 더 협동적이고, 타인의 복지를 고려한다. 분화수준이 낮을수록 스트레스 상황에서 구성원들의 이기심, 공격성, 회피성이 높아진다.

자녀 세대의 만성불안은 왕따, 학교폭력으로, 부모 세대의 만성불안은 비정상적 교육열, 심각한 음주문화, 부동산 투기 등 사회적 역기능에 일조했다고 할 수 있다.

4 상담 기법 및 사례

보웬의 상담 목표는 다(多)세대 정서체계에 퍼져 있는 만성불안 유형에서 벗어나기 위해서 가족원의 불안을 경감시키고, 자기 분화를 촉진하여 삼각관계에서 벗어나도록 하는 것이므로, 증상보다는 개인 또는 부부의 불안감소와 자기분화촉진, 탈삼각화에 초점을 둔다.

1) 탈 삼각관계 과정

삼각관계를 해결하기 위해 상담자는 가족들이 가지고 있는 삼각관계와 다른 종류의 삼각관계를 만든다. 이때 상담자는 자신이 불안을 견딜 수 있는 능력을 가지고 있어야 하고, 가족들이 불안을 일으키며 상담자를 비난하는 상황에서도 가능한 한 객관적 자세를 유지하여 한다. 가족들과 상호작용을 할 수 있을 때 상담자는 가족들과 치료적 삼각관계를 만들게 된다. 치료자는 '코치'로서 가족정서체계에 융합되지 않고 과잉기능하지 않으면서, 객관적 태도와 나의 입장(I position)을 시범보인다. 가족원의 분화수준이 높아지면, 치료자는 아웃사이더로 회귀하여 탈삼각화가 이루어지게 된다.

아버지와 어머니 : 아들이 말을 하지 않을 때 불안하여 말을 하도록 재촉하려 할 때
→ 상담자가 아버지 어머니와 삼각관계를 형성해 지금까지와 다른 종류의 상호작용을 유도한다. 아버지와 어머니의 불안을 탐색하여 아들에게 향하는 부모의 투사를 돌리게 하여 자신들에게 초점을 맞추도록 돕는 역할을 한다.

2) 가계도

상담 초기 확대가족을 포함한 가족의 정보를 얻기 위해 가계도를 사용하여 3세대 이상에 걸친 가족 성원에 관한 정보와 그들 간의 관계를 도표로 기록하는 작성방법이다.

가계도는 보웬의 이론에 기초하여 여러 세대에 걸친 가족의 정서체계를 도식화하는 방법으로, 다음과 같은 특징이 있다.

① 가족 구성원 개인과 가족 속에 반복되어 나타나는 유형이나 사건을 파악할 수 있다.

② 가족관계나 기능 유형을 도식화함으로써 원가족과 어떤 삼각관계를 형성하고 있는지 체계적으로 생각할 수 있다.

③ 가계도는 전형적으로 첫 면담에서 대부분 완성되며, 그 후 면담과정에서 새로

운 정보가 나타날 때마다 수정한다.

가족 내 상호작용과 인간관계는 한정된 것이 아니므로, 새로운 것이 들어와서 바뀌기도 하지만 일반적으로 어떤 유형이 반복되는 경향이 있다. 가계도는 이러한 유형의 반복을 예측 가능하게 하고 평가하도록 돕는다.

〈가계도 작성법〉

- 가족구조를 도식화하여 생물학적, 법적 관련사항을 도표로 묘사한다.
- 가족구성원의 정보(연령, 출생 및 사망시기, 직업교육 수준), 가족의 역할, 중요한 가족사건 등에 관한 정보를 덧붙일 수 있다.
- 가족의 보고와 상담자의 직접적 관찰에 근거하여 각 가족 성원의 관계를 추론하여 도식화한다.

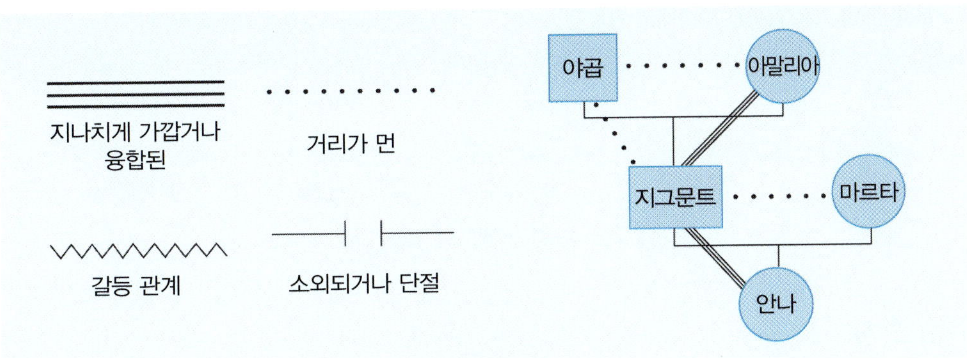

[그림 4-3] 프로이드의 가계도

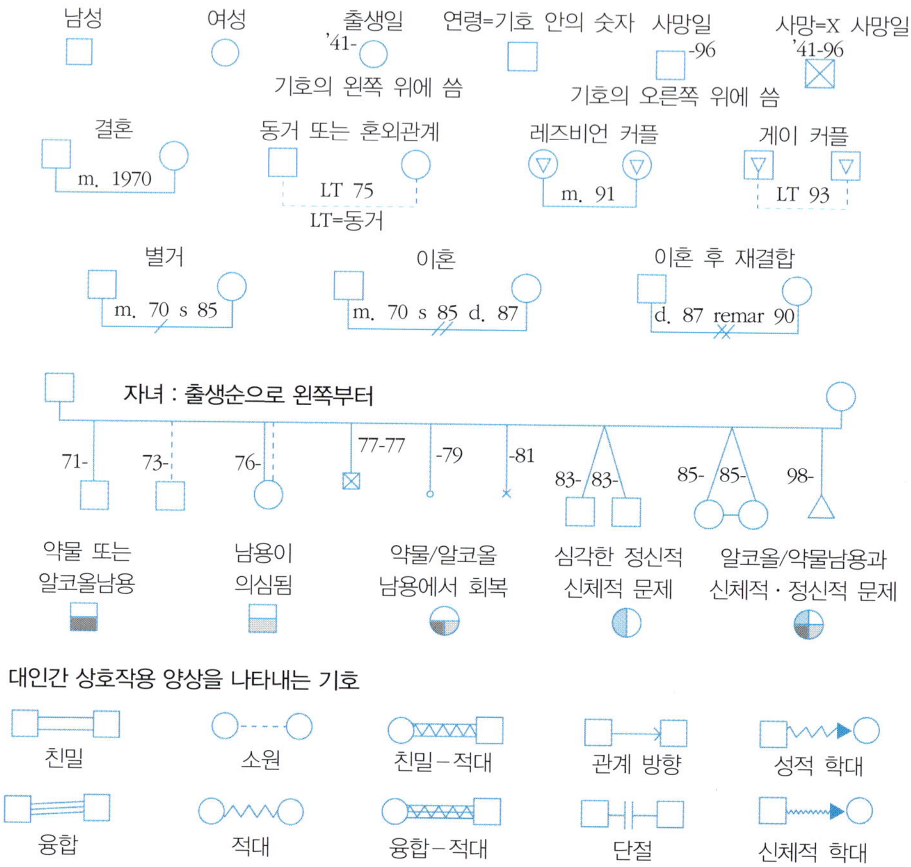

[그림 4–4] 가계도의 표준 기호

3) 코칭

상담자는 내담자가 직접 본인의 가족문제를 해결해 나가도록 조언한다. 코칭을 통해 치료자가 내담자의 삼각관계에 끌려 들어가지 않으면서도 가족 스스로 가족의 정서과정을 이해하고, 개인의 역할을 이해할 수 있도록 돕는다.

① **코칭의 목적** : 자기 이해와 가족원에게 건강한 애착을 가질 수 있도록 하는 것

② **전문적 코치** : 중립적이고 객관적인 조언을 통해 개인의 분화를 돕는다. 개인

이 분명하게 정의된 자기 입장을 가지고 분화된 방향으로 체계에 영향을 미치게 되면 코치해주는 치료 횟수를 점차 줄여 나간다. 그 후 개인 또는 부부에게 원가족으로 돌아가 부모와 조부모, 친척 등을 직접 만나 그들과 잘 지내는 방법을 배우게 한다.

전문적 코칭

내담자의 자아분화 척도지표를 탐색하고 내담자 자신의 생각과 감정이 무엇인지, 그에 따른 선택을 하고 책임지는 것의 중요성을 코칭한다. 대인 관계에서 사실에 입각한 자신의 감정과 원하는 바를 요청할 수 있도록 코칭한다.

4) 과정질문

내담자의 감정을 가라앉히고 정서적 반응에 의해 유발된 불안을 낮추며, 사고를 촉진하는 질문기법이다. 내담자의 감정이나 정서에 초점을 두기보다 인지에 초점을 두며 내담자가 어떤 방식으로 관계 유형에 관여되어 있는지를 묻는다. 이런 질문과정을 통해 상담자는 내담자 부부가 부부과정에 일어나는 일에 대해 자각하도록 해주고, 내담자 스스로 상황을 개선하려면 본인이 어떤 역할을 해야 하는지에 대해 통찰력을 갖도록 격려하게 된다.

과정질문 사례

Q : 남편의 말에 당신은 비난, 방어, 경멸, 담쌓기 중에서 어떤 입장을 취하셨나요?

Q : 관계에서 무력감을 느꼈나요? 느꼈다면 혹시 자신의 인식(감정,사고)보다 상대를 초점화해서 "상대의 문제를 고치기 위해 난 무엇이든(잔소리, 회유, 협박, 폭력) 해야 해."라는 외적 통제를 사용하셨나요? 그 방법이 효과적이었나요?

Q : "그때 기분이 어땠나요?"

Q : "언제부터 그런 기분이 들었나요?"

Q : "배우자가 어떻게 해주길 바라세요?"

이러한 과정 질문을 통해 부부, 가족 간의 의사소통, 대화패턴 및 자신의 감정과 원하는 바를 알아차리도록 돕는다.

5) '나의 입장' 기법

'나의 입장(I-position)' 기법은 상대방의 행동을 비난하거나 지적하기보다 자신의 감정에 초점을 맞추어 표현하도록 하는 방법이다. 상담과정에서 정서적 충동에 의해 반응하는 것을 막는 방법으로, 상담자도 내담자에게 '나의 입장'을 취한다.

나의 입장기법 사례

내담자의 대화 패턴 "당신은 왜 이렇게 게을러!"를 듣고 상대방은 어떤 기분이 들까요? 그런 기분이 들었을 때 당신이 원하는 바를 들어주려 할까요? 그렇다면 정말로 이루고자 하는 바가 무엇인가요? 그걸 한 번 말씀해보시면 어떤 일이 일어날거 같으세요? 그럼 그걸 말씀해보세요.
예) "당신은 왜 이렇게 게을러?" ⇒ "당신이 나를 도와주었으면 좋겠어."(나의 입장기법)

중요내용 핵심체크

- 가계도(genogram) : 가족 구성원 중 남자는 사각형, 여자는 원, 수평선은 결혼, 수직선의 자녀를 가리키는 가족 체계의 도식
- 과정질문(process question) : 다른 사람이 하는 행동에 대해 자신이 한 반응에 대해 사고를 하도록 돕는 질문
- 나의 입장(I-Position) 기법 : 상대방을 비난하거나 훈계하지 않고 나의 견해를 표현하는 진술
- 다세대 전수과정(multigenerational transmission process) : 다양한 정도의 미성숙을 가족 내의 다른 자녀에게 투사하는 머레이 보웬의 개념으로, 가족의 정서과정에 가장 심하게 연루된 자녀는 자아의 분화가 가장 이루어지지 않으며, 다음 세대로 전수된다.
- 삼각관계(triangle) : 세 사람을 토대로 한 체계로서 보웬은 삼각관계는 인간관계에서 안정된 가장 작은 단위라고 하였다.
- 삼각화(triangulation) : 두 사람 간의 갈등이 있을 때 제 3자를 끌어들여 갈등을 우회하는 것으로 두 사람 간의 관계를 안정시키는 역할을 한다.
- 자아분화(differentiation of self) : 지성과 정서의 분리, 그리고 타인으로부터의 독립으로 융합의 반대 개념
- 정서적 단절(emotional cut off) : 미해결된 정서적 애착으로부터의 도피를 가리키는 용어
- 원가족(family of origin) : 한 개인의 부모와 형제들로, 결혼하기 전의 핵가족을 의미한다.
- 융합(fusion) : 자신과 타인과의 심리적 경계가 모호하고, 정서적, 인지적 기능이 혼합된 상태로서 분화의 반대 개념
- 탈삼각화(detriangulation) : 개인이 두 사람의 정서적 영역에서 벗어나는 과정

평가 문제

01 보웬의 다세대 정서중심 가족상담의 주요 개념들을 (   ) 안에 기록하시오.

① 정신내적 개념인 동시에 대인관계적 개념은(   )
② 가족 내 불안과 긴장 해소 방법(   )
③ 원가족으로부터 학습된 방식으로 무의식적으로 자신과 비슷한 분화수준을 가진 상대와 관계를 맺고, 또한 결혼 선택(   )
④ 미성숙한 부부가 부부체계를 안정시키기 위해서 무의식적으로 자녀 중 취약한 자녀 대상으로 선택(   )
⑤ 원가족을 접촉함으로써 생기는 불안을 줄이기 위해 부모와 접촉을 끊는 행위 (   )
⑥ 가족의 정서과정은 여러 세대에 걸쳐 반복될 수 있다. (   )
출생순위 또는 형제자매 위치가 가족의 정서체계 안에서 특정한 역할과 기능을 한다. (   )
⑦ 사회에서 불안과 스트레스가 높을 때 연합하려는 욕구가 강해지며, 충동적 반응을 보임. (   )
⑧ 상담과정은 치료자와 삼각관계에서 부부의 불안이 경감되면 (   )와 (   )의 과정이 진행되고, 가족정서체계가 변화된다.

[정답] 자아 분화, 삼각관계, 핵가족 정서체계, 가족 투사, 정서적 단절, 다세대 전수과정, 형제자매의 기능적 위치, 정서적 융합, 자기분화, 탈삼각화

02 다음 중 보웬 가족상담에 대한 설명으로 거리가 먼 것은?

① 가족 구성원의 권력을 파악한다.
② 보웬은 가족을 정서적 단위로 이해했다.
③ 모자공생관계 가설을 제안했다.
④ 가계도를 통해 가족의 정서체계를 도식화한다.
⑤ 자기분화 수준을 파악한다.

[정답] ❸

03 다음 중 보웬 가족상담의 개념에 대한 설명으로 거리가 먼 것은?

① 자아분화 수준이 높으면 참자아를 형성한다.
② 정서적으로 분리된 개인은 가족관계에서 적응성과 독립성을 나타낸다.
③ 자아분화 수준이 낮으면 개인과 가족의 정서를 초월한다.
④ 자아분화의 수준이 낮고, 관계의 긴장이 심할수록 삼각관계를 형성한다.
⑤ 다세대 전수과정은 세대간의 가족의 분화수준과 기능을 연결하는 행동양식이다.

[정답] ❸

04 다음 중 보웬 가족상담의 목표로 거리가 먼 것은?

① 원가족으로 부터 분화
② 탈삼각화
③ 불안조절
④ 가족관계 재인식
⑤ 경험적 치료

[정답] ❺

05 보웬의 가족상담 이론에서 자아분화가 낮은 사람의 특징으로 잘 설명된 것은?

① 불안 감정을 잘 다룰 수 있다.
② 타인과 적절한 경계를 유지한다.
③ 사고와 감정을 구분하는 능력이 있다.
④ 자신을 희생하면서 강한 융합관계를 갖는다.

[정답] ❹

05 Chapter

사티어의 경험적 가족상담

사티어(Virginia Satir)의 경험적 가족상담은 개인과 가족 관계의 역기능 4가지 영역, 즉 자아존중감, 의사소통 및 대처유형, 가족규칙, 지역사회와의 연계성 등에 다양한 치료도구를 활용하여 치유적 경험을 갖도록 돕는다. 5장에서는 그중 주요한 개념인 자아존중감, 의사소통 및 대처유형, 가족규칙을 소개한다. 경험적 가족치료는 개인과 가족 간의 갈등의 해결과 개선을 위해 겉으로 드러나는 것보다 더 큰 힘을 발휘하는 내면의 요소(감정, 지각, 기대, 열망)의 변화를 도모한다. 그리고 현재에 대한 분명한 자각 위에 긍정적인 새로운 경험이 더해져서, 현재의 의사소통이 건강하고 원만하도록 도와 결과적으로 성장을 경험하게 하는 성장모델이라고 부른다.

1 이론적 배경

경험적 가족치료는 인간을 긍정적 잠재력이 있어 자발적으로 변화하고 성장할 수 있는 존재로 봄으로써, 자원을 찾아 변화하도록 돕는 성장모델이다. 가족이 지금여

버지니아 사티어
(1916~1988)

기에서 경험하는 것에 관심을 갖고 있고, 가족문제의 근본 원인이 역기능적 의사소통 체계와 가족규칙으로 인한 정서적 억압에 있다고 본다. 경험적 가족치료의 문제행동의 뿌리는 가족 상호작용의 결과로 본다. 예를 들어, 부모가 자녀의 감정을 통제 및 조절하려고 하면, 자녀들은 갈등을 피하기 위해 자신의 정서적 경험을 묻어버리게 되고, 자녀는 이를 충분히 경험하지 못하고 무기력하고 억눌린 감정을 지니게 된다. 따라서 가족 구성원 각자의 심리적 자원을 찾고, 진정한 정서(회상, 바람, 두려움, 불안)와 접촉하도록 돕는 것이 기능적 변화의 지름길이라고 여겼다. 대표적인 학자로는 버지니아 사티어 외에 칼 위테커, 반맨 등이 있다.

2 상담 목표

자아존중감을 높여서 자기 인생에 대한 선택권을 스스로 갖고 자신, 타인, 상황에 대한 문제해결능력을 높이는 데 있다. 또한 합리적, 현실적인 가족규칙을 만들고, 의사소통 유형을 일치형으로 변화하게 하는 것이 상담목표이다.

3 주요 개념

1) 자아존중감

인간의 기본 욕구이며, 현재 상황을 현실에 맞게 잘 극복하는 데 도움이 되는 자원이다. 자아존중감의 형성은 생애 초기의 관계에서 크게 영향을 받는데, 경험적 가족상담은 개인의 자아 존중감을 회복시켜 자신의 가치를 인정하고, 보유하고 있는 장점과 자원을 발견하고 활용하도록 함으로써 문제상황에 잘 대처할 수 있도록 도와준다.

2) 의사소통 및 대처유형

사티어는 상호작용의 핵심요소로 의사소통에 초점을 둔다. 의사소통은 언어, 비언어적 의사소통을 모두 의미하며, 한 개인의 관계수준과 개인적 특성을 잘 나타내며, 가족체계의 기본요인이라고 할 수 있다. 의사소통이 단절되면 가족체계는 더 이상 존재하기 어렵다. 의사소통은 개인이 인간관계의 긴장과 갈등을 처리하는 과정에서 타인이나 상황에 대해 대처하는 독특한 방식이라고 할 수 있다. 사티어는 가족구성원들이 일관성 있는 의사소통을 하지 않는다는 사실에 주목하였다. 비언어적 메시지와 언어적 메시지, 행동과 말, 원하는 의도와 표출되는 의도의 불일치로 인한 역기능적 의사소통 유형(회유형, 비난형, 초이성형, 산만형)과 기능적 의사소통 유형(일치형)으로 아래와 같이 분류하였다.

궁극적으로, 기능적인 의사소통 유형인 일치형이 가장 바람직하다고 보았다.

(1) 회유형

자신의 내적 감정이나 생각을 무시하고, 타인의 비위에 맞추려는 성향을 말한다.

자원은 타인에 대한 돌봄, 양육과 민감성, 섬세함이다.

(고개를 숙이고 손을 비비면서) 아빠, 제발 용서해주세요. 제가 정말 정말 잘못했어요. 제가 시간을 잘 봤어야 했는데 …… 모든 게 다 제 잘못이에요.

(2) 비난형

회유형과는 정반대로 타인을 무시하는 성향을 보인다. 타인의 말이나 행동을 비난하고 통제하며 명령하는데, 외적으로 보이는 행동은 공격적이나 내적으로는 소외감을 느끼고 '외로운 실패자'라고 생각한다. 심리적 증상은 분노, 짜증, 반항, 적대감, 편집증, 폭력, 반사회적 성향 등이며, 자원은 주장성과 지도력이 에너지이다.

아빠가 이렇게 자꾸 야단치시니까 집에 들어오기 싫잖아요. 제가 늦게 들어오는 건 다 아빠 때문이라고요.

(3) 초이성형

자신과 타인을 모두 무시하고 상황만을 중시한다. 규칙과 옳은 것만을 절대시하는 극단적인 객관성을 보이나, 쉽게 상처받으며 소외감을 느낀다. 자원은 지성, 세부사항에 주의를 집중하는 것과 문제해결능력이다.

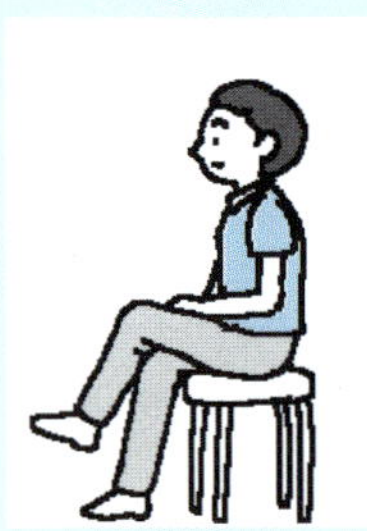

아빠, 이건 그냥 무조건 야단칠 일이 아니고요. 제가 왜 늦었는지에 대해 이성적으로 생각 좀 해보세요.

(4) 산만형

초이성형의 반대로 자신, 타인, 상황을 모두 무시한다. 치료에서 심리적으로 접촉하기 가장 어려운 유형으로 주제나 상황에 맞지 않는 말을 하며 산만하게 행동한다. 정서는 혼란한 상태이므로 자신의 생각이 자주 바뀌고 행동과 말이 다르며, 타인과 상황을 모두 무시한다. 자원은 유머와 자발성 및 창조성이다.

(다른 곳을 쳐다보며) 이런, 아빠가 화나셨나봐. 누가 아빠를 화나게 한 거예요?

(5) 일치형

기능적인 유형으로 의사소통의 내용과 내적 감정이 일치한다. 의사소통이 매우 진실하며 자기감정을 잘 알아차리고 이를 적절하게 표현한다. 매우 생동적이고 창조적이며 독특하고 유능한 행동 양식을 보인다. 일치형의 사람은 높은 자기가치감을 갖고 있으며, 심리적, 신체적으로 건강한 상태에 있다. 자원은 높은 자아존중감이다.

(아빠의 눈을 바라보면서) 늦어진다고 연락 드렸어야 했는데 시험 준비에 정신이 없어 깜빡했어요. 죄송해요. 저 기다리시느라 잠도 잘 못 주무셨죠?

[사티어 의사소통검사]

의사소통 5가지 유형 중(비난형, 회유형, 초이성형, 산만형, 일치형) 자신의 유형을 찾기 위한 검사이다.

사티어 의사소통 유형 검사지

다음 글을 읽고 자신에게 해당되는 문항 ■ 안에 ∨표 하시오.

질 문	유 형				
	A	B	C	D	E
1. 나는 상대방이 불편하게 보이면 비위를 맞추려고 한다.					
2. 나는 일이 잘못되었을 때 자주 상대방의 탓으로 돌린다.					
3. 나는 무슨 일이든지 조목조목 따지는 편이다.					
4. 나는 생각이 자주 바뀌고 동시에 여러 가지 행동을 하는 편이다.					
5. 나는 타인의 평가에 구애 받지 않고 내 의견을 말한다.					
6. 나는 관계나 일이 잘못되었을 때 자주 내 의견을 말한다.					
7. 나는 다른 사람들의 의견을 무시하고 내 의견을 주장하는 편이다.					
8. 나는 이성적이며 차분하고 냉정하게 생각한다.					
9. 나는 다른 사람들로부터 정신이 없거나 산만하다는 소리를 듣는다.					
10. 나는 부정적인 감정도 솔직하게 표현한다.					
11. 나는 지나치게 남을 의식해서 나의 생각이나 감정을 표현하는 것을 두려워한다.					
12. 나는 내 의견이 받아들여지지 않으면 화가 나서 언성을 높인다.					
13. 나는 나의 견해를 분명하게 표현하기 위해 객관적인 자료를 자주 인용한다.					
14. 나는 상황에 적절하지 못한 말이나 행동을 자주 하고 딴전을 피우는 편이다.					
15. 나는 다른 사람들이 내게 부탁을 할 때 내가 원하지 않으면 거절한다.					
16. 나는 사람들의 얼굴표정, 감정, 말투에 신경을 많이 쓴다.					
17. 나는 타인의 결점이나 잘못을 잘 찾아 내어 비판한다.					
18. 나는 실수하지 않으려고 애를 쓰는 편이다.					
19. 나는 곤란하거나 난처할 때는 농담이나 유머로 그 상황을 바꾸려는 편이다.					

질 문	유 형				
	A	B	C	D	E
20. 나는 나 자신에 대해 편안하게 느낀다.					
21. 나는 타인을 배려하고 잘 돌보아 주는 편이다.					
22. 나는 명령적이고 지시적인 말투로 상대가 공격받았다는 느낌을 줄 때가 있다.					
23. 나는 불편한 상황을 그대로 넘기지 못하고 시시비비를 따지는 편이다.					
24. 나는 불편한 상황에서는 안절부절 못하거나 가만히 있지를 못한다.					
25. 나는 모험하는 것을 두려워하지 않는다.					
26. 나는 다른 사람들이 나를 싫어할까 두려워서 위축되거나 불안을 느낄 때가 많다.					
27. 나는 사소한 일에도 잘 흥분하거나 화를 낸다.					
28. 나는 현명하고 침착하지만 냉정하다는 말을 자주 듣는다.					
29. 나는 한 주제에 집중하기 보다는 화제를 자주 바꾼다.					
30. 나는 다양한 경험에 개방적이다.					
31. 나는 타인의 요청을 거절하지 못하는 편이다.					
32. 나는 자주 근육이 긴장되고 목이 뻣뻣하며 혈압이 오르는 것을 느끼곤 한다.					
33. 나는 나의 감정을 표현하는 것이 힘들고 혼자인 느낌이 들 때가 많다.					
34. 나는 분위기가 침체되거나 지루해지면 분위기를 바꾸려 한다.					
35. 나는 나만의 독특한 개성을 존중한다.					
36. 나는 내 자신이 가치가 없는 것 같이 우울하게 느껴질 때가 많다.					
37. 나는 타인으로부터 비판적이거나 융통성이 없다는 말을 듣기도 한다.					
38. 나는 목소리가 단조롭고 무표정하며 경직된 자세를 취하는 편이다.					
39. 나는 불안하면 호흡이 고르지 못하고 머리가 어지러운 경험을 하기도 한다.					
40. 나는 누가 나의 의견에 반대하여도 감정이 상하지 않는다.					
합 계 (같은 항목별로 더함)					

[검사해석]
본인이 체크한 A, B, C, D, E 유색 칸의 합계가 가장 많은 것이 자신의 의사소통 유형입니다.
(A(비난형), B(회유형), C(초이성형), D(산만형), E(일치형))

3) 가족규칙

일종의 명령으로 개인이 원가족 삼인군에서 경험한 것을 내면에 지니고 있는 것이라고 할 수 있다. 비합리적인 가족규칙은 자아존중감에 부정적인 영향을 미치고, 성장에 방해가 되는 가족규칙은 수정되어야 한다. 규칙은 합리적이고 융통성이 있으며 인간적이어서 인간성장에 도움이 되어야 한다. 규칙은 무의식적 수준에 있으므로 알아내기 쉽지 않아서 상담자의 도움이 필요하다.

규칙을 지침으로 바꿈으로써 일치된 의사소통을 하여 자아존중감을 높이고 자신의 가치와 진실을 깨달을 수 있다. 가족규칙을 가족지침으로 바꾸는 방법은 아래와 같다.

가족규칙과 가족지침

- 규칙 : 나는 어른에게 ~해야만 한다.
- 지침 1단계 : 나는 어른에게 복종할 수 있다('해야만 한다'를 '할 수 있다'로 바꿈으로써 강제가 선택으로 변하게 된다).
  2단계 : 나는 어른에게 가끔 복종할 수 있다('가끔'을 첨가함으로써 선택의 폭을 넓힌다).
  3단계 : 나는 어른이 합리적일 때 복종할 수 있다('~할 때'를 첨가함으로써 가능성의 폭을 넓힌다).

4 상담 과정

상담자는 변화를 위한 수용적 · 긍정적인 상황을 마련하고, 가족원은 다음 7단계의 치료 과정을 통해서 내적인 변화와 일치성을 경험하게 된다.

1) 상담 과정 7단계

(1) 1단계 : 정체상태(폐쇄체계)

① 고통과 증상 등을 통해 변화의 필요가 생겨난다.

② 가족원들의 자기중심적인 기대와 반응이 반복될 경우 특정 의사소통 패턴과 가족규칙(신념체계)이 당연시되고, 가족이 제기능을 하지 못하는 폐쇄체계를 형성하게 된다.

(2) 2단계 : 외부요인의 도입

① 체계 안에 외부요인인 심리상담자 또는 가족상담자가 투입되어 가족구성원들에게 수용되어서 신뢰와 희망 및 변화의 자각을 돕고, 상담자 자신도 일치성의 롤모델이 되어 주는 것이 중요하다.

② 상담자는 그들의 변화의 장애물과 기대를 탐색한다. '저항'을 '존엄성'이라고 재구조화하기 위한 긍정적 목적을 설정한다. 예를 들어, 가족이 "나는 괜찮아요"라고 '저항'할 때, 그동안의 가족규칙과 소통이 실제로 가족에게 도움이 되어왔음에 대한 '존엄성'을 수용하고 인정해주는 것이다.

③ 상담자는 나아가 가족이 안전감을 느끼고, 자신을 보호하기 위한 새로운 대안을 찾도록 돕는다.

(3) 3단계 : 혼돈(체계의 개방)

① 외부요인의 도입으로 가족은 재구조화되면서 이전 행동은 맞지 않게 되고, 새로운 행동은 개발되지 않은 상태에서 진실한 의사소통에 혼돈상태가 생긴다.

② 이 순간에 가족이 경험하는 두려움과 불안에 대해 치료자는 지금-현재에 초점을 맞추면서 지지와 수용 및 격려, 희망을 충분히 제공해 준다.

③ 가족은 스스로 객관적으로 바라볼 수 있는 단계까지 점차적으로 개방하기 시작한다.

(4) 4단계 : 변형(변화하기)

① 자신의 인식과 기대를 재구성하고, 긍정적으로 설정된 목적을 향하여 새로운 변화와 치유가 시작되는 단계로 치료시간의 대부분이 소요된다.

② 대처 양식은 개인마다 다르나, 보편적인 과정과 긍정적이고 창조적인 방식을 따라 가족체계를 역기능적 정체상태에서 새로운 순기능적인 상태로 변화하도록 돕는다.

(5) 5단계 : 통합(새로운 선택과 통합)

① 새로운 자원을 사용하고 각 부분들을 통합시켜 과거와 현재의 기대를 재평가하는 것을 통해 새로운 가능성을 개발하게 된다.

② 내담자가 변화의 수용과 결정의 선택에 책임을 지고 표현하며, 자신과 조화를 이루면서 건강하고 개방된 새로운 방식(의사소통, 가족규칙)을 선택하게 된다.

(6) 6단계 : 실습(변화 실행하기)

① 익숙한 과거의 방식으로 자동적으로 회귀할 수 있어서, 새로운 선택을 유지하고 실천하기 위해서 치료자 및 가족 상호 간의 강력한 지지가 필요하다.

② 연습을 통해 가족 구성원들은 예측 가능한 행동패턴을 확인할 수 있다.

③ 변화를 실습하고 행동에 대한 새로운 감각과 감정에 대한 감정(meta-emotion)을 느껴본다.

(7) 7단계 : 새로운 상태(건강과 일치성 획득)

① 건강하고 충분히 순기능적으로 행동할 수 있는 개인 및 가족관계가 형성되는 단계이다.

② 새로운 편안함이 이전에 익숙했던 것들을 대치하게 되고, 새로운 예측들이 발달하게 되고, 새로운 자아상과 희망이 생겨난다.

③ 좀 더 큰 자율성과 창조성이 발휘되고 행복감이 증대된다.

④ 새로운 에너지의 익숙함보다는 새로운 가능성과 편안함을 선호한다.

※ 위의 변화의 과정은 평생에 걸쳐 필요하다. 신뢰와 책임감 있는 변화의 시도가 반복될수록 변화는 쉬워지고, 가족체계의 기능이 회복될 것이다.

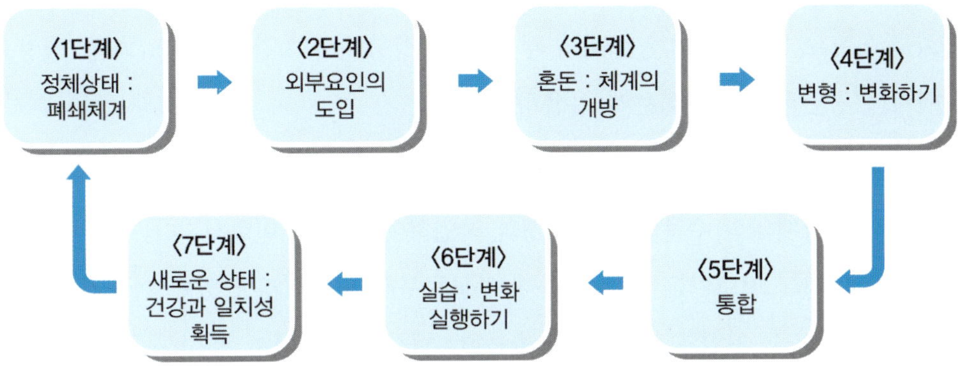

[그림 5-1] 치료적 변형의 순환단계(Banmen, 2001)

2) 빙산치료

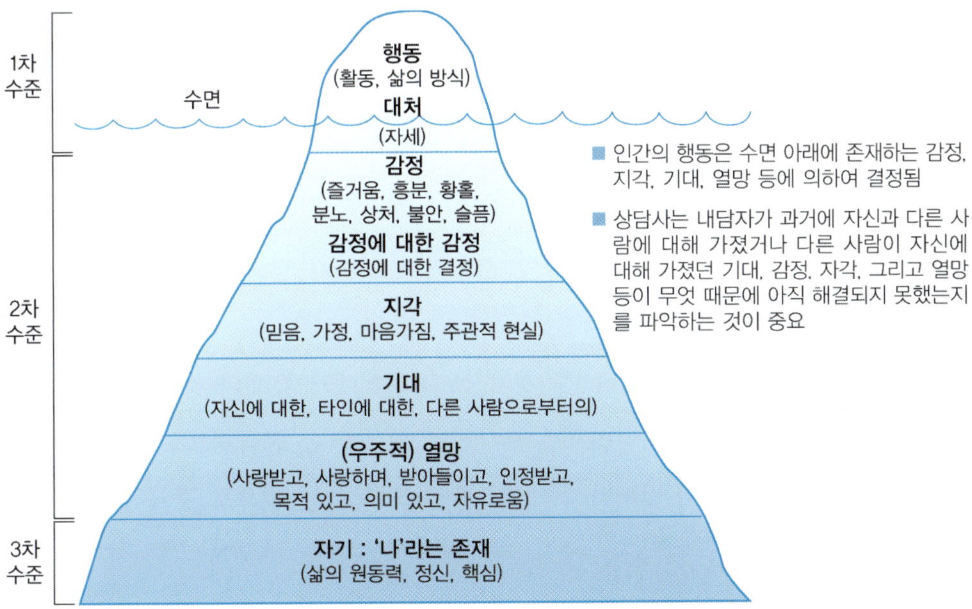

[그림 5-2] 빙산에 비유한 인간심리내적 경험(Banmen, 2001)

(1) 빙산치료

인간의 심리 내적 과정을 빙산에 비유한 은유적인 방법이다. 빙산의 표면인 행동과 대처방식(1차 수준)뿐 아니라 빙산의 '수면' 아래를 탐색하여 2차수준과 3차수준의 변화를 목표로 한다. 개인뿐 아니라 부부 · 가족상담에서도 감정, 생각, 기대, 열망을 알아차려 공감하고 이해하는데 유용하다.

(2) 빙산치료 과정

내담자의 잠재의식 수준인 내적과정과 작업하여 역동을 변화시킨다. 기대를 표면화시키고 기대를 저버리는 단계를 통해 부모로부터 충족되지 않았던 아동기의 열망을 다른 방법으로 실현할 수 있도록 돕는다. 원가족의 도표를 제시 후 기능적인 삼인군의 특성을 갖게 한 뒤, 다루고 싶은 상황에 대한 설명을 듣고 난 후 스타(Star ★)의 역할자를 선정한다.

3) 원가족 삼인군 상담

(1) 원가족 도표

스타(Star, 내담자), 스타의 어머니, 스타의 아버지로 이루어진 원가족 도표를 사용한다. 원가족의 맥락 속에서 개인의 심리 내적 과정뿐 아니라, 가족과의 상호작용 및 가족 역동성을 이해할 수 있고 평가하는 것이 가능하다.

(2) 원가족 삼인군 상담과정

역기능적 원가족의 삼인군(어머니, 아버지, 아동) 관계에서 유래된 쟁점을 현재의 삶에서 이해하게 하고, 긍정적인 것으로 부각시켜 치유한다. 궁극적으로 원가족의 가족규칙과 부모의 규제에서 벗어나서 개별성을 갖도록 돕는 것으로 구체적인 과정은 [그림 5-3]과 같다.

'원가족 삼인군' 상담과정

원가족 도표제시 · 설명 → 다루고 싶은 상황 설명 → 스타의 역할자 선정 → 인물분류((+) 긍정적, (−) 부정적) → 가족조각을 통한 원가족상담 → 스타와의 상호작용 → 역할 벗기 → 참여자와 경험 나누기

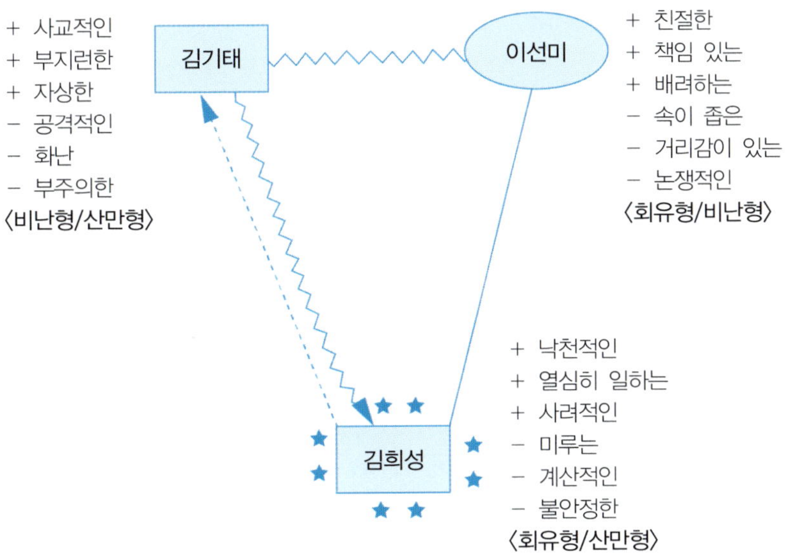

[그림 5-3] 김희성(스타)의 원가족 삼인군 도표(별칭: 콩가루집안)

5 상담 기법 및 사례

1) 상담자 역할

상담자는 유능함(Competence), 자신감(Confidence), 일치성(Congruence)의 3C를 갖추어야 한다.

2) 상담 기법

(1) 가족조각

어느 시점을 선택하여 그 시점에서의 가족관계, 타인에 대한 느낌과 감정을 자세와 태도로 나타낸다. 구성원 중 한 사람에게 다른 구성원과 심리적 거리를 보여주는 공간과 운동감각을 활용한 기법이다. 다른 가족들이 자기를 어떻게 지각하는지를 깨닫게 하는 데 도움이 된다. 자신의 인식에 따라 가족을 배열하고 조각해 나가는 비언어적 기법이다. 가족조각은 지속적으로 움직이는 상태에 있는 가족체계의 상호작용 패턴 및 심리과정을 신체와 몸동작들로 표현함으로써 공간에서 외현화한 것이다.

가족의 의사소통 유형, 권력구조, 경계선, 소속감, 개별화, 규칙, 가족체계의 융통성 등을 파악하도록 돕는다. 가족구성원이 각각 자신의 내면적 감정에 접근함으로써 진정한 자아에 대해 알고 느끼며, 새로운 대처방법을 생각해 볼 수 있도록 돕는다.

내담자 가족의 대처방식을 표현할 때 힘의 상태는 수직적 위치로, 친밀감은 수평적 거리로 표현한 것이다. 이때 가족들은 서로의 자세를 확인한 후 가족 간에 어떤 역동이 일어나는지를 쉽게 알 수 있다.

[그림 5-4] 가족조각

가족조각 사례

여기서 잠깐! ☞ 가족조각 전에 가족원의 동의를 얻은 후 지원자를 선정하여 조각을 만들고, 그 상태에서 가족원 간의 감정을 나눈다.

〈4인가족의 경우〉

- 아버지 : 힘을 드러내기 위해서 의자 위에 올라 서 있다.(초이성형)
- 어머니 : 마루바닥에 무릎을 꿇고 있다.(회유형)
- 큰아들 : 아버지 곁에 서서 다른 식구들을 비난한다.(비난형)
- 막내아들 : 나머지 식구와 동떨어져 산만하게 왔다갔다 한다.(산만형)
  - 자신이 생각하고 있는 가족의 모습을 번갈아 가면서 조각해본 후 가족 구성원들이 조각에 대한 느낌을 서로 나눈다. 상담자가 가족이 기능적인 체계로 재구성할 수 있도록 개입하여 각자가 원하는 바람직한 가족의 모습을 조각하도록 요구한다.
  - 가족조각의 목표는 역기능적인 가족들의 모습에서 좀 더 바람직하고 합리적 가족규칙을 갖는 지지적 관계를 가진 일치형의 가족이 되는 것이다.
  - 가족조각 기법이 효과적인 경우는 가족원 간의 입장을 이해하지 못할 때, 불안해서 자신의 감정을 드러내지 못할 때, 언어적 표현에 능숙하지 못한 어른이나 자녀들에게 적합하다.

여기서 잠깐 : 게슈탈트 상담의 '가족세우기'

- 방법 : 가족 중 한 명이 나와서 자신이 인지하는 가족관계 배치를 통해 표현하도록 한다.
- 가장 중추적인 역할을 하는 사람을 가운데 세운 뒤, 나머지 사람들을 배치시킨다.
- 정서적 관계가 잘 표현되도록 거리, 높낮이, 시선의 방향, 표정, 몸짓을 세분화한다.
- 1차 세우기 후 현재의 느낌을 잘 표현했는지 검토하고 필요에 따라 움직임, 물체를 이용한 경계선을 추가로 활용하도록 한다.
- 현재의 세우기가 적절치 않았다면 수정할 수 있다.
- 배치가 끝나면 구성원들이 잠시 그 위치에 머물며 느껴지는 감정에 집중하도록 한다.
- 최종적인 세우기를 보며 내담자는 자신의 삶이 어떤 구조와 관련 있는지 관찰하게 한다.
- 실제 가족 구성원이 없을 경우 한 사람만 참가시키고 대리인을 세울 수 있다.
- 장점 : 여러 세대에 걸친 관계를 표현하고 관계의 순환성을 알 수 있다. 세우기 위치에서 각자의 관점을 표현하고 복잡한 가족체계에 대한 다양한 관점을 갖게 한다. 상담자가 모든 가족 구성원을 대할 수 있어서 가족체계의 특징을 파악하고 '중립 지키기'를 쉽게 할 수 있다.

(2) 은유

간접적이고 비유적인 표현을 사용하는 것으로, 내담자에게 덜 위협적으로 느껴지며 나름대로의 해석의 여지를 제공한다. 예를 들면, 인간관계를 이해하기 위해 가족조각에서는 '공간과 운동감각'을 사용하고, 부모-자녀의 관계를 알기 위하여 자녀의 인형놀이를 활용하거나, 혹은 이미지나 연상기법을 사용하기도 한다.

(3) 명상

호흡, 느낌, 주의집중에 초점을 맞추어 흩어져 있는 것을 한군데로 모으고, 자신이 가진 힘을 인식하여 긍정적인 생각(감사, 사랑)을 갖도록 돕는 명상은 에너지를 집중하는 방법으로 우뇌를 활용한다. '지금-여기'에 집중하도록 하여, 새로운 에너지를 갖고 자신의 내적 · 외적 자원을 충분히 통합하여 새로운 선택과 가능성을 추구할 수 있도록 도와 더 높은 자존감을 갖도록 한다.

자아존중감 검사지

다음에 제시된 20개의 문항을 읽고 아래의 [점수표]를 참고하여 ( ) 속에 당신에게 가장 가까운 점수를 기입하세요.

[점수표]
전혀 아니다(1점)　아니다(2점)　그저 그렇다(3점)　그렇다(4점)　매우 그렇다(5점)

1) 나는 내가 남성(또는 여성)인 것에 만족한다. ( )
2) 지금까지 나 자신을 좋은 사람 '나'로 여기며 살아왔다. ( )
3) 나는 내 주위의 다른 사람만큼 행복한 '나'이다. ( )
4) 나는 이 세상에 태어난 목적이 있다. ( )
5) 나는 주변 사람으로부터 사랑 또는 존중을 받는다. ( )
6) 나는 독특하고 가치 있다. ( )
7) 나는 용기가 필요한 일에는 스스로 노력하여 용기를 낼 수 있다. ( )
8) 나의 장래는 밝은 편이며, 더 나아지려고 노력하고 있다. ( )
9) 나는 이 세상에서 쓸모 있고, 자랑스러운 '나'이다. ( )
10) 나는 나의 판단과 결정을 믿는다. ( )
11) 나에게 주어진 일은 대체로 성공적으로 해낸다. ( )
12) 나는 머리가 나쁜 편은 아니라고 생각한다. ( )
13) 내 주변의 사람들은 내 의견을 존중해 준다. ( )
14) 나는 단체에서 주도권을 잡고 이끌어가는 능력이 있고, 그럴 소양이 있다. ( )
15) 내 주변 사람들이 나를 좋아하는 편이다. ( )
16) 내 생각이나 느낌을 주변 사람에게 잘 표현하는 편이다. ( )
17) 나는 평소에 여유 있게 생각하고 행동한다. ( )
18) 나는 앞으로 성공적인 삶을 살아갈 것이다. ( )
19) 나의 외모는 그런대로 괜찮게 생긴 편이다. ( )
20) 나는 다른 사람 못지않게 일을 해낼 수 있는 능력이 있다. ( )

[자아존중감 지수 해석]

앞의 20개 문항에 대한 각각의 점수를 더하면 자아존중감 지수가 된다. 다음 표에서 당신의 지수에 대한 해석을 읽어 보자.

자아존중감 지수에 대한 해석

자아존중감 지수	당신의 자아존중감 지수에 대한 해석
20~49	당신은 당신 자신을 존중하지 않고 있다. 당신의 현재와 미래에 나쁜 영향을 미칠 수 있으므로 자아존중감을 높이기 위해 노력할 필요가 있다. 어떤 이유로 당신은 당신 자신을 존중하지 못하고 있는지 깊이 성찰해보라. 그 이유를 찾아내는 것이 우선 중요하다. 당신은 이 세상에 하나밖에 없는 희소성을 지니고 있는 존귀한 존재임을 자각하라.
50~59	당신은 대체로 자아존중감이 낮은 편이다. 당신 자신을 사랑하고 좋아하는 방법을 찾아라. 자기자신을 존중해야 남도 당신을 존중해 준다는 사실을 잊지 말라. 건전한 자아존중감은 교만과 다르다. 당신의 가치를 발견하라. 그리고 인정하라. 매일매일 그것을 반복하라.
60~69	당신의 자아존중감은 보통이다. 자신의 능력을 믿고 자신을 사랑하는 방법을 익힐 필요가 있다. 자신의 가치와 장점만을 발견하려는 의식적인 노력을 기울여 보라. 그리고 그것을 활용하여 자신의 가치를 높일 일들을 계획하라.
70~79	당신의 자아존중감은 비교적 높은 편이다. 자신을 더욱 귀히 여기고 자신의 능력을 발휘할 수 있는 일을 찾아 매진하면 반드시 성공적인 삶을 살 수 있을 것이다.
80~100	당신의 자아존중감은 매우 높다. 자신을 사랑하듯이 남도 사랑하며 존중해주는 마음을 지닐 필요가 있다. 자신이 존귀하듯이 내 주위에 있는 모든 사람들도 다 존중 받을 가치가 있다. 혹시 자아존중감이 잘못된 자만심으로 이어져 나보다 못한 사람을 은근히 업신여기지는 않는지 조용히 자신을 돌아보라.

중요내용 핵심체크

- 가족조각(family sculpting) : 가족에 대해 가지는 가족 구성원들의 특정 지각이나 감정을 자세와 태도로 나타나게 하는 기법.
- 가족신화(family myths) : 가족의 과거사에 대한 왜곡된 일련의 신념들로 모든 가족이 알고 있고, 가족기능을 총괄하는 가족규칙을 구성함.
- 내면 가족체계 치료(internal family therapy) : 리처드 슈어츠에 의해 시작된 가족치료모델로, 체계론적 원리와 심리내적 역동과정을 이해할 수 있는 기법들로 이루어져 있음
- 역전이(countertransference) : 내담자를 향한 치료사의 감정적 반사반응
- 역할놀이(role playing) : 새로운 반응기제를 연습하거나 감정을 드라마하기 위해 중요부분을 실제 상황적 행동으로 보여주는 기법
- 자기 실현(self actualization) : 인간 개인안에 내재된, 자신의 최선을 지향하는 경향성을 의미함. 칼 로저스의 용어로 무조건, 긍정적인 수용이 가능한 관계에서 이 경향성이 지지되고 성장된다고 봄

토론

〈1〉 전체메시지로 분명하게 일치적인 의사소통하기

1. **"당신은 집에 와서도 컴퓨터 앞에만 너무 오래 앉아 있군요."**

부인이 이 말을 짜증을 내면서 피곤한 목소리로 말한다고 상상해보시오. 이 말에는 시간이 너무 오래 걸렸다는 것과 저녁준비를 하는 동안 애들을 돌봐주었으면 하는 의미가 함축되어 있는 경우이다.

상황 : 당신은 집에 돌아와서부터 지금까지 줄곧 컴퓨터 앞에 앉아 있어요.

사고 : 내 생각에는 내가 하루종일 아이들과 씨름하느라 얼마나 힘들었는지에 대해 당신이 잘 모르는 것 같아요.

감정 : 당신이 힘든 것을 몰라주니까 야속하고, 혼자서 쩔쩔매다 보면 당신과 아이들에 대해 화가 나요.

기대 및 열망 : 내가 저녁을 준비하고, 먹고 나서 설거지하는 동안 당신이 아이들과 놀아주었으면 좋겠어요. 저는 빨리 일을 끝내고 당신과 이야기도 나누고, 좀 쉴 수 있으면 좋겠어요.

※ 자신이 다른 사람으로 인해 속상했던 상황을 한 가지 떠올려 보고, 다음의 네 가지 요소들을 포함시켜 분명하게 자신의 입장을 전달해보시오.

• 상황 :

• 사고 :

• 감정 :

• 기대 및 열망 :

〈2〉 배우자에 대한 나의 틀을 유연하게 만들기

1. 상황을 설명한다.

2. 상대방의 행동을 다른 방식으로 이해하기 위해서 다음 요소들을 고려해 본다.

a. 그런 행동을 통해서 채우려고 했던 상대방의 욕구는 무엇이었을까?

b. 그런 행동을 하게 만든 상대방의 두려움은 무엇이었을까?

c. 상대방은 어떤 가정을 가지고 있었을까?

d. 상대방의 성장 배경은 어떠했는가?

e. 상대방은 어떤 능력을 가졌거나 혹은 어떤 능력이 부족한가?

f. 선택 가능하다고 생각되는 다른 대안이 있었는가?

평가 문제

01 (   )은 자신의 내적 감정이나 생각을 무시하고 타인의 비위에 맞추려는 성향을 말한다.

[정답] 회유형

02 (   )은 회유형과는 정반대로 타인을 무시하는 성향을 보인다. 타인의 말이나 행동을 비난하고 통제하며 명령하는데, 외적으로 보이는 행동은 공격적이나 내적으로 소외감을 느끼며 외로운 실패자라고 생각한다.

[정답] 비난형

03 (   )은 자신과 타인을 모두 무시하고 상황만을 중시한다.
규칙과 옳은 것만을 절대시하는 극단적인 객관성을 보인다.
쉽게 상처받으며 소외감을 느낀다.

[정답] 초이성형

04 (   )은 초이성형의 반대로 자신, 타인, 상황을 모두 무시한다.
상담에서 심리적으로 접촉하기 가장 어려운 유형이다.
주제나 상황에 맞지 않는 말을 하며 산만하게 행동한다.

[정답] 산만형

05 (   )은 기능적인 유형으로 의사소통의 내용과 내적 감정이 일치한다.
의사소통이 매우 진실하며 자기감정을 잘 알아차리고 이를 적절하게 표현한다.
매우 생동적이고 창조적이며 독특하고 유능한 행동양식을 보인다.
일치형의 사람은 높은 자기 가치감을 갖고 있으며, 심리적, 신체적으로 건강한 상태에 있다.

[정답] 일치형

06 사티어는 내담자 IP를 (   )라고 명명한다.

[정답] 스타(star)

07 (　　　)는 가족 구성원들이 가족관계를 새롭게 인식할 수 있는 기법으로 감정을 행동으로 옮기는 비언어적 기법 치료이다.

[정답] 조각하기

08 사티어의 경험적 가족상담은 (　　　)모델로 지금–여기에서의 정서적(경험)을 중요시한다.

[정답] 성장

09 내담자의 (　　　)을 높이고, 가족규칙을 합리적, 현실적, 인간적으로 만들고 내담자 스스로 의사소통을 (　　　)으로 변화하도록 하는 것이 상담 목표이다.

[정답] 자아존중감, 일치적

10 빙산탐색을 통한 치료적 개입에 대한 설명으로 옳지 않은 것은?

① 내담자 대부분은 빙산의 일부인 행동에만 초점을 맞춘다.
② 문제행동의 변화에 초점을 두고 1차수준의 변화를 목표로 한다.
③ 기대를 표면화시켜 해결방안을 탐색하도록 돕는다.
④ 개인을 빙산에 비유해 수면 위는 행동, 수면 밑은 감정, 기대, 자각, 열망으로 나타내었다.

[정답] ❷

문제행동의 변화에만 초점을 두는 것이 아니라 가족 구성원 간에 일어나는 상호과정에 초점을 두고 개인의 감정, 느낌, 기대, 열망, 자아 등 2~3차 수준에 대해 탐색한다.

06 Chapter

미누친의 구조적 가족상담

미누친

구조적 가족상담은 구조주의를 기반으로 하며 가족체계와 가족 구성원을 이해하기 위해서 가족의 상호작용 패턴인 가족구조의 이해가 중요하다는 입장을 가지고 있다.

가족상담의 목적은 역기능적 가족구조를 재구조화하는 것이다. 미누친은 가족구조가 변하면 그 구성원의 행동과 내면의 심리과정이 변한다고 여겼다.

구조적 가족상담모델은 가족구조의 개념을 중심으로 하위체계, 경계선, 위계구조, 가족규칙, 역할, 연합 등의 개념을 이용해 순기능적 혹은 역기능적 가족에 대한 명확한 지도를 제공해 준다.

각 가족원의 권력과 책임을 위치로 표현함으로써 가족관계, 가족기능 및 가족문제에 대한 관점을 구조화하였고, 가족 구성원 한 사람의 변화가 가족체계의 변화를 가져온다고 보았다. 구조적 가족상담은 가족구조를 통해 가족 간의 상호작용과정(가족역동)의 청사진을 보여줌으로써 초보 상담자들도 쉽게 접근할 수 있는 이론이다.

1 이론적 배경

구조적 가족상담의 선구자 미누친(Salvador Minuchin)은 아르헨티나에서 태어나 2차 대전 후 미국에서 아동 정신과 의사로 훈련받았다. 1954년 미국에서 정신분석 훈련을 받은 후 뉴욕 근교 비행 청소년 기숙학교에서 근무하며 빈곤가족에 관심을 갖게 되었다. 「빈민가의 가족들(Families of the Slums)」, 「가족들과 가족치료(Families & Family Therapy, 1974)」 등을 저술하였고, 1981년 가족학연구소(현 미누친 가족연구소) 설립하였다. 그 외에 헤일리(Haley), 몬탈브(B. Montalvo), 로스만(B. Rosman), 아폰테(H. Aponte), 피시먼(C. Fishman) 등이 구조적 가족상담의 발전에 기여하였다.

2 상담 목표

구조적 가족상담의 목표는 증상의 제거나 문제해결에 있지 않고, 역기능적인 가족 상호작용 구조를 적절한 위계구조와 경계선의 확립을 통해 기능적으로 재구조화(Restructuring)하는 것에 있다. 특히 적절한 경계와 위계질서를 강조하는 동양문화에서 가족문제를 사정하고 상담하는 데 효과적이라고 평가된다.

재구조화를 위한 지침(Becvar & Becvar)은 첫째, 부모가 권위와 책임을 맡는 위계구조를 확립하고, 둘째, 부모 간 연합이 이루어져 부모와 자녀의 연합이 이루어지지 않도록 하고, 셋째, 부모는 자녀를 지원하고 갈등과 차이를 해결하도록 돕고, 넷째, 부부와 부모 하위체계를 분리하며, 다섯째, 명확한 경계선을 확립하는 것이다.

3 주요 개념

1) 가족구조

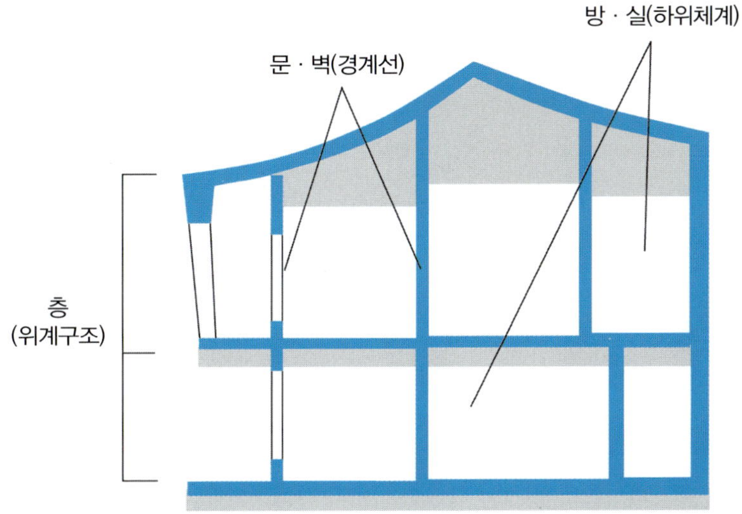

집의 물리적 구조		가족의 상호작용 구조
방, 실	⇨	하위체계
벽, 문	⇨	경계선
층	⇨	위계구조

[그림 6-1] 집의 구조와 가족의 구조 비교

'구조'란 일반적으로 물리적 구조의 조립'층'을 의미한다. '가족구조'란 가족 구성원이 상호작용하는 방식을 조직화하는 하나의 보이지 않는 기능적 요구이다(Minuchin, 1988). 하위체계, 경계선, 위계구조 등의 추상적 개념을 통해서 가족의 상호작용구조를 나타내 준다. 가족구조란 반복적이고 체계화되어 있어서 예측할 수 있는 가족의 행동양식이다. 가족의 상호작용을 관찰하면 누구와 관계를 맺고 있는지, 얼마나 친밀한지, 누구와 상호작용하는지, 소원한 관계인지를 파악할 수 있다. 가족원 간의 언어적, 비언어적 메시지를 통한 상호작용은 하나의 패턴을 형성한다. 구조는 가족을 진단하고 상담하는 데 필요한 지침을 제공해 줄 수 있고, 집이 일정한 구조를 가지고 있듯이 가족의 상호작용도 일정한 구조로 이루어진다.

가족 구성원이 내방하여 상담실에서 앉은 위치에 따라 가족원 간의 동맹과 연합, 권력과 소외가 드러날 수 있어서 가족구조를 확인하는 중요한 단서가 되기도 한다. 옛 명언에 "시작이 반이다"라는 말이 있듯이 상담목표를 세울 때 도움이 될 수 있다. 따라서 자리배치를 확인 후 상담자는 가족구조에 재구조화하는 기법으로 자리를 재배치하여 경계선을 조정하도록 돕는다. 가족의 상호교류를 관찰하고 실현하게 함으로써 가족의 유형과 구조를 파악한다.

※ 가족 행동양식을 제한하는 요인

① **보편적 요인** : 가족은 위계 구조를 확립하고 상보적인 역할을 수행함으로써 기능적 가족구조를 유지한다. 예를 들어, 부모가 자녀보다 더 큰 권한을 갖는 구조를 확립할 때 가족이 기능적 구조를 유지할 수 있다. 그리고 남편이 지나치게 간섭하면 아내는 소극적인 태도를 보인다거나, 형이 순하면 동생이 거친 행동을 보이는 등 가족이 평형을 유지하기 위해 서로 상보적인 역할을 하게 된다.

② **특수한 요인** : 특정한 가족이 특정한 상호교류 유형을 발전시킴으로써 가족원의 행동을 규제하는 것을 말한다. A가족은 거실에 TV를 설치하고, B가족은 거실에 책장을 설치해서 가족이 책을 읽고 대화하는 특수한 상호교류 유형을 발전시킬 수 있다.

2) 하위체계

가족을 체계로 볼 때 가족 안에 존재하는 더 낮은 체계로 세대, 성별, 흥미, 기능에 따라 형성될 수 있으며 고유의 역할과 기능을 수행한다.

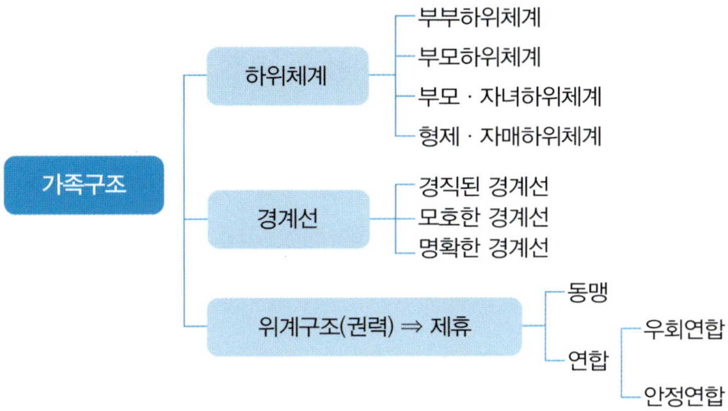

(1) 부부 하위체계

① 성, 사랑, 친밀감 등과 연관된 기능을 가진 하위체계 · 기능을 다하기 위해서 가족 내 다른 체계에서 적절히 보호되어야 한다.

② 원가족으로부터 충분히 독립적이어야 협상과 조정의 과업을 수행할 수 있다.

(2) 부모 하위체계

① 자녀양육, 지도, 통제와 연관된 기능을 가진 하위체계

② 자녀의 발달단계에 맞는 규칙을 설정하고 부모의 권위를 적절히 사용함으로써 자녀의 성장과 발달을 도와야 한다.

③ 부부 하위체계와 분리되어 존재해야 건강한 가족이다.

④ 부모의 행동이 자녀 성격형성과 발달에 영향을 주는 연구에서 부모의 통제와 애정은 매우 중요하다.

(3) 부모 · 자녀 하위체계

① 아버지 · 딸, 아들 등 세대가 다른 사람들로 구성되며, 위계구조의 확립이 중요하다.

② 부모가 자녀의 성장발달을 돕기 위해 권위와 통제를 적절히 사용해야 한다.

(4) 형제자매 하위체계

① 동일한 세대인 형제자매로 구성되며, 연합과 협상, 갈등조정 등 사회적 기술을 연습하는 기능을 한다.

② 부모는 형제자매 상호작용에 부적절하게 개입하지 않아야 한다.

③ 부모는 자녀에 대해서 비교하거나 자녀들의 싸움에 끼어들어 판단하지 말고 공평하게 대하며, 스스로가 문제를 해결할 수 있도록 돕는다.

3) 경계선

가족구조 경계선은 가족 안에서 누가 어떻게 참여하는가를 규정하는 규칙(minuchin, 1974)이다. 가족원 개인과 하위체계의 안과 밖을 구분하는 선이며 가족원 사이에 허용되는 접촉(해당체계와 외부체계의 상호작용)의 양과 성격을 규정한다. 경계선을 통하여 구성원 간 혹은 구성원과 외부체계와의 정보, 에너지, 자원의 교류정도의 질을 파악할 수 있다. 또한 가족의 정체성 및 가족 안에서 존재하는 다양한 하위체계의 정체성을 구분한다.

① 누가 어떻게 참여하는가를 규정하는 규칙

② 경직된, 명확한, 모호한 경계선이 있으며 명확한 경계선이 가장 기능적이다.

③ 경계선은 가족 내 하위체계의 자율성과 개별성을 보호하는 역할을 한다.

④ 자율/독립, 친밀감/소속감 = 욕구. 이 두 가지 욕구의 조화와 균형은 개인과 하위체계의 건강한 성장에 매우 중요하다.

※ 경계선의 3가지 유형

(1) 경직된(Rigid) 경계선

소통이 어렵고 분리되어 거리감, 소외감을 느낀다. 의사소통이 부족하고 상호분리된 가족(Disengaged Family)의 모습을 보인다. 이로 인해 독립, 자율, 실험, 소외감, 거리감을 느낄 수 있고, '나는 나, 너는 너'의 최소한의 접촉과 의사소통을 한다.

'경직된 부부 경계선' 사례

거실에서 아내가 남편과 TV를 보다가, 좋아하는 여자 탤런트 옷차림이 예뻐 보여서 "나는 저 옷이 너무 좋아! 나도 저렇게 입어볼까?"라고 혼잣말을 하자 남편은 "뱃살이나 보고 주제파악이나 하시지!"라고 말했다. 평소에도 소원하던 남편에게 그 말을 들은 후 남편에 대한 마음이 더욱 닫히게 되었다.

(2) 모호한(Diffused) 경계선

가족 간 모든 정보를 공유하고 밀착되거나 미분화되어 있어 필요 이상의 관계를 하게 됨으로써 자율성을 방해하는 밀착된 가족(Enmeshed Family)의 모습을 보인다. 가족 구성원 간의 위계질서 및 힘과 권위의 소재가 모호하다. 이로 인해 관여, 협동, 지지, 소속감, 충성심을 느낄 수 있고, '너도 나, 나도 너'방식의 최대한의 접촉과 의사소통을 하고 가족 간 반응전달이 매우 빠르다.

(3) 명확한(Clear) 경계선

경계가 안정적이며 독립적이면서도 구성원 상호 간에 상호 지지적이며, 상황에 따라 융통성 있게 협동하고 지지한다.

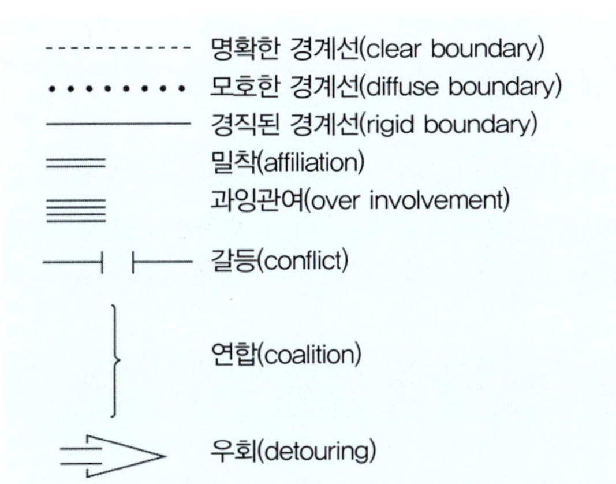

[그림 6-2] 구조적 지도의 기호

4) 위계구조

가족 내 권위와 책임을 바탕으로 가족 구성원이 각자 어떠한 위치에 있는가를 말해주는 가족의 기능적 구조를 말하고, 물리적 구조의 '층'으로 비유할 수 있다. 효율적인 위계구조는 권력(Power)과 책임에 기반하고, '가족 내에 결정권자가 누구인가? 혹은 누구의 책임과 관련 있는가?'와 관계있다(Goldenberg, I. & Goldenberg, H. 2002). 즉, 권력이 가족 상호작용에 미치는 영향력은 크다고 할 수 있다.

보편적인 위계구조는 자녀보다 부모에게 큰 권위와 책임이 있고, 이것이 위반되면 역기능 가정이라 할 수 있다. 가족이 기능적이기 위해서는 부모와 자녀가 분화된 권위를 가져야 하며 자녀의 성장과 발달에 책임을 지는 부모 하위체계가, 자녀 하위체계보다 위계구조의 위에 위치해야 한다.

※ 역기능적 위계구조

(1) 제휴(Alignment)

가족원이 서로 역기능구조로 연결되는 방법으로 하위체계가 약화되어 위계구조가 망가질 수 있다. 가족활동을 하는 데 있어서 서로 반대하는 방법으로 아래 3가지 종류가 있다.

① 동맹(Alliance) : 두 사람이 제3자와 다른 공동의 목적을 위해 제휴하는 것으로 상대방에게 적대적인 감정을 갖지 않는다.

> **'동맹' 사례**
> 자녀가 컴퓨터게임하는 것을 조절하기 위해서, 숙제를 마친 후 게임을 허락하자고 부부가 동맹을 맺는 경우

② 연합(Coalition) : 두 사람이 제3자에 대항하기(적대적 감정) 위하여 제휴하는 것. 일시적인 심리적 안정감을 느끼려고 연합하지만, 부부체계는 약화되고 역기능적 위계구조를 갖게 된다.

– 우회 연합(Detouring Coalition) : 가족원 간에 갈등이 생길 경우, 슬픔과 외로

움을 피하기 위해서 근본적 갈등해결이 아닌 순간적인 문제해결 방식이다. (감정 : 슬픔, 외로움)

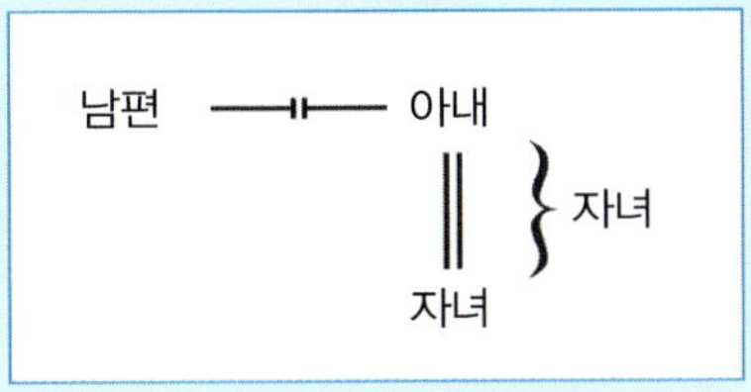

[그림 6-3] 우회연합

'우회연합' 사례

부부갈등 시 한쪽 부모가 자녀와 밀착해 외로움을 달래려 하거나 자녀를 자기편으로 만들어 자기의 우위를 주장하려 할 때. 혹은 자녀가 부모역할을 하는 경우 우회연합이라고 한다.

– 안정연합 : 애착상태 즉, 정서적 분화가 되지 않은 상태의 불안과 두려움으로 제3자의 가족원을 밀어내기 위해 두 사람이 밀착된 관계를 말한다. (감정 : 불안, 두려움)

'안정연합' 사례

며느리가 자신은 이 집에서 누군지 모르겠다고 한다. 남편이 벌어오는 돈으로 살림, 양육만 하고 집안의 의사결정은 남편이, 명절 관련된 의사결정은 남편과 시어머니가 함께 결정하는 경우 며느리는 차라리 혼자 사는 것이 낫겠다고 생각하게 된다. 이 경우 남편은 어머니를 의지하여 일시적인 심리적 안정을 느끼지만, 부부 하위체계는 약화되고 아내는 소외감과 외로움 등 정서적 어려움을 경험하게 된다.

[그림 6-4] 안정연합

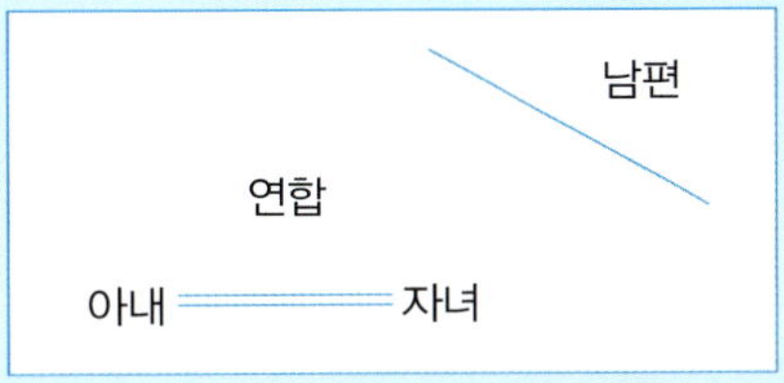

[그림 6-5] 아래 세대와 안정연합

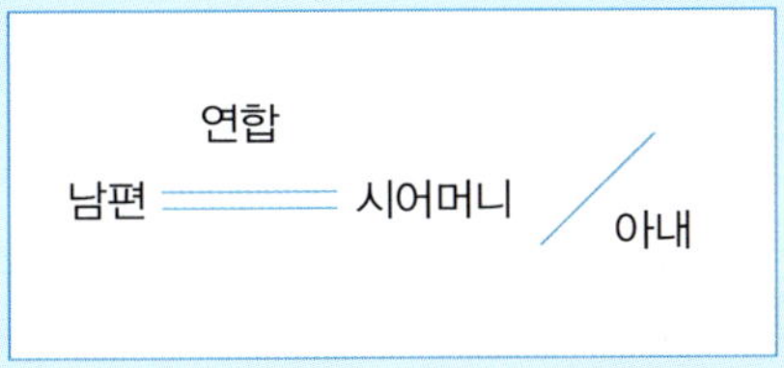

[그림 6-6] 위 세대와 안정연합

4 상담 과정

(1) 합류(Joining)

상담자가 가족체계와 관계를 맺는 방법을 의미하며, 치료자가 가족의 강점을 직접 경험하거나 이해하고 가족의 조직과 상호교류 유형을 있는 그대로 수용하여 행동하는 단계이다.

'합류' 사례

치료사 : 안녕, 나는 OO란다. 네가 학교에서 가장 싫어하는 게 뭐니? 이 문제에 대해 너는 어떻게 생각하니? 그래, 지금은 별로 말하고 싶지 않은가 보구나. 괜찮아, 나중에 언제든지 이야기하고 싶을 때 해도 돼.

(2) 가족의 구조 확인

하위체계의 기능, 경계선, 위계 구조 측면에서 가족의 구조를 파악하고 관찰, 실연(Eenactment)하는 단계이다.

'실연' 사례

치료사 : 두 분이 자주 다투시는 돈 문제에 대해 한 번 이야기를 나눠보시는 게 어떨까요? 좋습니다. 계속 말씀해보시죠.

(3) 가족의 재구조화

가족이 내적, 외적 스트레스에 적응하도록 경계선을 조정하고, 하위체계가 제 기능을 하도록 도우며, 적절한 위계구조를 확립시키는 단계이다.

(4) 상담자 역할

① 가족구조의 개념에 대한 전문적 지식을 갖고 개입한다.

② 가족구조를 나타내는 가족의 상호교류와 그 유형을 관찰한다.

③ 현재의 가족 구성원과 가족환경을 고려하여 이 가족의 이상적인 구조가 무엇인지 파악한다.

④ 지도자의 역할을 맡는 한편, 치료목표를 달성하기 위해 가족에 합류하여 가족을 수용하고 존중하면서 가족의 상호작용에 적응한다.

⑤ 가족을 존중하면서 확고한 방법으로 개입해, 원하는 변화가 일어날 수 있도록 돕는다.

⑥ 가족 구성원을 지원해 그들이 상담시간에 새로운 가족구조를 시도할 수 있도록 돕고, 그들의 시도와 노력을 인정하고 칭찬한다.

5 상담 기법 및 사례

(1) 상담자의 합류(Joining)를 위한 기법

① **유지** : 상담자가 가족구조를 지각하고 분석할 때 가족구조를 의도적으로 지지해주는 기법이다. 개인의 특성, 장점, 위치, 의사소통 패턴을 인정하고 지지해준다.

> **'유지' 사례**
> 상담자가 약하게 형성된 부부 하위체계를 지지하면, 남편과 시어머니 하위체계는 재구조화의 필요성을 느낀다.

② **추적** : 상담자가 가족의 의사소통과 행동의 내용을 반박하지 않고 관심을 보이면서 그것이 계속되도록 격려하는 기법이다. "음.. 예... 아... 그렇군요"를 사용할 수 있다.

③ **모방** : 상담자가 가족이 사용하는 언어, 몸짓, 대화방식 등을 그대로 따라하는 기법이다. 내담자는 상담자에게 동질감을 느낄 수 있다.

(2) 구조적 지도

① 가족의 상호작용 구조를 기호를 사용하여 나타내는 것이다.

② 구조적 지도를 통해 가족의 상호작용 구조를 간략히 나타냄으로써, 변화과정을 평가하거나 치료목표를 설정하는 데 사용한다.

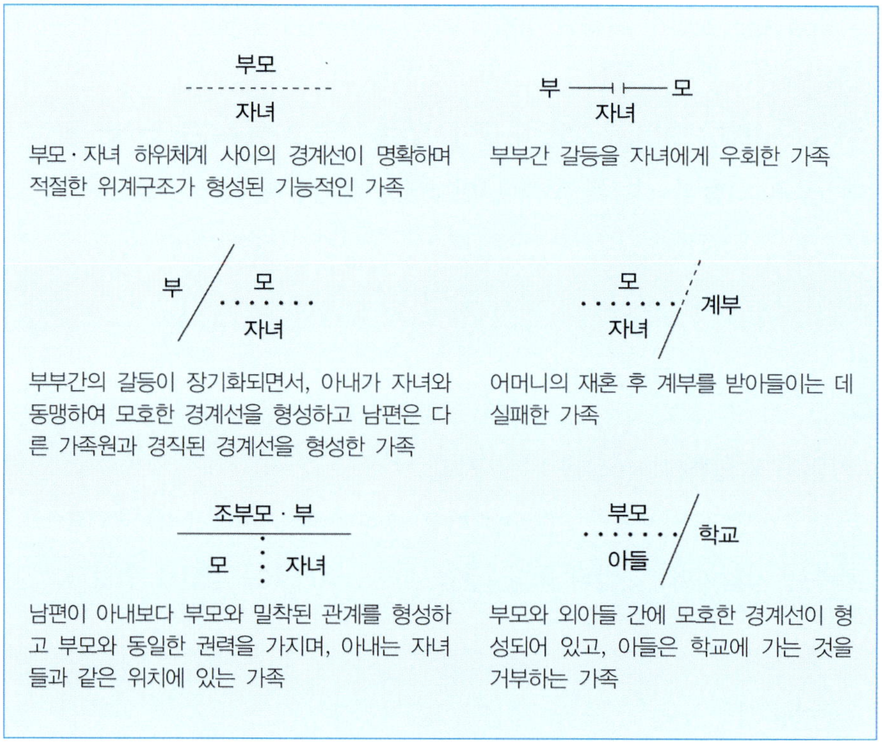

[그림 6-7] 구조적 지도의 예

(3) 가족 재구조화(Restructuring) 기법

① **긴장고조 기법** : 평소 가족이 무시해왔던 차이점을 들춰내서 갈등을 공개적으로 표현하도록 돕는 기법이다. 극도로 밀착된 가족이 분명한 경계선을 발전시키도록 돕는 방법이다. 이런 기법은 강조(intensity) 기법으로 더욱 원활해질 수 있다.

긴장고조 기법 사례

- Case 1 : 평소 권위적이고 자기주장이 강한 남편과 유약한 아내의 상담에서, 아내가 남편에 대한 불만을 충분히 토로하도록 돕고, 남편은 이에 대한 반박을 할 수 없도록 치료자가 개입한다(남편분 잠시만요. 저는 아내분의 의견을 직접 듣고 싶군요).
- Case 2 : 가족이 무시해왔던 차이점을 들춰내서 갈등을 공개적으로 토론하고, 가족의 차이점에 부여했던 부정적 의미를 되돌아 보게 한다.
- Case 3 : 한 번은 남편의 편에 서서 부인에 대한 불만을 토로하도록 돕다가, 다음에는 부인 편에 서서 각자의 의견이나 불만을 표현하도록 한다.

② **증상활용 기법** : 증상에 초점 맞추기, 증상을 과장하기 또는 증상처방(Symptom pre-scription), 증상에 무관심하고 새로운 증상으로 이동하기, 증상 재명명하기 등이 있다.

- 증상에 초점 맞추기: 상담자가 증상에 초점을 둔 과제를 부여하거나, 증상과 관련된 상호작용을 실연하게 하거나 증상을 계속 유지하도록 할 때
- 증상을 과장하기: 증상을 과장하여 표현하도록 하는 기법으로, 불면증이 있는 부인에게 불면증을 없애도록 노력하기보다 며칠 동안 잠을 자지 말 것을 권고한다. 가족간 증상을 제거해야 한다고 믿을 경우 가족의 역기능적 상호교류가 나타날 수 있다. 그 당시 증상은 발생한 맥락으로 볼 때는 정상적인 것이므로, 증상을 제거하려 하지 말고 오히려 과장하여 표현하도록 해서 가족의 재구조화를 돕는다.
- 증상에 무관심하고 새로운 증상으로 이동하기: 한 가족원의 증상이 가족체계의 역기능과 연관 있을 경우, 증상을 둘러싼 가족의 내재된 갈등이나 다른 증상에 초점을 둔다.

〈증상에 무관심하고 새로운 증상으로 이동하기 사례〉 십대 비행자녀를 둔 가정

십대 자녀의 비행이라는 증상에는 일부러 무관심하고 증상을 둘러싼 부부간의 부정적 상호작용으로 상담의 초점을 이동한다.

– 증상을 재명명하기 : 증상은 표현된 개인의 부정적 정서나 행동상태이며 역기능적 가족구조의 표현이다. 증상의 재명명이란 증상이 역기능적 가족구조를 표현하거나 연관이 있다고 재정의해서 말해주는 것이다.

〈증상 재명명하기 사례〉 자녀의 식이장애

대학생 딸의 식이장애는 부모의 통제에서 벗어나서 독자적인 생활을 하려는 시도라고 재명명한다. 이 경우 가족은 증상을 새로운 각도(가족구조의 기능)로 이해하고 가족구조의 변화에 기여하게 된다.

③ **과제 부여** : 치료자가 가족의 재구조화가 진행되는 과정에서 자연스럽게 이루어질 수 없었던 영역을 지적하고 활성화시키기 위해 과제를 부여한다.

과제부여 사례

과제는 상담기간 중이나 치료 회기 사이에 집에서 하도록 부과할 수 있다.

- 부부가 서로 소원한 관계일 경우 일주일에 2회씩 관심 있는 TV프로그램을 30분씩 보고 이야기하기 과제
- 부인이 속상해 할 때마다 남편이 부인의 손을 잡아주기 과제

위의 과제를 통해 부부간의 경계선을 더욱 밀착되게 한다.

④ **체계의 재편성** : 기존의 역기능 가족체계를 가족 구성원의 배열을 바꾸어 구조를 변화시키는 기법이다.

⑤ **구조의 수정** : 가족체계의 경계선, 제휴, 권력에 직접 관여하여 가족구조를 변화시키는 것이다. 가족의 특수한 문제(가족생활 주기상의 과도기, 정신적 혹은 신체적 결함을 가진 가족원이 있을 경우, 만성질환자 가족원이 있을 경우, 아내의 임신과 출산, 남편의 실직, 자녀의 학교 따돌림 상황 등)에서 발생되는 스트레스 상황에 적응하도록 가족원의 기능이나 권력의 일부가 다른 가족원에게 이양되도록 재구조화 하는 것이다.

사례 1) 부모와 자녀체계 —히스테리성 마비로 목발을 짚고 다니는 아이

회사원인 남편과 교사인 아내는 결혼 초부터 자신의 문제의 인정보다는 상대의 문제를 더 많이 비난했고, 딸의 양육은 양가 부모님들의 조력을 받아왔다. 아내가 불만이 있었지만, 남편의 직장 문제로 집이 이사한 후, 딸이 다리가 마비되고 목발을 짚고 다니게 되었다. 이 사례의 경우, 할머니와 자녀의 교차세대 연합, 아내-자녀의 우회연합의 역기능적 위계 구조가 탐색되어 명확한 경계선이 필요했다. 이를 위해 조부모의 개입 줄이기, 부부간 친밀감 증진, 자녀와 아빠의 연결, 아이 결정에 부모개입의 최소화를 위한 상담 개입이 이루어졌고, 상담의 목표는 아이의 자율권 증진과 성장이었다. 상담을 통해 아이에게 목발은 부모 대신이자 가족의 일부였고, 마음의 병이라는 걸 알게 되었다. 관계가 소원한 부모관계에 불안을 느끼며, '부모관찰자'로 살아왔던 딸은 무의식적으로 다리 마비를 통해 부모가 헤어지지 못하도록 하려했고, 이것은 부모의 부모역할을 하려는 우회연합이었다. 상담자는 자녀가 부모역할에서 내려와 자신의 자리로 돌아가기로 선택할 수 있다고 명확히 이야기해주고 지지해주면서, 아이는 점차 목발 없이 걷는 시도를 해나가게 되었고, 마음의 병으로 인한 마비는 점차 개선되었다(1965, 미누친).

사례2) 부부 체계 —— 아내를 때리는 남편

학자인 남편(스미스)은 가정보다 학업을 우선으로 삼았고, 집안일과 육아를 전담하던 아내(로렌)가 경영전문가로 성공한 이후 아내의 자립은 남편에게는 위협적으로 다가왔다. 남편이 싸움을 시작하면 아내가 물러나는 대신 그에게 되몰아갔고, 바로 그때 구타가 시작되었다. 이 케이스의 경우 집안일과 육아 등 아내의 과대기능과 신체 폭력을 통한 역기능적 위계구조가 관찰되었다. 보웬은 체계적 관점에서도 폭력이 무서운 범죄이며, 강력한 중지단계와 자기조절능력이 필요하며, 피해자를 보호해야 한다는 점이 간과되어서는 안된다고 말한다. 남편 스미스는 어릴적 본인의 성취에 관심갖고 헌신적으로 도움을 주었던 절대적 존재인 어머니의 역할을 아내에게 기대했지만 그 기대가 좌절되어 아내에게 분노했고, 아내는 아버지에게 예쁘다는 칭찬을 늘 받고 자라서 남편이 자신에게 다가와 관심갖고 물어봐주길 기대했다가 그 기대가 좌절되어 침묵하고 거리를 두게 되었다. 이 부부는 아내는 과대기능, 남편은 본인 관심분야에만 선택적 기능을 하는 역기능 구조를 가지게 되었다. 두 사람은 서로에게 관심과 존중을 받고 싶은게 같았지만, 본인의 변화보다는 상대의 문제에만 초점을 맞추다보니 구조의 변화가 일어날 수 없었다. 상담으로 남편이 아내의 무관심과 거리둠을 인정하며 장황한 말을 줄였고, 아내가 자기 능력을 믿고 침묵대신 말하기 시작하면서 부부 구조에 변화가 생기게 되었다(1965, 미누친).

부모 양육태도 유형 검사

검사일 : 이름 :

※ 자녀의 성명 :

1. 식사시간이 얼마 남지 않았는데도 당신의 아이가 군것질거리를 먹겠다고 조르자, 시어머님(장모님)께서 먹으라고 허락한다면?

   A. 그대로 먹게 내버려 둔다.
   B. 안 된다고 하며 못 먹게 한다.
   C. 밥을 먹고 난 다음에 후식으로만 먹게 한다.

2. 당신의 6살 난 아이가 청소년들이 볼 수 있는 만화영화를 보겠다고 떼를 쓴다면?

   A. 보도록 내버려 둔다
   B. 보지 못하게 TV를 끄거나 채널을 돌린다.
   C. 아이에게 적합한지 직접 시청한 다음, 보게 할 것인지를 결정한다.

3. 당신의 아이가 반짇고리(바느질고리)를 뒤집어엎어 온 방안에 헤쳐 놓았다면?

   A. 아이이니까 그려려니 하고 손수 치운다.
   B. 화를 내며 지금 당장 치우라고 소리친다.(당장 치워!!!)
   C. 화를 내지는 않지만 아이에게 치우게 하고, 다 치울 때까지 다른 일을 못하게 한다.

4. 아이가 당신이 아끼던 꽃병을 깨놓고선 옆집 친구가 그랬다고 거짓말을 했다면?

   A. 아깝지만 괜찮다고 이야기한다.
   B. 깨뜨린 것과 거짓말 한 것 모두에 대해 야단을 치거나 벌을 준다.
   C. 거짓말한 것에 대해 야단을 치고, 만일 솔직히 얘기했더라면 꽃병을 깬 것에 대해 혼내지 않았을 것이고 말해 준다.

5. 7살짜리 당신의 아이가 서너 살짜리 아이들과 노는 것을 보았다면?

   A. 속은 상하지만 그냥 놀게 내버려 둔다.
   B. 당장 놀지 못하게 한다.
   C. 같이 놀 또래 친구들을 찾아보도록 도와준다.

6. 당신의 아이가 다른 친구를 때려서 상처를 냈다면?

   A. 아이들 싸움이려니 하고 그냥 내버려 둔다.
   B. 화가 나서 야단치거나 때론 처벌한다.
   C. 왜 싸웠는지에 대해 이야기를 나누되, 그래도 싸움은 나쁘다고 따끔히 꾸중한다.

7. 당신의 아이가 유치원(학교)에서 내준 숙제를 이번에도 또 잊고 안 해간다면?

A. 선생님께 전화를 해 준다.
B. 그 자리에서 혼을 내고 다시는 그러지 못하도록 다짐해 둔다.
C. 더 이상 잊어버리지 않도록 타이르고, 다음부터는 알림장을 꼭 확인하도록 도와준다.

8. 당신의 아이가 크레용으로 온 방바닥에 낙서를 했다면?

A. 낙서할 수 있는 종이를 한 묶음 갖다 주며 웃어넘긴다.
B. 아이에게 화를 내며 당신이 직접 낙서를 지운 다음, 크레용을 모두 없애 버린다.
C. 아이 스스로 지우게 하고, 다음부터는 크레용을 가지고 놀 때 세심히 지도한다.

9. 당신의 아이가 유치원(학교)에서 친구를 사귀는데 문제가 있다면?

A. 친구들을 불러서 파티를 열어주고 선물을 나누어주며 당신의 아이와 사이좋게 지내달라고 부탁한다.
B. 바보처럼 친구 하나도 못 사귄다고 야단을 친다.
C. 당신의 자녀와 친구관계에 관한 이야기를 나누고, 친구를 사귈 수 있도록 단체활동 프로그램 등에 가입시킨다.

10. 당신의 기분이 언짢은데 자녀가 당신의 관심을 받고자 보챈다면?

A. 언짢은 기분은 뒤로 하고 자녀에게 관심을 기울인다.
B. 아이에게 짜증내며 남편(아내)을 불러 떠넘긴다. '네 아빠(엄마)한테나 가봐!'
C. 아이에게 당신의 기분이 언짢다는 것을 이야기해 주고, 좀 나아지면 함께 놀아주겠다고 한다.

11. 당신의 아이가 블록 쌓기 놀이를 하는데 원하는 대로 잘 되지 않아서 짜증을 부린다면?

A. 아이의 짜증을 멈추게 하기 위해 옆에서 도와준다.
B. 짜증부리지 말라고 야단을 친다.
C. 아이에게 짜증을 부리는 대신 말로 표현하도록 얘기해주고 짜증난 이유에 대해 이야기를 나눈다.

12. 당신의 집에는 자녀가 지켜야 할 규칙이 얼마나 많습니까?

A. 없다.
B. 많은 규칙이 있고, 규칙마다 이를 어겼을 시 받게 될 꾸중이나 벌이 정해져 있다.
C. 아이의 건강과 안전을 위한 몇 가지의 규칙이 있긴 하지만, 그 밖에는 상황에 따라 그때 그때 대화를 통해 결정한다.

13. 당신이 좋아하는 수제비를 특별히 준비하였는데 아이가 먹기 싫다고 한다면?

A. 귀찮더라도 아이를 위해 밥을 따로 준비한다.
B. 억지로라도 먹게 한다.
C. 수제비를 조금이라도 먹어보게 한 다음, 그래도 싫다면 아이를 위해 밥을 따로 준비한다.

14. 자야 할 시간이 훨씬 지났는데도 아이가 하고 있던 놀이를 더 하고 자겠다고 고집을 피운다면?

A. 놀만큼 더 놀다 자게 한다.
B. 당장 가서 자라며 야단치거나 불을 꺼버린다.
C. 그 시각부터 20~30분만 더 놀다 자게 한다.

15. 당신의 아이가 다른 어른의 말을 잘 따르지 않는다면?

A. 아직 어리니까 그러려니 하고 내버려 둔다.
B. 화를 내며 어쨌든 어른의 말을 따르지 않는다는 건 나쁜 일이기에 야단친다.
C. 어른에 대한 공경심과 그 어른의 말을 왜 따라야 하는지에 대해 이야기를 나눈다.

16. 아이와 함께 쇼핑 시, 쓸모없어 보이는 것들을 이것저것 사달라고 조른다면?

A. 가능한 다 들어준다.
B. 화를 내면서 아이의 손목을 잡고 그 상점을 뜬다.
C. 안 된다고 딱 잘라 말하고, 쇼핑을 계속하면서 아이에게 적합한 것을 골라 사준다.

17. 당신은 얼마나 자주 자녀에게 화를 냅니까?

A. 거의 드물다.
B. 매일 같이
C. 일주일에 한 번 정도

18. 당신의 아이가 자다가 무서운 꿈을 꾸어 당신의 방에서 자겠다고 오는 경우

A. 함께 자도록 한다.
B. 당장 네 방에 가서 자라고 소리 지른다.
C. 일어나서 아이를 달래준 다음 아이를 방으로 데려가 재운다.

19. 당신의 아이를 생각할 때, 당신이 원하는 가정의 분위기는?

A. 자유롭고 개방적인 가정
B. 규율과 질서가 잡힌 가정
C. 대화와 화합이 있는 가정

※ 채점방법 : 위 채점 결과에서 가장 많이 나온 알파벳이 부모의 양육태도 유형을 의미한다. 만일 가장 높은 점수가 두 개라면 그 두가지에 해당되는 유형 모두를 참고한다.
※ 결과 해석은 Baumrind(1967), Hetherington & Park(1993)의 연구결과 참조

• A형 : 허용적 양육태도(permissive parenting style)

단호함과 엄격함 보다는 다정함과 애정이 높을 수 있고, 그로 인해 허용적인 태도를 보인다. 마치 아이를 성인으로 대하듯 아이에게 결정하도록 허용한다. 규칙을(잠자는 시간, 먹어야할 음식, 살 수 있고 살 수 없는 물건들) 강요하지 않고, 자녀에게 비일관적인 태도를 보인다.(자녀가 같은 행동을 해도 부모의 기분과 상황에 따라 반응이 달라짐) 자녀는 장래에 규칙을 따르는 것에 문제를 보일 수 있다.

- 자녀의 특성 : 어른에게 저항/ 불복종/ 공격성/ 자기에 대한 낮은 신뢰성/ 쉽게 화내지만 회복도 빠름/ 낮은 성취지향성/ 충동적/ 약한 자기 통제력/ 목표가 없거나 목적지향적 활동이 적음/ 지배적
- 부모의 태도 : 부모는 자녀를 일관적으로 대하는 게 가장 필요하다. 자신의 신체적 컨디션이나 감정, 상황과 관계없이 기본적으로 자녀와 지켜야 할 약속을 정하고 그것은 최대한 지켜서 행할 수 있도록 해야한다. 자녀와의 관계에서 자녀를 체벌하는 것과는 다른 단호함과 엄격함을 가져야 한다. 정해진 수면시간에는 융통성을 발휘할 시간이 아니라면(예: 친척들이 놀러왔을 경우, 여행 시) 약속시간에 아이가 잘 수 있도록 하고, 장난감이나 물건을 사달라고 할 때도 미리 약속을 정한 것, 혹은 꼭 필요한 것이 아닌 경우에는 단호하게 사주지 않아야 한다.

• B형 : 권위주의적 태도(Authoritarian parenting style)

자녀에게 많은 것을 요구하면서도 자녀에게 해주는 것이 별로 없다. 애정과 다정함 보다는 엄격함과 단호함을 더 내세우는 태도를 보인다. 가정의 분위기나 규칙이 엄격히 통제되어 있고, 자녀의 의견 존중보다는 부모의 의견, 생각, 기분 위주로 가정이 돌아간다. 자녀의 훈육을 위해 체벌, 협박, 큰소리를 이용한다. 자녀는 성장하면서 부모의 어떤 보호도 받지 못한채 상실감을 맛볼 수 있고, 의사결정을 해야 할 때 스스로 결정을 내리기보다 타인의 결정을 기다리거나 타인에게 의존하는 모습을 보이게 될 것이다.

- 자녀의 특성 : 공포와 두려움이 많음/ 스트레스를 쉽게 받음/ 우울하고 불쾌한 정서/ 목적이 없음/ 쉽게 초조해짐/ 공격적인 행동과 무뚝뚝하고 무관심한 행동이 번갈아 나타남/ 겉으로 들어나진 않으나 배타적임.
- 부모가 취해야 할 행동 : 부모는 가족 내의 규칙 또는 의사결정을 할 때 자녀의 의견을 듣고 존중해주어야 한다. 자녀를 인격체로 존중하고 자녀의 말에 귀기울여 주고 부모의 감정이나 상황에 휩쓸리지 말아야 한다. 자녀가 현재 느끼는 기분, 생각에 귀를 기울이고 집중해주며 그것에 공감해주는 연습을 할 필요가 있다. 아이가 짜증을 낼 경우 "짜증내지 마! 제발 말 좀 잘 들어라"라고 자녀를 비난하는 대신 "지금 기분이 많이 안 좋아 보이네. 이런 기분이 들지 않기 위해 어떻게 하면 좋을까?"라고 자녀의 감정상태를 읽어주는 연습이 필요하다. 자녀에게 애정과 사랑의 말을 표현해주고, 부드러운 스킨쉽을 하며 자녀와 교감하는 경험이 필요하다.

• C형 : 민주적/ 균형잡힌 양육태도(Democratic/ Balanced parenting style)

민주적/균형잡힌 양육태도를 보이는 부모는 요구하는 만큼 스스로도 자녀에게 돌려주는 타입이다. 자녀와 함께 대화를 통해 타협하며, 자녀에게 확신감과 스스로 자신을 통제하는 방법을 길러준다. 부모와 자녀의 관계는 존경에 바탕을 두고, 자녀는 이런 가정분위기에서 사회에 잘 적응하는 능력을 자연스럽게 배워나가며 긍정적인 자아상을 갖게 된다.

- 자녀의 특성 : 자기신뢰/ 높은 스트레스 대처 능력/ 자기 통제력/ 새로운 상황에 대한 흥미와 호기심/ 활동수준이 높음/ 성인에 대해 협조적/ 쾌활함/ 목적지향적/ 또래 친구와 잘 지냄/ 성취지향적

중요내용 핵심체크

- 가족구조(family structure) : 가족 구성원들의 상호작용 방식을 결정하는 기능적인 가족의 조직
- 경계선(boundaries) : 개인, 하위체계, 가족을 보호하고 강화하는 정서적인 벽을 묘사함
- 공감(empathy) : 어떤 사람이 진정으로 느끼고 있는 것을 이해하고 인정하는 것
- 밀착(enmeshment) : 모호한 심리적 경계에 의해 자율성이 상실된 상태. 미누친의 용어
- 세대 간 연합(cross-generational coalition) : 가족 구성원 중 제3자를 반대하기 위해 한편이 되는 부모 · 자녀 간의 부적절한 동맹을 말함
- 순응(accommodation) : 체계의 요소들이 그들의 기능과 조화를 이루기 위해 자동적으로 적응하는 것을 말함
- 실연(enactment) : 가족의 상호작용을 관찰한 다음 기능적으로 변화시키기 위해 치료자가 직접 보여주거나 치료실에서 가족의 상호작용을 실제로 해보도록 하는 것을 말함
- 연합(coalition) : 두 사람이 제3자에 대항하기(적대적 감정) 위하여 제휴하는 것을 말함
- 위계 구조(hierarchical structure) : 세대간 확실한 경계를 바탕으로 한 가족기능. 기존 구조에서는 부모의 통제와 권위가 유지됨
- 유리(desengagement) : 가족 내에서 하위체계들 간의 경계가 경직되었을 때 느끼는 고립감
- 하위체계(subsystem) : 세대, 성, 기능에 의해 결정되는 가족 내 작은 단위
- 재구성(reframing) : 치료적 변화를 보다 쉽게 하기 위해 특정 행동에 대한 가족의 표현을 재명명하는 것
- 합류(joining) : 가족 신뢰를 얻고 저항을 피하기 위해 가족을 수용하고 적응해서 들어가는 가족치료

평가 문제

01 다음은 ( ) 가족상담에 대한 설명이다.

> ① 가족의 고유한 구조를 파악한다.
> ② 개인의 문제는 가족의 상황과 상호 간의 관계에서 이루어진다.
> ③ 가족구조의 개념을 중심으로 구조적변화에 초점을 맞추며, 가족이 기능적으로 재구조화하는 것을 목표로 한다.

[정답] 구조적

02 구조적 가족상담은 ( )이 제안한 모델로, 주로 ( ), ( ), ( ) 등의 개념으로 접근한다.

[정답] 미누친, 가족규칙, 역할, 경계선

03 ( )은 두 사람이 제3자와 다른 공동의 목적을 위해 제휴하는 것이다.

[정답] 동맹

04 ( )은 가족원 간의 갈등이 생길 경우 이를 피하기 위한 수단이다.

[정답] 우회연합

05 ( )은 제3자를 밀어내기 위해 두 사람이 밀착된 관계를 보이는 것이다.

[정답] 안정연합

06 가족 내 두 사람이 다른 한 사람을 밀어내면서 두 사람 사이에 밀착된 관계를 형성하는 현상을 무엇이라 하는가?

① 삼각관계　　② 안정된 연합
③ 우회연합　　④ 세대 간 안정연합

[정답] ❷

07 구조적 가족상담 이론에 대한 설명으로 옳지 않은 것은?

① 구조가 변하면 지각도 변할 수 있다는 신념에 기초한다.
② 대표적인 학자는 미누친이다.
③ 빈곤가족을 위한 치료모델은 행동 중심적이고 구체적이다.
④ 기능적 가족은 가족 내 하위체계들 간 경계선이 없다.

[정답] ❹

08 구조적 가족상담 이론에서 가족구조를 파악하기위해 상담자가 탐색해야 할 것에 해당하지 않는 것은?

① 위계 ② 경계선
③ 하위체계 ④ 출생순위

[정답] ❹

09 상담자가 가족을 이해하고, 적극적으로 개입하기 위해 가족 안으로 투입하는 것을 무엇이라고 하는가?

① 연합 ② 지지
③ 합류 ④ 동맹

[정답] ❸

10 가족의 역기능적인 체계를 변화시키기 위해서 구조적 가족상담자가 사용하는 기법이 아닌 것은?

① 재구조화 ② 흉내내기
③ 집중화 ④ 하위체계와 동맹 맺기

[정답] ❷

07 Chapter

전략적 가족상담

1970~1980년대의 전략적 가족상담은 가족의 반복적인 역기능적 행동에 직접 개입하여 문제를 해결하기 위한 전략을 고안하는 데 초점을 두고 있다. 베이트슨의 의사소통을 기반으로 하여 역기능적 행동의 원인보다는 행동의 변화를 위한 해결 방법을 시도하였다. 간결한 기법과 단기적이면서 효율적인 개입이 특징적이다. 대표적인 모델로는 **MRI**(Mental Research Institute:정신건강연구소) **상호작용모델, 전략적 구조주의 모델, 밀란모델**이 있다. 주요 개념 및 상담기법으로는 MRI의 피드백 고리, 역설적 접근과 헤일리 구조주의 모델의 위계질서, 역설, 지시기법, 고된체험기법, 비유와 가장기법, 그리고 밀란모델의 가족게임, 상담자의 중립성, 순환질문, 긍정적 의미부여, 팀 상담, 의례/의식, 불변처방 등이 있다.

[그림 7-1] 전략적 가족상담의 대표적 모델

1 이론적 배경

1) MRI(Mental Research Institute) 상호작용모델(핵심개념 : 의사소통)

베이트슨에 의하여 정리된 모델로 핵심개념은 의사소통의 '내용'이 문제가 아니라 잘못된 의사소통 '과정'이 문제라고 본다. 순환적 인식론에 근거해 가족의 상호작용을 변화시키는 모델로서, 문제해결 중심의 단기 전략적 접근모델이다. 의사소통 과정에서 '배려없음'과 '이중구속' 의사소통 패턴이 어떻게 증상과 문제를 유지시키는지, 상호작용하는 것은 무엇인지로 역설적 접근을 한다.

문제원인에 대한 관심보다는 증상을 없애는 데 초점을 두고 있어 지시적이거나 적극적 개입을 할 수 있다. 상담기법으로는 역설적 개입과 증상처방 등이 있다. 해결방법을 위해 문제를 유지시키는 정적 피드백 고리를 확인한 뒤, 이러한 역기능적 상호작용을 유지하는 가족규칙을 파악하고 변화시킬 수 있는 전략을 찾는다.

2) 전략적 구조주의 모델(권력과 통제에 대한 위계)

헤일리가 권력과 통제에 대한 자신의 견해와 에릭슨의 임상적 방식(저항을 처리하는 방법, 지시와 은유적 언어사용, 역설적 개입 등)의 구조주의 관점을 접목시켜 발전시켰다. 가족을 치료적 이중구속에 빠지게 하는 역설적 방법으로 증상의 자발적 포기를 유도한다.

헤일리

3) 밀란모델(역기능적 가족게임)

셀비니 파라졸리(Mara Selvini-Palazzoli)는 밀란모델 연구소를 설립했다.

밀란모델은 사이버네틱스의 영향을 받은, 가족규칙과 항상성에 대한 체계적 모델이다. 치료자는 중립적 위치에서 가족게임의 규칙을 파악하고, 순환질문을 통해 가족원들이 본인의 인식론을 검토하여 새로운 신념체계를 도입하도록 유도한다.

셀비니 파라졸리

2 상담 목표

- 일차적 목표는 증상행동의 제거이며, 이차적 목표는 행동을 규제하는 가족체계의 변화이다.
- 개방형 질문을 통해 내담자가 객관적이며 행동적인 언어로 문제를 분명히 규명하도록 하고, 내담자가 기대하는 구체적인 변화목표를 설정하도록 한다.

전략적 모델은 문제 아동 및 청소년(Oppositional youth)의 문제를 다루는데 탁월한 상담기법이다. 부모의 죄책감과 책임감을 덜어주고 이해심을 갖고 자녀가 진정될때까지 기다리면서 훈육과 양육에 대해 알려준다. 자녀가 진정된 후 규칙을 알리고 그 결과를 강화하면서, 부모가 자녀문제에 대한 통제권을 가질 수 있게 된다.

3 주요 개념

1) 의사소통

모든 행동은 어느 수준에서의 의사소통이며, 침묵도 의사소통이다. 모든 의사소통은 내용과 관계의 측면을 포함한다. 모든 의사소통은 내용(보고)과 지시(관계)의 두 수준으로 단순한 정보를 제공하는 것과 관계에 대한 진술이다. 의사소통이 이루어지는 관계는 대칭적이거나 보완적 관계이다. 마침표는 의사소통의 중요한 측면이다. 의사소통에 대한 의사소통(상위 의사소통)이 중요하다.

2) 이중구속(역기능적 의사소통)

화자(특히 권력을 가진 자)가 청자에게 의사전달을 할 때 의사소통의 수준이 일치되지 않는 모순된 메시지를 보내는 역기능적 의사소통 형태를 말한다.

3) 피드백 고리

가족은 피드백을 통해 정보를 교환하면서 서로의 행동을 통제하거나 확장한다. 피드백 고리는 변화에 저항하여 가족을 원래의 평형상태로 돌아오게 하는 부적 피드백 고리와 현재 상태를 벗어나 변화를 시도하는 정적 피드백 고리가 있다.

- 부적 피드백(Negative feedback) : 가족의 원래의 안정 상태를 유지하는 것으로, 변화를 원치 않는다.(예: 부부싸움에 담쌓기) 가족체계의 항상성을 유지하는 방향으로, 체념하고 그대로 가려고하는 것이다.

  예) 부부싸움을 그만둠.

  〈부적 피드백 사례〉

  아내는 남편이 아들에게 버럭 화를 내는 모습을 볼 때마다 남편이 어린아이 같아 보여서 무시하게 되고 의지의 대상으로 여겨지지 않는다. 그러나 자신의 이런 감정을 남편이 알면 자신에게도 버럭 화를 낼 거 같아서 말하지 않고, 우울감과 절망감이 들어 남편 몰래 술을 마시고 잠든다.

- 정적 피드백(Positive Feedback) : 현재의 상태를 벗어나 변화를 시도하는 것으로 체계를 변화시키려는 방향으로 변화 지향적이며, 관계를 살리고자 체계를 흔드는 것을 말한다.

  예) 박수, 비난, 부부갈등

  – 역기능 가족은 문제를 해결하려고 새로운 것을 시도하지만(정적 피드백 고리형성), 문제가 확대되는 것을 보고 당황하여 기존의 의사소통 방식으로 되돌아간다(부적 피드백 고리형성).

  〈정적 피드백 사례〉

  남편은 영업사원으로 회식과 술자리가 잦고 이에 대해 불만스러운 아내는 남편이 매일 술을 먹고 온다고 비난한다. 남편은 자신도 피곤하지만 업무 때문에 갖는 술자리와 늦은 귀가를 아내로부터 비난받는 기분이 들어 억울하고 화가 나서 화를 낸다. 부부는 남편의 잦은 술자리와 늦은 귀가문제로 주 1회 이상 다투고 이 문제로 상담을 받기로 했다.

  주의) 정적과 부적이라는 단어는 긍정/부정, 윤리적/도덕적 관점과 무관하며, 피드백의 결과에 체계가 어떻게 반응하는가의 개념이다.

4) 가족항상성

- 가족체계는 계속 변화하는 가족 내외의 환경에 적응하면서 일관성을 유지하려 한다.
- 병리적인 가족일수록 변화보다 안정성을 위해 가족의 엄격한 연쇄과정을 유지한다.

5) 가족규칙

- 가족항상성을 유지하기 위해 가족의 행동을 통제하는 규칙이다.
- 명시적 규칙과 암묵적 규칙으로 분류된다.
- 상위규칙 : 규칙을 총괄하는 규칙의 유지와 변화에 관한 규칙이다.

6) 권력과 위계

- 가족원이 자신의 위치에 맞는 권력과 통제를 가질 때 위계질서가 유지된다.
- 치료자는 권력투쟁에 관한 가족관계를 파악하여 명확한 치료 목표 설정과 구체적인 개입방식을 계획할 수 있다.
- 증상은 가족의 항상성을 유지하기 위한 기제이다.
- 윗세대가 상위 위계에서 더 많은 권력과 통제를 가지고 규칙을 집행할 수 있어야 한다.
- 명확한 경계를 통해 가족원은 각각의 위치를 구조적으로 유지해야 하고, 이러한 구조적 질서가 잘 유지되는 가족일수록 기능적이라고 할 수 있다.

7) 가족게임

- 가족의 의사소통 규칙과 관계규칙을 유지하기 위한 복잡한 가족 상호작용이다.
- 역기능적 가족에서는 가족원 모두 게임의 규칙에 합의하지 않으면서, 서로 힘을 얻기 위해 끝없는 게임을 하게 된다.

4 상담 과정

(1) 문제 정의하기

① 문제에 대해 구체적으로 행동적인 용어로 정의

② 문제를 유지시키는 내담자 가족의 연쇄과정을 파악

③ 문제에 대한 정보를 수집하며 가족의 의사소통 방식, 연합, 삼각관계, 권력위계 등을 관찰

(2) 목표 설정하기

① 가족이 해결하기를 바라는 문제(증상)에 대해 명확하게 정함

② 변화하기 원하는 부분에 대해 구체적이고 행동적인 언어로 말하도록 유도함

(3) 개입하기

① 미니멀리즘 : 작은 개입이 치료적 연쇄효과를 가져올 수 있다는 가정

② 문제에 따라 개별적인 맞춤형 전략을 세워 가족의 역기능적 연쇄과정 수정

③ 상담자의 지시와 과제 설정

(4) 상담자의 역할

상담자는 '전략가'이며 다른 치료모델에 비해 변화에 대한 직접적인 책임을 진다.

① 전략적 기술

② 활동성과 강한 책임감

③ 통제와 권위의 유지

④ 팀 접근

⑤ 밀란 상담자의 중립성

5 상담 기법 및 사례

MRI의 주요 기법으로는 역설적 개입과 증상처방이 있다.

1) 역설적 개입

전략적 가족치료에서 주로 사용하는 역설적 개입이란 '변화하라'는 메시지와 '변화하지 말라'는 두 가지 모순된 메시지를 전달하는 '치료적 이중구속'의 상황을 만드는 것을 말한다. 이를 통해 내담자가 증상을 통제하거나, 증상을 포기하게 된다.

2) 증상 처방

증상행동을 자발적으로 계속하도록 격려하는 지시나 과제를 주는 기법으로, 내담자는 치료자의 지시를 거부하고 증상을 버리거나, 지시대로 순종해서 자신이 증상을 통제할 수 있음을 인정하게 된다.

증상 처방 사례

시부모가 젊은 부부에게 계속 돈을 보내고 값비싼 선물을 하고 외식비용의 일부도 내지 못하게 하는 식으로 하였다. 전략적 치료의 증상처방은 이 부부를 좀 더 유능하게 하기보다는 더 무능하게 만들어 그들에게 맹목적인 사랑(경제적 지원)을 주는 시부모와의 어려움을 해결하도록 도왔는데, 부모가 진저리치면서 결국에는 물러설 정도로 무기력하고 의존적으로 행동하라고 젊은 부부에게 처방하였다.

헤일리의 전략적 구조주의 모델의 주요 기법으로는 역설적 개입, 고된 체험기법, 위장기법, 은유기법 등이 있다.

3) 고된 체험기법

증상이 나타날 때마다 내담자가 괴로워하는 일을 수행하도록 지시한다. 증상을 유지하는 것이 포기하는 것보다 고통스러우므로 증상을 포기하게 된다.

고된 체험기법 사례

민소희(38세, 여)는 13살짜리 아들을 통제하기 힘들어서 기숙사관학교에 보내기로 했다. 치료사는기숙사관학교가 얼만큼 힘든 곳인지 전혀 모르므로, 어머니가 아들을 미리 준비시키는게 좋을 거라고 제안했다. 치료사는 어머니가 아들에게 차렷 자세로 서있는 법, 공손히 말하기, 매일 아침 일찍 일어나기, 잠자리 정돈하기를 가르치게 하였다. 어머니는 군대 하사, 아들은 병사가 되어 게임하듯 매일 이 지시를 따랐다. 2주 후 이들은 너무도 잘 하고 있었고, 어머니는 더 이상 아들을 기숙 학교에 보낼 필요가 없다고 느끼게 되었다.

4) 위장기법

내담자가 증상을 가진 '척하고' 가족은 도와주는 '척하는' 연극적 기법으로 치료에 대한 내담자의 저항이 극복된다. 이것은 통제 · 반항의 싸이클을 깨도록 돕는 재치 있는 방법이다.

위장기법 사례

- Case1 : 한 어머니가 10세된 아들의 야경증 문제를 호소했다. 치료사는 매일 밤 어머니는 누군가 집에 침입하는 악몽을, 아들은 마녀의 공격을 받는 꿈을 꾸는 걸 탐색했다. 아들이 악몽을 꾸면 어머니는 아들을 위해 강해져야 했으므로 악마의 이야기를 하면서, 기도를 시켰다. 치료사는 집에 누군가 침입하는 것을 가장해 아들에게 어머니를 보호하라고 지시했다. 어머니와 아들 모두 그 연기를 어려워했는데, 그 이유는 침입자가 있을 때 아들이 어머니를 돕기 전에 어머니 자신이 침입자를 방어할 능력이 있는 사람이기 때문이라고 말하였다. 아들이 악몽을 꾸고 비명을 지르면 어머니는 아들을 깨우고 이 장면을 다시 연기하게 했더니 이 소년의 야경증은 곧 사라졌다.
- Case2 : 분노 발작을 가진 아들에게 시간을 정해서 엄마 앞에서 '헐크놀이'를 하도록 하고(분노발작을 일으키는 시늉을 하라고) 아들이 성공적으로 헐크 흉내를 내면 아이를 도와주는 척 하도록 지시한다. 아들은 분노발작도 위장이고 부모의 걱정도 위장이므로 경직된 가족 상황은 심각함에서 쾌활함과 놀이로 변형되고 저항을 우회시키게 된다.

5) 은유기법

가족이 문제에 대해 수치스러워하거나 토론하기 꺼려할 때 비유나 이야기를 통해 변화를 유도하는 방법이다.

은유기법 사례

김은혜(21세, 여)는 세 살된 딸을 데리고 가게에 갈 때마다 딸이 껌, 사탕을 훔치는 것을 호소했다. 치료사는 탐색을 통해 김은혜(모)가 가장 친한 친구의 남편과 외도하였다는 것을 알게 되었다.

밀란의 체계적 모델의 주요 기법으로는 역설직 개입, 긍정적 의미부여, 순환질문, 의식, 불변처방 등이 있다.

6) 긍정적 의미부여

문제를 지속시키는 가족의 역기능적 행동을 가족게임이라고 한다. 이러한 행동을 재구성하는 방법으로 '증상은 가족체계의 균형을 유지하고 가족의 응집성을 촉진하기 때문에 긍정적인 것'이라는 의미를 부여하여 파괴적인 가족게임을 무력화한다.

긍정적 의미부여 사례 : 우울증 자녀 & 등교거부 자녀를 둔 가족

- Case1 : 우울증인 자녀를 둔 가족에게 '자녀의 우울증'이 가족을 보호하는 기능을 갖고 있다고 설명해 준다. 이유는 우울증으로 인해 어머니는 가족을 과보호하고, 아버지는 어머니를 비난하면서 가족체계를 유지하고 있기 때문이라고 설명한다.
  치료자는 각자의 행동을 계속하라고 처방한다.
- Case2 : 등교거부 자녀를 둔 부모에게 "자녀가 등교거부를 하는 이유는 엄마의 외로움을 덜어주고 싶어서이다."라고 재명명해 주고 자녀는 계속 학교에 가지 않으며, 어머니는 자녀를 돌보면서 지낼 것을 처방한다.

〈상담효과〉

가족원들은 자신들의 행동이 문제 자녀의 증상과 관련있는 파괴적인 가족게임이라고 인식하지만, 문제 자녀만 변하길 바라고 자신들은 변화 의도를 갖지 않는다. 긍정적 의미부여는 가족게임 인식을 증가시키고 증상이 자발적임을 알게 돕는다. 병리적인 행동이 실제로는 자발적이고 좋은 의도로 생각될 수 있음을 암시하여 가족의 변화동기를 강화시키고 미래의 치료적 변화에 저항을 줄일 수 있다.

7) 순환질문

가족 각자가 가족의 상호작용이나 가족관계에 대해 이야기하게 하는 대화기법으로 내담자는 가족에 대해 새롭게 인식하고 자신을 관계적 맥락에서 바라보게 된다.

8) 의식(Ritual)

일정한 의식을 만들어 게임하게 함으로써 가족게임을 과장되게 인식하도록 하는 기법으로, 얼마나 어리석은 게임을 지속하고 있는지 깨닫게 하여 게임을 중단하도록 유도한다.

> **의식(Ritual)의 예**
>
> 우울증을 가진 자녀와 과보호하는 어머니, 어머니를 비난하는 아버지에게 이러한 가족게임을 지속하라고 처방하면서, 특별히 1주일에 하루는 온 가족이 모여 자녀는 증상을 가질 수 있도록 도와주는 부모님에게 감사하고 어머니는 더욱 과보호하는 행동을, 아버지는 강도 높게 아내를 비난하는 시간을 갖도록 한다. 경직된 가족규칙을 과장하는 의식에 가족원 모두가 참여하면서 자신들이 얼마나 어리석은 게임을 지속하는지를 깨닫게 하여 게임을 중단하도록 유도한다.

9) 불변의 처방

역기능적 가족의 게임에는 아래와 같은 유사성이 있고, 불변의 처방은 이런 '더러운 게임'에 대항 방식을 형성하여 게임을 중단하도록 하는 기법이다.

> **역기능가족(정신분열증 & 거식증)의 보편적인 6단계**
>
> 부부관계에서 교착상태 지속 ⇒ 부모가 자녀를 끌어들임 ⇒ 가족게임에 끌려간 자녀는 약한 부모편을 들어 강한 부모를 통제하기 위해 증상을 발달시킨다. ⇒ 약한 부모는 자녀와 한편이 되는 대신 강한 부모편을 든다. ⇒ 자녀는 배신당했다고 느껴 증상을 더 심하게 함으로써 강한 부모를 파멸시키기로 하고 어떻게 하는지를 보여준다. ⇒ 결과적으로 가족체계 증상행동을 중심으로 안정화된다.

상담과정은 부모의 동맹을 강화하고 다른 가족연합을 해체함으로써 가족의 경직되고 파괴적인 상호작용에서 벗어나도록 유도한다.

불변의 처방의 예

상담자는 "이번 상담에 대한 모든 것은 자녀에게 비밀로 하세요."라고 제안하고 "부부가 오늘밤에 외출하는 사실에 메시지만 남기고 외출 후 돌아와서 자녀가 어디 다녀왔냐고 묻는 말에는 '우리의 일이야'라는 대답만 하도록 하세요. 부부 각자가 자녀들의 언어, 비언어적인 행동을 기록하도록 하세요. 오직 두 분이 따르는 처방에 관련된 일지를 작성하세요."

부모의 동맹은 처방에 의해 더욱 강화되고 이전의 가족동맹과의 연합은 깨어지고, 가족게임은 방해받게 된다. 상담의 핵심은 나머지 가족에게서 부모를 분리시키는 것이며 기존 가족 상호작용 유형을 바꾸고 가족을 재결합시키는 것이다. 불변의 처방은 경직되고 파괴적인 가족게임을 깨뜨려서 가족원이 융통성 있는 생활방식을 함께 개발하도록 돕는다.

출처: Goldenberg & Goldenberg(2001), 김득성 외 역(2002).

〈표 7-1〉 주요 전략적 모델 비교

	MRI의 상호작용모델	헤일리의 전략적 구조주의 모델	밀란의 체계적 모델
일차적 관심	의사소통 유형	연쇄과정 및 구조적 위계	역기능적 가족게임
관심행동 지속성	단기적 상호작용	수개월에서 수년간 지속된 만성적 구조적 문제	장기적인 연속행동
상담단위	2인 또는 3인	가족 또는 사회관계망 전체	3인
중요내용 핵심체크	의사소통, 가족항상성, 이중구속, 피드백고리, 가족규칙	권력, 통제, 역설적지시, 위계	가족게임, 가설설정, 순환질문, 중립성
이론적 근거	의사소통 이론		일반체계 이론
상담자 역할	지시적, 역설적		중립적, 치료동반자
상담적 개입방법	증상처방, 치료적 이중구속, 역설적 지시, 재명명 등		긍정적 의미부여, 순환질문, 의식, 불변의 처방 등
상담 목표	증상제거 및 현재의 행동변화		파괴적 가족게임의 중지, 의미변화로 가족체계변화

중요내용 핵심체크

- 가장기법(pretend techniques) : 가족들로 하여금 증상이 나타났을 때처럼 행동하게 하는 마다네스의 재미있는 역설적 기법. 증상을 가장하면 그 증상이 실제가 될 수 없다는 역설을 의미
- 가족 규칙(family rules) : 가족에게 반복되는 행동패턴
- 가족 의식(family ritual) : 셀비니 파라졸리와 밀란학파에서 사용하는 것으로, 체계의 규칙을 변화시키기 위해 가족들에게 일련의 행동을 하도록 지시하는 기법
- 가족 항상성(family homeostasis) : 가족들이 기존의 상태를 유지하기 위해 변화에 저항하는 경향
- 긍정적 의미부여(positive connotation) : 셀비니 파라졸리의 기법으로 가족의 응집력을 증진시키고 치료에 대한 저항을 피하게 하기 위해 가족의 행동에 긍정적인 동기가 포함되어 있음을 알림
- 정적 피드백(positive feedback) : 피드백 고리(loops)
- 사이버네틱스(cybernetics) : 체계 내의 통제과정에 대한 연구. 폐쇄체계 내의 정보의 흐름을 분석
- 순환적 질문(circular questioning) : 밀란학파에서 개발한 기법으로 가족 간의 차이를 부각시키기 위한 질문
- 시련(ordeal) : 고된 체험기법. 내담자가 가진 증상보다 더 힘든 일을 시키는 역설적 치료기법
- 억제(restraining) : 가족이 변하지 않을 것을 제안하는 방법으로 저항을 극복하는 기법
- 역설적 개입(paradoxical intervention) : 전략적 치료에서 사용하는 기법. 치료사는 가족원들이 그들의 증상적 행동을 계속 수행토록 지시하고, 그들이 지시에 따름으로써 그들은 통제를 인정하고 부수적인 수확을 얻게 된다. 지시를 거부하면 그들의 증상을 포기하는 것이 된다.
- 이중구속(double bind) : 중요한 관계로부터 추상적 수준이 다른 모순적 메시지를 받고 이를 피하거나 자신의 의견을 제시할 수 없을 때 일어나는 갈등
- 전략적 치료(strategic therapy) : 가족의 문제를 해결하기 위해 행동변화의 조작을 겨냥한 치료법
- 증상 처방(prescribing the symptom) : 환자가 증상을 포기하거나 또는 증상이 자율적인 통제하에 있다는 것을 인정하도록 하는 역설적 기법
- 피드백 고리(feedback loops) : 체계에서 출력한 것 중 일부가 돌아오는 것으로 정해진 범위 안에서 출력을 유지하기 위해 부적 피드백을 사용하고, 체계를 수정할 필요를 알리기 위해 정적 피드백을 사용한다.

평가 문제

01 전략적 가족상담의 대표적 모델은 (　　　) 모델, (　　　) 모델, (　　) 모델이 있다.

[정답] MRI 상호작용, 전략적 구조주의, 밀란

02 의사소통의 내용이 아닌 잘못된 의사소통(　　)을 문제로 보는 (　　)모델은 역설적 접근이다.

[정답] 과정, MRI 상호작용

03 헤일리의 (　　　)모델은 저항을 처리하는 방법과 은유적 언어사용, 역설적 개입으로 치료를 한다.

① (　　)과 (　　)를 가질 때 위계질서가 유지된다고 주장한다.

② 기능이 잘되는 가족일수록 가족 내 (　　)가 있다.

③ 증상은 가족의 (　)을 유지하기 위한 수단이다. 즉 IP가 증상을 통해 가족원을 (　　)하는 전략을 사용한다.

[정답] 전략적 구조주의, 권력, 통제, 위계질서, 항상성, 통제

04 밀란의 체계적모델은 가족규칙과 항상성 개념에 대한 것이다. 가족의 의사소통과 규칙, 관계규칙을 유지하기 위한 복잡한 가족 상호작용을 모두 (　　)으로 보고 있다. 또한 역기능적 가족에서는 가족원 모두 더러운 게임, 힘겨루기 게임으로 보고 있다.

[정답] 가족게임

05 다음 중 전략적 가족상담의 개념에 대한 설명으로 거리가 먼 것은?

① 헤일리는 문제보다는 해결을 중심에 두었다.

② 문제의 원인보다는 그 문제를 지속시키는 것에 관심을 두었다.

③ 밀란그룹은 가족 내 게임을 유발하는 행동에 대한 동기를 재구조화한다.

④ MRI는 의사소통 이론에 기반을 두지 않았다.

[정답] ❹

06 다음 중 전략적 가족상담의 상담기법과 거리가 먼 것은?

① 은유법 ② 증상처방
③ 가장기법 ④ 역설적 기법
⑤ 자유연상

[정답] ❺

07 밀란그룹의 가족상담 목표는 ( )제거이며 이차적 목표는 행동을 규제하는
( ) 의 변화이다.

[정답] 증상행동, 가족체계

08 Chapter

인지행동 가족상담

인지행동상담은 행동이 강화와 처벌, 소거의 결과에 따라 변한다는 **행동주의**와 사람들의 행동을 어떻게 해석하느냐의 준거틀에 따라 우리의 반응양식이 달라진다는 **인지주의**를 포함하고 있다.

인지행동 가족상담에서는 좋은 관계를 유지하기 위해서 가장 중요한 것은 서로 불만족스러운 행동을 주고받는 것을 최소화하는 데 있다고 보았다. 따라서 가족 간의 조화를 위해서는 **갈등해결기술**을 습득해야 하며, 그 중에서 가족 상호 간의 **의사소통기술**과 대화방법을 가장 중요한 속성으로 보았다.

인지행동상담의 목표는 왜곡된 신념을 재검토하여 합리적인 신념체계로 변화시키고, 바람직하지 않은 행동은 없애고 긍정적인 행동패턴을 강화하는 것이다. 내담자의 특정 문제를 완화하기 위해 학습이론의 원칙들을 적용하여 의사소통기술, 문제해결방법, 협상방법 등을 다루고 교육한다.

8장에서는 인지주의의 인지왜곡, 자동적·부정적 사고, 행동주의 및 인지행동주의의 상담기법에 대해 다룬다.

1 이론적 배경

행동주의는 **학습이론**을 바탕으로 분명하게 드러나는 행동문제에 효과가 있었고, 부모들의 행동교정, 부부들의 의사소통 훈련을 시켰다.

행동주의 상담의 핵심 전제는 '행동은 결과에 의해 유지된다'이다. 행동을 촉진시키는 결과를 **강화물**이라고 부르며, 이에 반하여 행동의 속도를 늦추는 것을 **징계물**(처벌)이라고 한다. **소멸**(Extinction)은 아무런 강화도 일어나지 않을 때 발생하며, 최선의 반응은 무관심이다. 그러나 즉각적으로 소멸되지 않는 이유는 그 행동을 부분적, 간헐적으로 강화시키기 때문이며, 소멸까지는 많은 시간이 필요하다.

인지주의적 접근은 다른 사람들의 행동을 어떻게 해석하느냐에 따라 우리가 그들에게 반응하는 양식이 매우 달라진다는 것이다. 자동적 사고는 '임의적 추정'에 근거한 것으로 세상과 세상이 어떻게 움직여야 하는지에 대한 핵심 신념에 의해 형성된 것으로 그 사람의 준거틀에 따라 내린 왜곡된 결론이다.

이들은 무엇이 관계에 기여하는가에 관심이 있다. 좋은 관계는 만족스런 행동을 주고받는 것에도 있지만, 더 중요한 것은 불만족스러운 행동의 주고 받음을 최소화하는 데 있다. 즉, 긍정적 강화의 통제하에 있을 때이다(Weiss & Isaac, 1978; Wills, Weiss, Patterson, 1974). 행동주의자는 의사소통 기술 – 특히 문제에 대한 대화능력 – 은 좋은 관계의 가장 중요한 속성이라고 여긴다(Gottman, Markman, & Notaius, 1977; Jacobson, Waldron, & Moore, 1980). 따라서 가족의 조화를 유지하기 위해서 갈등해결 기술의 습득은 매우 중요하다(Krokoff, 1989).

2 상담 목표

문제행동의 증상은 부지불식 간에 습득한 문제행동이 강화되어 학습된 반응으로 간주한다. 증상 자체에 집중하며 문제행동을 강화하는 환경반응을 찾는 데 관심을 둔다. 부모들이 자녀의 문제행동에 대해 훈계하는데, 이런 반응은 처벌처럼 여겨질 수 있지만 실제로는 강화하는 효과가 있다. 왜냐하면 주의를 기울이는 것 – 심지어는 부모의 분노도 – 가장 강력한 **사회적 강화물**이 되기 때문이다(Skinner, 1953). 무시하고자 결심한 뒤에도 그 결심을 계속 지키지 못하므로 부모의 간헐적 강화가 자녀의 **문제행동**을 소멸시키는 가장 큰 걸림돌이 된다(Ferster, 1963). 이것은 중독된 도박을 단절하기 힘든 이유이다.

또한 비효과적인 처벌에 의해 유지되는 문제행동도 있다. 부모들이 자녀를 위협하는 것이 끝까지 지속되지 못할 경우, 자녀가 자신들의 행동과 부모의 처벌을 연관짓지 않음에도 처벌을 지속할 경우, 부모의 처벌이 너무 약해 효과가 없는 경우나 처벌이 너무 가혹해 학습효과보다 공포와 불안을 느끼는 경우이다.

부모 · 자녀 상호 간의 강화로 유지되는 자녀의 문제행동 사례

어린 여자아이가 막대사탕을 사달라고 조르자, 어머니는 "안돼."라고 소리쳤고, 아이는 큰 소리로 울기 시작했다. 어머니는 "그렇게 소란피우면 막대사탕을 사줄 줄 알아? 네가 잘못 생각한거야."라고 단호히 말했다. 그러나 아이는 점점 더 시끄럽게 울었다. 마침내 화가 난 어머니는 말했다. "알았어. 울음을 그치면 막대사탕을 사줄게."라고 말했다. 이후 자녀의 문제행동은 계속 유지된다.

인지행동주의에서 관계를 힘들게 만드는 준거틀은 어린 시절에 가족에게 배운 결과라고 보았다. 이런 논리들은 가족 상호작용과 가족역할에 관한 것들로서 '해서는 안 된다', '해야만 한다' 등의 금지사항, 잘못된 믿음, 자기예언, 짐작하기, 질투 등이 밑바탕에 깔려 있어 가족 구성원 간의 행동을 왜곡하여 인지하고, 그에 따른 부적절한 반응을 하게 되어 관계를 어렵게 만든다(초감정, Meta-emotion).

※ Dattilio, F. M., & Padesky, C. A.(2010)는 **전형적인 인지적 왜곡** 8가지를 **아래와 같이 설명하고 있다.**

1) 자의적 추론(통제착각)

뒷받침하는 증거없이 사건으로부터 추론해 내는 것이다.

자신이 상대방의 감정, 욕구, 행복을 통제하고 있다거나 통제 당한다고 착각하고 사람과의 관계에 대한 책임이 전부 나에게 있다고 생각하는 것이다. 또한 상대방의 변화까지도 자신에게 책임이 있다고 생각하여 상대방이 변화하지 않을 때, 통제상실로 인한 무력감을 느끼게 되어 자신과 상대방을 비난하는 것이다.

예 1) 아내가 계속 늦게 들어오자(아내가 더 이상 자기감정 따위는 상관하지 않는다고 결론내린다.)

예 2) "그녀가 그렇게 슬퍼하도록 만들지 말았어야 했는데!"(그녀가 슬퍼하는 것은 내 잘못이고 슬픔에서 벗어나게 할 책임도 내게 있다고 생각한다.)

"우리 사이가 멀어진 것은 나도 어쩔 수 없어, 그는 목석 같은 사람이야!" (두 사람 관계가 멀어진 것이 전적으로 상대방의 정서적 결함 때문이고, 자신은 아무 것도 할 수 없었다고 생각한다.)

2) 선택적 절취(책임전가)

다른 중요한 정보는 무시된 채 어떤 사소한 항목만이 부각되는 것이다.

상대방의 잘못으로 인해 자신이 고통스럽다는 생각을 하여, 나에게 상처를 준 사람에게 책임이 있으며, 잘못한 사람에게 화를 내거나 정서적 언어폭력도 할 수 있다고 말하는 것이다.

예 1) 십대 소녀의 부모들은 자녀가 자신들에게 반항했던 시간은 기억하는데, 자녀가 할 일을 잘해서 그들을 즐겁게 해주었던 시간은 기억하지 않는다.

예 2) A : "생각 좀 하고 말해!"

B : (뭐 내가 생각이 없다고...) "정신나간 놈!"

A : "나는 네가 좀더 생각하고 의미전달을 잘 했으면 해서 말한 건데..."

B : "그래도 그렇게 말하는 놈이 어딨냐! 네가 잘못해서 나한테 욕먹어도 싸!"

3) 과잉 일반화

고립되었던 사건을 일반적 패턴으로 받아들이는 것이다.

예 1) 한 달 동안 남편이 영화보기를 제안했는데, 아내가 두 번 거절하자(남편은 더 이상 아내가 자신과 영화보는 것에 흥미가 없다고 결론 내렸다.)

예 2) 요즘 남편이 직장에서 늦는 걸 보니(분명 다른 여자가 생긴 모양이야!)

우리가 이렇게 심하게 싸웠으니(이제는 이혼하게 될 거야!)

4) 과장과 축소

사건의 중요성을 비현실적으로 확대하거나 축소해 버리는 것이다.

예를 들어, 남편은 한 달에 두 번 식료품점에 들러 장을 보는 것이 그의 가사노동 의무를 다한다고 생각했고, 반면에 아내는 '그는 아무것도 안해'라고 생각한다. '끔찍한, 엉망진창인, 믿을 수 없는, 항상, 늘, 언제나, 매일, 절대로, 모두가, 아무도' 등의 단어를 사용하는 데서도 드러난다.

예) "당신은 언제나 바삐 서두르는군. 매일 급하게 하는 거야! 항상 늦어!

5) 개인화(터널비전)

사건을 자기 자신의 경험과 관련하여 독단적으로 해석하는 것이다.

상대방의 행동이나 관계의 긍정적인 의도는 잊어버리고, 자신이 상처받은 부분과 단점을 확대하여 초점을 맞추는 것이다.

예 1) 십대 소년이 그의 친구들과 더 많은 시간 보내기를 원했을 때(아버지는 아들이 친구들과 즐기지 않는다고 가정해 버린다.)

예 2) "결혼생활 내내 그는 의지가 되어주지 못했어요. 언제나 나는 다른 사람으로부터 도움을 받았어요."(라고 말하지만 사실은 아기를 출산할 때마다 남편은 의지가 되어 주었고, 또 친정어머니가 돌아가셨을 때 남편이 얼마나 의지되었던가를 잊고 있다.)

6) 이분법적 사고(흑백논리)

경험에 대해 '모두 좋거나, 모두 나쁘다' 혹은 '모두 옳다, 그르다'라고 해석하는 것이다.

예) 순희와 철수는 가끔은 사이가 좋고, 가끔은 사이가 나쁜데, 철수는 항상 좋았던 시간만 기억하고, 순희는 나빴던 시간만을 기억한다.

7) 부정적 이름 붙이기(분류)

행동을 바람직하지 않은 인격적 특성의 탓으로 돌리는 것이다.

예 1) 그 사람은 거짓말쟁이야, 그는 사기꾼, 이기적인 사람, 불평꾼, 미치광이...등

예 2) 한 여자는 자신의 일에 대해서 엄마와 대화하기를 꺼리는데, 그 이유는 대화시 엄마는 항상 '반응하지 않는다'고 비난하기 때문이다.

8) 생각읽기(독심술, 상대방의 의도 넘겨짚기)

타인이 무슨 생각을 하는지 안다고 가정해서, 사람들과 대화하지 않고 상대방의 감정이나 동기를 자기 마음대로 생각하려는 경향을 말한다. 직접 알아보지 않고 상대방이 그렇게 행동한다고 믿을 수밖에 없는 이유를 만들면서 부정적으로 상대방의 동기를 추측한다.

예 1) 한 남자는 매력적인 학급친구에게 데이트 신청을 하지 않는데(그 이유는 그녀가 승낙하지 않을 것라고 확신하기 때문이다.)

예 2) "남편이 어제 저녁 설거지를 한 것은 늦게 들어와서 괜히 미안하니까 그렇게 한 거야!"(그러나 사실 남편은 아내가 몹시 피곤해보였기 때문에 설거지를 해주었던 것이다.)

〈표 8-1〉 인지적 왜곡 찾아내어 바꾸기

상황	사고	감정	왜곡	대체 사고 (긍정, 다행, 감사)
남편은 새 카메라 렌즈를 사는데 돈을 다 써버렸다.	그는 항상 쓸데없는 일에 돈을 다 써버린다. 이것은 낭비벽이다.	분노	• 확대하기 • 상대방의 인격에 부정적 이름 붙이기	직접 기록해 보세요
아내가 멍하니 방바닥을 쳐다본다.	내가 아내를 슬프게 만들었구나. 아내는 항상 밝은 표정이었는데….	죄책감 슬픔	• 통제 착각	
아내가 저녁식사 후에 소설을 읽는다.	왜 아내는 항상 책을 읽을까? 분명히 나를 피하는 거야.	분노 서글픔	• 상대방의 의도를 넘겨짚기	

행동치료의 목표는 당면 문제행동을 완화하기 위해 바람직하지 않은 행동은 없애고 긍정적인 행동패턴을 강화하는 것이다(Azrin, Naster, & Jones, 1973). 또한 특정 행동 문제를 완화하기 위해 학습 이론의 원칙들을 추가적으로 적용하여, 의사소통기술, 문제해결방법, 협상방법을 내담자들에게 가르친다. 인지행동상담의 목표는 내담자의 왜곡된 신념을 재검토하여 합리적 신념체계로 변화시켜 문제를 해결하는 데 있다.

체계 이론은 "모든 사회체계는 변화에 저항한다"라고 이해하는 데 반해, 행동주의에서는 저항을 사례를 비효과적으로 다룬 결과로 본다. 인지행동상담은 저항에 대해 '체계가 항상성을 유지하려는 경향성'으로 보기보다는 '개인의 특성' 혹은 '가족 구성원들의 변화를 방해하는 신념이나 기대'로 본다.

3 상담 기법 및 사례

1) 행동주의적 접근법

조작적 조건형성 상담 기법은 조형, 토큰 강화법, 유관계약, 타임아웃이 있다.

(1) 조형(Shaping; Schwitzgebel & Kolb, 1964)

원하는 목표에 점차 접근하도록 작은 단계들마다 변화를 강화하는 것이다.

(2) 토큰 강화법(Token Economies: Baer & Sherman, 1969)

점수나 별표 제도를 사용해 자녀들에게 잘한 행동에 대해 보상하는 것이다. 매우 인기 있는 접근법이다.

(3) 유관계약(Stuart, 1971)

자녀들이 긍정적인 변화를 보인 후, 다음 변화들이 계속 이루어지도록 부모들과 계약하는 것을 말한다. 부모와 십대 모두 다른 사람이 변화하기를 바라는 행동 리스트를 열거하도록 한다. 이 요구가 초기 계약의 핵심이다. 이 내용과 감정의 의사소통, 요구사항은 분명히 표현할 것, 무언가를 양보하는 댓가로 무언가를 얻는다 등의 내용을 설계하고 촉진한다. 쉬운 문제부터 시작한다. 상대방이 변화하도록 유관계약을 바꿀 수 있다. 상대방이 먼저 변화하면 자신도 변화하기로 동의하거나, 상대가 어떻게 하든 상관하지 않고 각자가 변화하기에 동의한다.

〈유관계약 예〉

• 일시 : • 남편서명 :

이번주 동안 나는 다음에 동의합니다.

1) 직장에서 오후 6시까지는 집으로 돌아온다.

2) 저녁식사 후 30분 동안 아이들과 놀아준다.

일시 : 아내서명 :
위와 같은 변화가 일어나면, 나는 다음과 같이 하기로 동의합니다.
1) 일주일에 한 번은 남편과 함께 볼링을 친다.
2) 식사 후 남은 음식으로 저녁식사를 차리지 않는다.

(4) 유관관리(Schwitzgebel, 1967)

자녀들의 행동에 근거해서 보상과 처벌을 주기도 하고 가져가기도 하는 것을 말한다. 긍정적 강화를 사용하거나, 부모들이 적용한 강화물의 빈도와 범위를 증가시킬 수 있다.

(5) 타임아웃(Rimm & Masters, 1974)

어떤 행동을 감소시키기 위해 자녀들을 구석에 앉아 있게 하거나 각자의 방으로 보내는 것을 말한다. 아동 청소년에게 가장 많이 쓰이며, 보통 5분 정도 지루한 곳에 보내는 것으로 시작한다. 타임아웃을 자녀가 거부하면 최고 10분까지 1분씩 시간을 추가하도록 한다. 만약 아이가 계속 거부하면 특권(TV시청, 컴퓨터 사용)을 잃게 된다.

(6) 프리맥 원리(Premack, 1965)

행동으로 나타날 가능성이 높은 행동(특히 즐거운 행동)을 가능성이 적은 행동 대신 강화물로 선택하는 것이다.

프리맥 원리를 사용한 행동 강화 사례

5세 아들에게, 방정리를 할 경우 사탕, 돈, 장난감 보상을 시도했지만 효과가 없었다. 아들이 가장 좋아하는 행동을 관찰한 결과 TV시청, 자전거 타기, 진흙놀이라는 것을 알게 되었고, 방정리를 하면 이런 행동을 보상하겠다고 하자 아들은 재빨리 방정리를 습득하였다.

문제해결훈련은 문제에 대한 주의깊고 구체적인 정의가 우선되고, 가족이 동의할 때 효과적인 논의가 시작된다. 논의는 한 문제로 제한하고, 상대방의 말을 악의적으로 추론하지 않도록 하고 혐오적인 반응은 피하도록 한다. 긍정적인 진술로 말하는 법을 배우도록 한다.

"당신은 절대로 .....하지 않아"의 비난 대신에 "나는 당신이 ....해줘서 고맙고, 내가 원하는 것은.........야"라고 말하도록 한다.

2) 인지행동주의적 접근법

합리적 정서치료(Ellis, 1962) 접근법은 비논리적 신념과 왜곡이 정서적 고통의 원인임을 인식하고 A-B-C-D 이론에 의거해 (A)가족 구성원들이 문제를 '특정 촉발사건' 때문이라고 보는 경우, (B)그 밑에 깔린 비합리적 신념들을 찾아 가르쳐 주고 (C)결과를 보여주고 (D)논박하여 합리적인 근거에 의한 신념을 가지도록 하는 것이 목표이다.

(1) 합리적 정서상담 엘리스(Ellis)의 REBT 이론

인지행동주의의 합리적 · 정서적 상담과정에서 중심적인 논박과정 · 탐지, 반박, 변별에 관해 강조한다.

① **탐지(Activating event, Belief, Consequence)** : 내담자들은 선행사건에서 자신의 비합리적 신념들을 탐지하는 방법을 배운다.

② **반박(Dispute)** : 내담자는 그들 자신에게 강력하게 논쟁하는 방법과 논리적 · 경험적으로 질문하는 방법을 배움으로써 자신의 역기능적 신념들을 논박한다.

③ **변별** : 내담자는 합리적 신념과 비합리적 신념을 변별하는 법을 배우게 된다.

(2) 엘리스는 인간은 모든 일에 최상의 것을 원하고 주장하는 성향을 타고 태어나므로, 인생에서 원하는 것을 얻지 못할 때 자신, 타인, 세상을 두루 비난하는 강한 경향이 있다고 보았다. 그리고 다음 3가지 영역에 대한 비합리적인

당위적 사고를 한다고 하였다.

① **자신에 대한 당위성** : "나는 실수해선 안 돼.", "훌륭해야 해.", "실직당해서는 안 돼.", "적절하게 행동해야 해."

② **타인에 대한 당위성** : 타인에 대한 기대가 이루어지지 않을 때 불신감과 인간에 대한 회의를 갖게 된다.

"부모니까 자녀를 사랑해야 해.", "자식이니까 부모 말을 들어야 해.", "애인이니까 관심을 가져야 해."

③ **조건에 대한 당위성** : "나의 가정은 항상 사랑으로 가득 차야 해.", "아늑해야 해.", "깨끗해야 해.", "내 일은 3D가 아니어야 해."

(3) 엘리스의 비합리적인 신념 11가지의 대표적인 예

① 나는 주의의 모든 사람들로부터 인정과 사랑을 받아야 한다.

② 일이 뜻대로 되지 않는 것은 끔찍한 일이다.

③ 나는 모든 영역에서 완벽해야 하고, 성공해야 가치 있는 사람이다.

④ 인간의 문제에는 완전한 해결책이 있고, 만약 이러한 완전한 해결책을 찾지 못하면 파국이다.

⑤ 사악한 사람은 반드시 비난받고, 처벌받아야 한다.

⑥ 인간의 불행은 외적인 사건에서 비롯되었고, 사람들은 자기 슬픔과 장애를 통제 불가능 하다.

⑦ 위험하거나 두려운 일이 있으면 그 일을 걱정하고, 그 일이 일어날 가능성을 계속 가져야한다.

⑧ 인생의 어려움이나 자기 책임을 직면하는 것보다 피하는 것이 쉽다.

⑨ 사람은 다른 사람에게 의지해야 하고 강한 누군가가 있어야 한다.

⑩ 자신의 과거사가 현재 행동의 주요 결정요인이며, 중요하게 일어났던 일이 앞으로도 유사하게 영향을 미칠 것이다.

⑪ 주위 사람에게 어려움이 닥쳤을 경우, 내 자신도 당황할 수밖에 없다.

인지상담(Beck, 1988; Dattilio, 1994; Teichman, 1984)은 자신과 세계 미래에 대해 가진 기본 도식, 핵심신념(Core Beliefs)의 인지적 왜곡과 무의식적으로 떠오르는 자동적, 부정적 사고를 확인하여 부정확한 내재된 논리를 합리적으로 수정하는 것이 치료목표이다. 백(A. Beck, 1988)이 말한 부정적, 자동적 사고는 다틸리오(Dattilio, 2010)가 말한 인지왜곡 8가지와 유사한 맥락의 사고를 말한다.

(4) 인지 · 행동주의 상담의 전제

① **인지상담** : 인지적 사고력을 중시하고, 행동의 인지적 영역(정보, 사고, 가치관… 등)에 중심을 둔다.

② **행동상담** : 인간행동이 학습된 것이라고 볼 때 학습과정을 통해 행동을 변화시킬 수 있다고 본다. 인간행동의 동기, 욕구, 충동 등을 거부하고, 겉으로 드러난 행동을 중요시한다.

(5) 상담자의 역할은 매우 적극적 · 지시적이며, 인간능력에 대해 긍정적인 시각을 가지고 왜곡된 인지구조일 경우 상담을 통해 충분히 변화가 가능하다고 본다.

자동적 · 부정적 사고에 도전하기 사례

13세 안나는 하교 시 부모가 놀지 말라고 한 남자아이와 놀다가 부모에게 일주일간 외출금지명령이 내려졌다. 안나는 "이제는 부모님이 날 믿지 않을 거야."라는 생각이 들면서 계속 불안과 걱정을 하게 되었다. 그리고 이런 생각의 결론은 "이제부터 나는 자유가 없다."였다.
이런 부정적, 자동적 사고를 알아차리도록 하고, "이런 생각을 입증할 수 있는 증거가 있니?" "어떻게 이런 가정들을 실험할 계획이니?"라고 논박한다.
이에 안나는 자신의 생각을 확신하기엔 이르다고 생각하게 되었고, 앞으로 부모에게 거짓말 하지 않아서 부모가 자신을 믿게 되면, 다시 자유롭게 생활할 수 있는 계획을 시도해 보기로 하였다. 그녀가 갖는 반항심을 시험해보고 그것의 명확한 의미를 생각해보기를 제안했다(예 : 분노, 해방 등).

중요내용 핵심체크

- 자의적 추론 : 뒷받침하는 증거없이 사건으로부터 추론해 내는 것
- 선택적 절취(빼냄) : 다른 중요한 정보는 무시된 채 어떤 사소한 항목만이 부각되는 것
- 과잉 일반화 : 고립되었던 사건을 일반적 패턴으로 받아들이는 것
- 과장과 축소 : 사건의 중요성을 비현실적으로 확대하거나 축소해 버리는 것
- 개인화 : 사건을 자기 자신과 관련하여 독단적으로 해석하는 것
- 이분법적 사고 : 경험에 대해 모두 좋거나, 모두 나쁘다고 흑백논리로 해석하는 것
- 부정적 명명(분류) : 행동을 바람직하지 않은 인격적 특성의 탓으로 돌려서 이름 붙이는 것
- 생각읽기(독심술) : 타인이 무슨 생각을 하는지 안다고 자기 마음대로 가정해서 부정적으로 상대방의 동기를 추측하는 것
- 조형(Shaping) : 원하는 목표에 점차 접근하도록 작은 단계들마다 변화를 강화하는 것
- 토큰강화법(Token Economies) : 점수나 별표 제도를 사용해 자녀들에게 잘한 행동에 대해 보상하는 것
- 유관계약 : 자녀들이 긍정적인 변화를 보인 후, 다음 변화들이 계속 이루어지도록 부모들과 계약하는 것
- 유관관리 : 자녀들의 행동에 근거해서 보상과 처벌을 주기도 하고 가져가기도 하는 것
- 타임아웃 : 어떤 행동을 감소시키기 위해 자녀들을 구석에 앉아 있게 하거나 각자의 방으로 보내는 것
- 프리맥 원리(Premack, 1965) : 행동으로 나타날 가능성이 높은 행동(특히 즐거운 행동)을 가능성이 적은 행동 대신 강화물로 선택하는 것이다.
- 자동적, 부정적 사고 : 무의식적으로 떠오르는 부정적인 사고

평가 문제

01 다음 중 인지행동주의 가족상담에 대한 설명으로 올바른 것은?

① 가족성원의 개별화를 통해 가족의 구속으로부터 자유를 추구한다.
② 가족의 상호작용을 사이버네틱스, 일반체계 이론을 사용하여 분석한다.
③ 치료단위는 부부, 부모·자녀 관계이다.
④ 가족체계는 하위체계와 그 체계 간의 위계질서를 형성한다.

[정답] ❸
[해설] ① 보웬 ② 의사소통 ④ 구조주의

02 다음 행동주의 가족상담에 대한 설명으로 거리가 먼 것은?

① 상담과정은 사정, 행동분석, 계획, 개입으로 이루어진다.
② 상담과정에서는 고전적 조건화 원리를 사용한다.
③ 상담자는 부모가 행동변화기술을 수행할 수 있도록 돕는다.
④ 상담자는 교육자나 기술적인 조언자 역할을 수행한다.
⑤ 체계적이고 과학적인 방법으로 문제와 가정을 사정(Assesment)한다.

[정답] ❷
[해설] 행동주의 가족치료는 고전적 조건화 및 조작적 조건화 원리를 사용한다.

03 다음은 상담 기법으로 행동주의적 접근법이 아닌 것은?

① 수용
② 토큰강화법
③ 유관계약
④ 유관관리
⑤ 타임아웃
⑥ 프리맥 원리

[정답] ❶

04 다음은 행동주의 상담 이론의 발달에 영향을 미친 것이 아닌 것은?

① 고전적 조건형성
② 사회학습 이론
③ 인지행동 이론
④ 정신분석 이론

[정답] ❹
[해설] 행동주의 상담은 학습원리에 뿌리를 두고 있으며, 고전적 조건형성과 조작적 조건형성, 인지적 학습의 영역에서 발달하였다.

05 인지행동주의 상담 이론에 대한 설명으로 알맞은 것은?

① 인지행동 상담에서는 결과/목표 중심적 계획보다 진행 중심적 계획을 세운다.
② 다른 어떤 상담보다 질문을 많이 한다.
③ 인간의 행동에는 어떤 목적이 있으며, 인간의 욕구로부터 유래된다고 본다.
④ 인지행동 상담에서는 인간의 부적응은 실제 사건이나 현상보다는 그것을 해석하는 방식에 있다고 보았다.

[정답] ❹

[해설] 인지행동 상담의 기본원리는 인간의 부적응은 현상이나 실제 사건보다 그것을 해석하는 방식에 있다고 보았으며, 현상에 대한 잘못된 지각이나 해석을 할 경우 불필요한 심리적 장애를 경험하게 된다고 본다.

06 다음 중 인지행동 이론가 엘리스의 합리적 · 정서적 상담 과정에 포함되지 않는 요인은?

① 탐지 ② 변별
③ 주장 ④ 반박

[정답] ❸

07 다음 중 비합리적인 신념의 대표적인 예로 볼 수 없는 것은?

① 일이 뜻대로 되지 않는 것은 끔찍한 일이다.
② 기본은 주의의 모든 사람들로부터 사랑받고 인정받는 것이다.
③ 인간의 문제에는 완전한 해결책이 없다.
④ 모든 영역에서 완벽해야 하고 성공을 해야만 자신이 가치가 있고 인정받는다.

[정답] ❸

08 다음 사례에서 말하는 비합리적 신념은 어느 부분인가?

① 나는 이혼을 했다.
② 이혼을 했으니 나는 인생에 실패한 사람이다.
③ 그래서 나는 우울하고, 아무 것도 하기 싫다.
④ 이혼을 한 사람은 모두 인생에 실패한 것인가?

[정답] ❷

Part 3

후기 부부 · 가족상담 모델과 실제

09 Chapter

후기 가족상담 이론

20세기 초 과학의 발전으로 진리는 객관적인 관찰과 측정으로 밝혀질 수 있다고 믿고, 과학적 원칙을 알면 환경을 통제할 수 있다고 여겼다. 그러나 1980년대 중반 이후 포스트모더니즘 사조의 확산과 더불어 미국에서 가족치료는 널리 알려지게 되었고, 해결중심모델, 이야기치료모델 등의 후기 가족상담모델의 발달과 함께 하나의 전문분야로서 새로운 방향의 전개가 시작되었다.

후기 가족상담 이론은 아래와 같이 초기 이론에서 강조하는 초점과 주요 개념, 치료 목표와 유사하다.

- 상담의 첫 단계에서 가족을 사정(Assess)한다.
- 문제가 발생된 원인으로 특정 가족원이 아닌 가족원 모두의 책임을 강조한다.
- 가족의 의사소통을 파악하여 기능적으로 수정하도록 강조한다.
- 가족상담의 목표가 전체적인 가족기능의 향상 및 개인을 둘러싼 가족의 역기능적인 문제를 중심으로 해결하도록 돕는 것이다.

가족상담의 목표

- 가족의 가치, 욕구를 바탕으로 가족의 역기능적인 문제(의사소통, 신화, 정서분화, 속죄양)를 파악해 가족원들이 인식하도록 돕고, 가족의 생태변화와 구체적인 행동변화를 통해서 가족원의 관계와 가족체계의 기능을 향상시켜 문제증상이 완화되거나 해소되도록 돕는 것이다.
- 이를 통해 가족역할의 융통성과 적응력 도모, 부부간의 권력 균형, 가족집단성 안에서 개별성 확립, 의사소통의 구체성과 명료성을 도모할 수 있다.

일반체계 이론과 사이버네틱스는 유기체론적 관점으로 모더니즘의 사조에 많은 영향을 받아 기계론적 세계관으로 객관적이고 과학적인 관찰과 측정을 통해 실재를 발견할 수 있다고 믿었다. 이러한 시각에 기초한 초기 가족치료모델은 개인의 심리 내면에서 벗어나 관계나 맥락에 초점을 두어 상호작용 패턴을 객관적인 기준으로 관찰하고 평가할 수 있다고 믿었으며, 내담자의 경험세계는 고려되지 않았다.

그러나 모더니즘의 이러한 한계에 벗어나려는 노력은 포스트모더니즘의 등장으로 주관적으로 구성하는 의미의 세계를 주장하게 되었다. 실재란 객관으로 바깥 세계에 존재하는 그 무엇이 아니라 주관적으로 구성하는 의미의 세계라고 인정하게 되었다(구성주의).

사회구성주의는 우리가 경험하는 실재는 사회적이고, 언어적 상호작용을 통해 구성된다고 보는 시각이다. 따라서 더 이상 특정모델에서 제시하는 주요 개념에 따라 정상성 역기능성을 평가하고 상담목표를 설정하는 것은 의미를 잃어 가게 되었다. 대신 개인이 자신의 가족이나 관계를 어떻게 경험하는지, 자신의 경험의 세계에 어떤 의미를 부여하고, 어떻게 구성하는지를 파악하는 것이 문제해결과정에서 더 중요하게 되었다.

상담자는 내담자보다 더 많이 알고 있는 유능한 전문가가 아니라, 내담자의 경험세계를 재창조하는 과정에서 협력해야 할 동반자의 입장이 강조되었다.

1. 전기 근대주의적 경향의 이론 : 논리 실증주의

- 인간의 내면에 존재하는 심리적 요소를 분석하였다.
- 정신분석적 가족상담 : 성장과정에서의 내적 갈등이 문제라고 보고 무의식을 의식화
- 행동주의적 가족상담 : 잘못된 학습 경험으로 나타난 문제행동 유형을 교정
- 인지치료적 가족상담 : 개인이 생각하는 왜곡된 사고과정이 문제라서 합리적 사고로 교정
- 대상관계 가족상담 : 내제된 표상과 자아의 관계 구조를 분석
- 대화 이론, 전략 이론, 구조 이론, 맥락 이론, 보웬 이론, 경험 이론

2. 후기 근대주의적 이론 : 논리실증주의 + 구성주의

실증적 요소를 갖긴 했지만 여전히 구성주의적 성격을 지닌다는 측면에서 후기 근대주의적 경향을 가진 이론이다.

- 해결중심 가족상담 : 문제의 원인보다는 해결을 위해 내담자의 강점과 예외상황, 현재와 미래에 초점을 둔다.
- 이야기치료 : 삶의 문제를 해체하여 대안 이야기를 다시 쓴다.
  전 · 후기 이론들은 치료사가 객관적으로 존재하는 가족의 상호작용을 이해한다는 점에서 실증주의적 성격, 진단적 성격, 가족에 대해 알아가는 전문가적 성격을 갖는다.

3. 대표적인 가족상담 이론의 key words

- 다세대모델 : (보웬), 자기분화, 삼각관계, 탈삼각화
- 경험적 모델 : (사티어), 성장모델, 자존감, 대처방식, 일치성
- 전략적 모델 : (헤일리), 사이버네틱스, 의사소통, 위계질서, 역설처방
- 구조적 모델 : (미누친), 일반체계 이론, 가족구조, 경계설정
- 해결중심모델 : (드쉐이져), 언어철학, 해결지향관점, 기적질문, 현재 강점과 자원을 강조
- 이야기치료모델 : (화이트), 해체, 외현화, 대안 이야기, 정체성

1 포스트모더니즘과 2차 사이버네틱스

1) 포스트모더니즘

1980년대부터 문학, 예술, 문화 전반에 나타난 시대정신, 세계관을 말한다. 모더니즘이 본질주의, 보편주의, 이분법적 사고를 강조한다면, 포스트모더니즘은 다양성, 차이(상대성), 비본질주의를 강조하며 탈중심적이고 다원적인 사고, 탈이성적 사고를 강조한다.

포스트모더니즘은 2차 사이버네틱스 관점과 일치하는데, 객관적 지식과 절대적 진실이 가능하다는 모더니즘의 신념에 도전하여 인간이 각자의 관찰과 인식을 통해 서로 다른 우주에 살고 있다고 간주했다. 사실(Facts)은 관점(Perspectives)으로 대체되며, 절대적으로 옳은 기준은 없다고 가정한다. 모더니즘의 상담은 인간의 문제를 문제중심으로 접근하여 인성적 특성이나 가족 상호작용의 기능성 여부에 중점을 둔다면, 포스트모더니즘 상담은 무엇이 기능적인가보다는 보는 사람의 시각에 따라 달라진다는 점을 강조한다.

2) 2차 사이버네틱스

- 포스트모더니즘 관점과 일치하며, 1차 사이버네틱스의 한계를 벗어나 피드백 과정에도 여러 수준이 있음을 강조한 개념으로 후기 가족치료에 영향을 주었다.
- '실재'는 인식자의 마음에 존재하는 '하나의 세계'이다.
- 2차 사이버네틱스에서는 '체계'는 자율적이고 자기 제작적이며 자기 조직적인 특성이 있다고 본다.
- 또한 인간 '체계'는 '언어와 의사소통'을 통해서 자기 조직체를 유지한다고 본다.

- 가족치료는 개인이 자율적으로 구성하는 '의미의 세계'에 주목해야 한다.
- 상담적 개입은 개인이나 가족의 변화를 일으킨다기보다는 개인이나 '가족의 구조적 결합'에 의해 결정된다고 본다.

2 후기 구조주의

후기 구조주의는 철학이나 사회과학에 나타난 포스트모더니즘 현상으로서, 구조주의 이후에 등장한 이론으로 구조주의에서 변화된 이론 혹은 구조주의를 반박하는 이론으로 이해된다. 행동을 개인의 깊은 내면에 있는 구성요소가 단순히 표현된 것으로 보며, 이러한 구성요소는 분류될 수 있고 필요하면 적절히 수정될 수 있다고 본다. 또한 구조주의자는 내면의 구성요소를 탐색하고 해석하는 객관적인 외부 전문가만이 행동의 의미에 관한 진실을 밝힐 수 있다고 주장한다. 상담은 개인의 내면 깊숙이 있는 원인을 찾아야 하고 잘못된 점을 수정해야 하며, 증상을 단순히 줄이거나 제거하는 것으로 만족해서는 안된다고 본다.

후기 구조주의는 모든 현상에는 심층적인 구조가 있고, 또 구조는 구성요소로 분해할 수 있다는 환원주의 관념을 거부한다. 기존 철학이 추구해 온 절대적이고 객관적인 진리는 정치적, 사회적 권력에 의해 만들어진 담론에 불과하다고 보았다. 이런 사람들이 만들어낸 담론은 사람들의 관계를 감시하고 통제한다고 강조하였다. 따라서 후기 구조주의는 구조를 해체시킨 해체주의를 기초로 한다. 해체란 우리의 대화, 행동, 정서적 표현의 기저를 이루면서 당연시되고 있는 담론과 범주와 가정을 분해하며, 더 나아가 절대적 진리라고 여겨지는 것을 분해하는 것을 말한다.

담론

프랑스 철학자 푸코(1926~1984)는 특정 집단이나 연구, 특정 국가나 문화가 공유하고 제도화한 서술과 기록방식 연구를 통해 특정 집단의 삶들이 만들어낸 사회적 담론이 사람들의 관계를 감시하고 통제한다고 강조하였다.

해체주의

구조주의에서 강조하는 구조를 해체시킨다. 자크 데리다(1930~2004)는 우리의 대화, 행동, 정서적 표현의 기저를 이루면서 당연시되는 담론과 범주와 가정을 분해해야 한다고 했다. 절대적 진리, 상식적으로 여겼던 선입견, 준거틀, 습관, 생활양식, 행동양식, 판단에 의문을 던지고 분해하여 검토해야 한다고 하였다. 해체주의는 구성주의와 사회구성주의 출현의 기초가 되었다.

3 구성주의와 사회구성주의

구성주의와 사회구성주의는 가족상담이 포스트모더니즘 성향으로 전환하는 데 큰 공헌을 한 이론으로, 포스트모더니즘과 밀접한 연관이 있지만 동일한 개념은 아니다.

구성주의는 인지생물학에 뿌리를 두고 생명체의 특징인 조직의 패턴을 규명하고자 했다. 객관적 실재는 존재하지 않으며 실재란 각 개인이 삶의 과정에서 구성하는 것이라고 여긴다. 구성주의는 사람의 지각은 개인마다 다르므로, 동일한 상황일지라도 개인의 정신적, 상징적 과정 및 의미 구성 구조가 다르므로 개인마다 다르게 해석한다고 보았다.

사회구성주의는 누구도 객관적인 실체를 알 수 없다는 구성주의 시각과 같으며, 실재에 대한 지식을 구성하는 과정에서 상호작용의 영향력에 초점을 둔다. 즉, 우리가 관찰한 것을 구성하는 것은 우리가 타인과 공유하는 언어체계, 관계, 문화에서 비롯되며, 우리의 신념, 태도, 기억, 정서적 반응은 타인과의 관계경험에서 비롯된다. 우리의 사회적 실재(신념, 가치, 제도, 관습, 법, 노동 등)는 사회 구성원들이 세대를 통해, 일상적인 삶을 통해 서로 상호작용하면서 구성되는 것이고, 우리가 속한 사회에 의해 구성되는 것이다. 그리고 이미 정해진 지식을 가르치는 것은 언어이며, 우리는 사회화 과정을 통해 타인이 수용할 수 있도록 말하는 법을 배우고, 언어체계에 대한 가치와 사상을 공유한다.

※ **사회구성주의의 기본전제**(Freedman & Combs, 1996)**는 다음과 같다.**

첫째, 실재는 사회적으로 구성된다.

둘째, 실재는 언어를 통해 구성된다.

셋째, 실재는 이야기를 통해 조직되고 유지된다.

넷째, 본질적인 진실이란 존재하지 않는다.

※ **언어의 역할**

포스트모더니즘 이전의 언어는 하나의 상징, 혹은 정보처리 수단으로 여겨졌다.

- 그러나 포스트모더니즘 이후의 언어는 세계와 신념, 실재를 구성하는 수단으로 여겨진다.
- 사회는 언어를 통해 실재에 대한 관점을 구성하고, 우리가 사는 세상은 언어를 통해 공유하고 있는 세상이다.
- 사람은 언어를 통해 자신의 정체성을 정의하고 관계를 맺으며 실재를 구성한다.

사회구성주의는 상담의 초점을 행동에서 인지로 바꾸려는 사람에게서 크게 환영받았고, 1990년대 가족치료에 열풍을 일으켰던 이야기치료의 기반이 되었다. 최근에는 각 이론 간의 경계가 무너지고 있어서 이에 대한 상담사 자신의 생각을 정리할 필요가 있으며, 후기 가족상담사는 내담자의 주관적 현실 세계와 언어적 상호작용에 따라 실재가 달라질 수 있음을 강조하고 있다.

※ 해결중심 단기상담과 이야기상담은 과거와 다른 접근법으로 아래 4가지에 초점을 둔다.

- 언어적인 측면을 중시
- 내담자와 치료자의 협동적 관계 강조
- 문제가 아닌 해결에 관심
- 내담자가 가지고 있는 강점에 초점

4 울트라모더니즘 가족상담

포스트모더니즘은 지난 약 20년간 가족치료에서 각광받았고, 체계론적 가족상담에 대한 비판을 제기하기도 하였다. 그러나 오늘날 급변하는 시대적 변화와 다양한 가족의 모습에 부응할 수 있는 새로운 통합과 전환의 차원에서 '울트라모더니즘(Ultra Modernism)'이라는 용어를 리나레스(Linares, 2001)가 처음으로 사용하였다.

울트라모더니즘 시대의 가족상담은 그동안 발전되어 온 가족상담 이론의 고유성을 인정하는 동시에 여러 이론을 선택적으로 통합해 사용할 수 있어야 할 것이다. 울트라모더니즘 가족상담은 상황에 따라, 맥락에 따라, 혹은 치료자의 선호에 따라 '이것도 저것도' 모두 유용한 접근이 될 수 있는 것이다. 21세기 가족상담은 다양한 가족 형태에 맞게 여성주의 가족상담, 가정폭력, 다문화주의 인종, 빈곤과 사회계층, 신경과학의 발전(뇌과학), 영성, 대상과 문제에 적합한 상담(한부모가족, 다민족국가, 성과 인터넷, 가정방문서비스), 심리교육과 의료적 서비스(심리교육과 정신분열증, 관계향상 프로그램)의 다차원적인 접근이 필요하다.

중요내용 핵심체크

- 구성주의(constructivism) : 실재에 대한 주관적 구성을 강조하는 상대주의적 관점. 가정 내에서 우리가 보는 것은 사실에 입각한 것이라기보다 우리의 선입견에 의해 많은 영향을 받은 것이라는 것을 시사함
- 사회구성주의(social constructivism) : 문화적으로 공유되는 가설들에 의해 형성된 지식과 의미
- 해석학(hermeneutics) : 의미의 수준을 해석하여 문자적인 본문 또는 인간의 경험을 분석하는 기술
- 해체주의(doconstruction) : 당연하게 여겨졌던 가설들을 재고하고 가능한 더 새롭고 건강한 의미의 구성을 만들어내는 과정을 통해서 의미를 탐색하는 탈근대주의적 접근
- 협동적 모델(collaborative model) : 상담사의 역할에 대해 평등주의자들이 가지는 견해. 가족상담의 전통적인 접근을 권위주의로 보는 비판가들에 의해 주장됨

평가 문제

01 프랑스 철학자 푸코는 특정 집단이나 연구, 특정 국가나 문화가 공유하고 제도화한 서술과 기록 방식 연구를 통해 특정 집단의 삶들이 만들어낸 사회적 ( )이 사람들의 관계를 감시하고 통제한다고 강조하였다.

[정답] 담론

02 ( )는 구조주의에서 강조하는 구조를 해체시킨다. 자크 데리다는 우리의 대화, 행동, 정서적 표현의 기저를 이루면서 당연시되는 담론과 범주와 가정을 분해해야 한다고 했다.

[정답] 해체주의

03 해체주의는 절대적 진리, 상식적으로 여겼던 선입견, 준거틀, ( ), ( ), 행동양식, 판단에 의문을 던지고 분해하여 검토해야 한다고 하였다.

[정답] 습관, 생활양식

04 후기 가족상담에서 해결중심 단기치료과 이야기치료의 초점이 아닌 것은?

① 언어적인 측면을 중시
② 내담자와 상담자의 협동적 관계 강조
③ 문제가 아닌 해결에 관심
④ 내담자가 가지고 있는 과거에 초점

[정답] ❹

05 다음 중 사회구성주의의 기본 전제가 아닌 것은?

① 실재는 사회적으로 구성된다.
② 실재는 언어를 통해 구성된다.
③ 실재는 이야기를 통해 조직되고 유지된다.
④ 본질적인 진실이란 존재한다.

[정답] ❹

10 Chapter

해결중심 단기 가족상담

해결중심상담은 상담이 단기로 진행되며, 문제의 원인을 파악하기보다 해결책에 초점을 맞춘다. 내담자가 자기 문제의 예외, 즉 문제가 발생하지 않았던 때가 있으며, 이러한 예외가 아직까지도 유용한 해결책일 수 있도록 도와주는 상담방법이다.

1 이론적 배경

해결중심 가족상담은 미국 위스콘신주 동부의 도시 밀워키(Milwaukee)에 있는 단기 가족치료센터의 스티브 드 쉐이저(De Shazer)와 인수 킴 버그(Insoo Kim Berg, 김인수) 등에 의해 1979년에 시작되어 1980년대에 발전되었다. 해결중심 가족상담은 에릭슨, MRI, 후기 사회구성주의의 영향을 받았다.

스티브 드 쉐이져
(1940~2005)

인수 킴 버그
(1934~2007)

※ 에릭슨의 영향을 받음

- 내담자의 잠재능력 및 강점과 자원을 활용한다.
- 심리적 장애의 원인을 찾아내거나, 교정하려 하지 않는다.
- 변화할 수 없는 과거보다 현재와 미래에 초점을 맞춘다.

※ 에릭슨의 인간관을 반영한 MRI(전략적 상담모델)의 영향을 받음

- 내담자가 문제 삼지 않는 것은 건드리지 않는다.
- 효과가 없다면 그것을 하지 않고 대신 다른 것을 한다.
- 효과가 있는 것을 알면 그것을 더 많이 한다(De Shazer & Berg, 1995).

※ 후기 사회구성주의 영향을 받음

- 현재 내담자의 현실의 의미를 구성하기 위해 사용되는 언어와 소크라테스의 질문법을 사용하여 내담자와 함께 목표를 세우고, 내담자의 강점을 활용해 문제를 협력적으로 해결한다.
- 내담자가 자신의 현실의 의미와 과거 경험을 가장 잘 알고 있으므로 내담자가 전문가라고 믿는다.

▣ 대표학자로는 드세이저, 버그, 립칙, 오핸런, 와이너-데이비스 등이 있다.
▣ 한국에서는 2011년 해결중심치료학회가 창립되었다.

2 기본 전제 및 상담 원리

1) 기본 전제

- 내담자가 갖고 있는 강점과 자원을 인정하고, 변화시킬 수 없는 과거보다 현재와 미래에 초점을 둔다.

① 긍정적인 측면에 초점을 둔다.

② 예외상황은 해결의 실마리를 보여 준다.

③ 변하지 않고 그대로 머무는 것은 아무것도 없다.

④ 작은 변화는 일어나기 쉬우며 생성적(Generative)이다. 작은 변화는 큰 변화로 이끈다.

⑤ 협동 작업은 있게 마련이다. 내담자는 항상 협조하고 있다.

⑥ 사람들은 자신의 문제를 해결하기 위하여 필요한 자원을 가지고 있다.

⑦ 의미와 체험은 상호작용 속에서 일어난다.

⑧ 행동과 묘사는 순환적이다.

⑨ 의미는 반응 속에 있다.

⑩ 내담자가 전문가다.

⑪ 내담자가 어떻게 목표를 설정하고 무엇을 하는가에 따라서 내담자의 작은 변화는 다른 사람과의 상호작용에 영향을 미친다.

⑫ 상담팀은 치료의 목표설정과 달성을 위해 노력할 의사를 가진 사람들로 구성된다.

2) 상담 원리

① 병리적인 것 대신에 건강한 것에 초점을 둔다.

② 내담자의 강점과 자원은 물론 증상까지도 발견하여 상담에 활용한다.

③ 탈이론적, 비규범적이며, 내담자의 견해를 존중한다.

④ 간단하고 단순한 방법을 일차적으로 사용한다.

⑤ 변화는 불가피하다.

⑥ 현재에 초점을 맞추며 미래 지향적이다.

⑦ 내담자와의 협력관계를 중요시한다.

3 상담 목표 및 상담 과정

1) 치료 목표

- 해결중심 단기상담은 내담자와 함께 내담자가 원하는 목표를 세우는 것이 중요하다. 이는 내담자가 목표를 성취하기 위해 더 노력하고, 상담자에게 협조적이 되어 치료과정이 쉬워지고, 결과적으로 상담기간이 단축되기 때문이다.
- 목적 지향적인 해결중심 단기상담모델에서는 목표가 잘 설정되면 문제의 반은 해결된 것으로 본다.

※ 목표설정의 원칙

① 내담자에게 중요한 것을 목표로 하기

② 작은 것을 목표로 하기

③ 구체적이고 명확하게 행동적인 것을 목표로 하기

④ 문제행동의 소거보다는 긍정적인 행동의 시작에 관심을 두기

⑤ 지금·여기에서 시작하는 것을 목표로 하기

⑥ 목표수행은 힘든 일이라고 인식하기

2) 내담자와의 관계 형성

- 왜? 사용을 피한다(내담자가 방어적으로 변명, 설명하도록 만들기 때문이다).
- 누가, 언제, 무엇을, 어떻게, 어디서의 질문을 사용한다.
- 기존에 해오던 생활방식과 다른 방안을 모색해 행동하게 한다.
- 가족이 가지고 있는 문제를 스스로 해결하도록 돕는다.
- 치료자 · 내담자 관계유형은 방문형, 불평형, 고객형, 잠재적 고객형 등 4가지로 구분한다.
- 관계유형 파악은 치료과정을 어떻게 진행할 것인가, 메시지에서 어떤 과제를 부여할 것인가에 도움이 된다.

상담자 · 내담자 관계유형 4가지

- 방문형 : 비자발적 내담자 유형으로 자신의 의사와는 상관없이 상담을 받으러 온 내담자를 말한다. 문제가 자신 안에 있는 것이 아니라 다른 사람에게 있다고 인식한다. 상담 후에도 내담자가 문제를 인식하거나 상담의 목표를 발견하기 어렵다
- 불평형 : 내담자와 상담자의 대화 속에서 불평 또는 문제를 '공동'으로 확인했으나 해결책을 구축하는데 내담자의 역할을 확인하지 못했을 때이다. 내담자는 문제와 해결의 필요성에 대해서는 상세히 설명하지만, 아직 자신을 문제의 일부로 보지 않고, 문제 해결을 위해 다른 사람(배우자, 부모, 자녀, 친구, 동료 등)이 바뀌어야 한다고 여긴다.
- 고객형 : 내담자와 상담자가 문제 인식과 도달하려는 해결책을 공동으로 확인했을 때 이루어진다. 내담자는 자신을 문제해결의 일부로 여기고 문제해결을 위해 무엇인가를 할 의지를 보인다. 상담의 필요성을 느끼고 상담을 통해 이루고자 하는 것이 명확하고, 그것을 달성하기 위해 본인의 노력이 중요하다는 인식을 한다.
- 잠재적 고객형 : 위에서 나열한 유형들의 일부를 보이는 내담자를 잠재적 고객형이라고 하며, 상담과정을 통해서 고객형으로 바뀔 수 있다.

3) 상담 과정

해결중심 단기상담의 과정은 내담자와 상담자의 상담으로 진행된다. 상담팀이 있는 경우 상담팀은 일방경이나 비디오로 관찰하면서 개입한다. 상담자는 상담 후 상

담실을 나와서 상담팀과 함께 상담과정을 검토하고 자문을 받으면서 내담자에게 전달할 메시지를 만들고, 다시 상담실로 들어가 내담자에게 메시지를 전달하고 상담을 마치는 과정으로 진행된다.

- 문제 증상보다는 과거의 성공경험과 긍정적 경험을 발견한다.
- 질문, 응답 형태의 대화를 통해서 내담자의 잠재능력과 자원을 발견한다.
- 간략성, 명료성으로 대중적 접근을 한다.

(1) 첫 회 상담

첫 회 치료에서는 내담자와의 관계형성과 목표설정이 우선시된다.

(2) 첫 회 이후의 상담

첫 치료 이후에 조금이라도 나아지거나 변화된 것에 초점을 둔다.

- 무엇이 나아졌는지를 이끌어 내고,
- 나아진 것을 확장시키고, 강화하면서,
- 또 다시 나아진 다른 것에 관하여 묻는다.

4 상담 기법 및 사례

1) 상담자 역할

(1) 해결중심적 대화

상담자는 자기 문제의 전문가인 내담자가 문제를 어떻게 지각하는지를 파악해 내담자를 한 발짝 뒤에서 인도한다. 상담자의 역할은 소크라테스의 질문법처럼 내담자가 문제를 다른 시각에서 바라보게 하며, 내담자의 생활에서 문제시되지 않았거나 문제가 해결되는 시점의 예외적 상황을 발견하도록 돕는 것이다.

(2) 알지 못함의 자세

'알지 못함의 자세'란 상담자가 언어적, 비언어적 행동을 통해 내담자에게 풍부하고 진실한 호기심을 전달하는 것을 말한다. 상담자는 내담자가 변화되어야 한다는 기대보다 내담자의 정보를 더 얻고자하는 자세를 보여야 한다. 이것은 안전함을 느낄 수 있는 시작점을 만들고, 가족이 가진 정서적, 내면적 차원의 억압을 제거해 줄 수 있다.

'알지 못함의 자세'에 도움이 되는 의사소통 기술은 아래와 같다.

① 상담자의 비언어적인 행동(태도, 자세, 표정)은 내담자의 말을 주의깊게 경청하고 내담자를 존중하는 태도를 취해야 한다.

② 내담자가 사용하는 핵심용어를 경청해서 사용하면 내담자의 준거틀을 알 수 있고 해결책을 만드는 데도 결정적인 역할을 한다. 이는 내담자에 대한 존중을 표현하는 것으로 의미 있는 일이다. 내담자의 핵심용어를 전문적인 용어로 재명명하는 것은 내담자의 자신감을 약화시키므로 주의해야 한다.

③ 침묵의 시간을 활용할 수 있어야 한다. 침묵은 내담자뿐만 아니라 초보상담자를 불편하게 만든다. 내담자의 침묵의 의미는 다양하다. 생각을 정리 중이거나, 설명하는 상황이 혼란스럽거나, 화가 났거나, 혹은 잠시 쉬고 있을 수 있으므로 내담자의 침묵을 존중하는 것이 중요하다.

④ 내담자가 사용하는 비언어적인 행동(미소, 침묵, 한숨, 허공 보기, 의자에 힘없이 앉아있기 등) 변화에 주의를 기울여야 한다.

⑤ 상담자의 자기개방이란 상담자의 개인적인 관찰, 경험, 견해, 생각을 내담자와 같이 이야기하는 것이다. 가급적 내담자의 준거틀과 경험을 알아보는 것이 중

요하므로 권장하지는 않지만, 내담자가 상담을 어떻게 경험하는지 이해하고 자신의 삶에 대한 내담자의 지각을 명료화하는 데 도움이 될 때는 상담자의 견해를 말하는 것이 도움이 되고 중요하다.

⑥ 과정을 주목한다. 상담자가 내담자를 이해한다는 것은 대화의 내용과 과정을 이해한다는 것을 의미한다. 내담자의 감정, 표정, 불일치된 대화내용, 요약, 자기개방 등의 과정을 기억해 두었다가 적절한 시기에 언급할 수 있다.

⑦ 칭찬은 진술된 목적을 달성하기 위해 내담자의 강점과 과거의 성공에 대해 치료자가 찬사와 지지를 보내주는 것을 말한다. 내담자에게 잘보이려고 하는 것이 아니므로 내담자의 말이나, 상담과정을 통해 알게 된 점, 그리고 현실에 기초한 것을 대상으로 칭찬한다.

⑧ 내담자의 지각에 대해 확인한다. 지각은 개인의 감각, 생각, 직관 등의 종합적인 인식으로 사고, 감정, 행동과 경험을 포함한다. 상담자는 내담자가 인식하는 문제의 성격, 문제해결을 위한 노력, 달라지기 원하는 점, 해결을 위해 효과가 있었던 점 등에 대한 내담자의 지각에 대해 물어본다.

⑨ 내담자의 초점을 돌린다. 내담자는 때론 자신의 문제에 대해 무기력을 느끼며 다른 사람이 문제해결의 열쇠를 갖고 있다고 말한다. 상담자는 이런 내담자의 무기력을 전환하기 위해 "**이 상황에서 무엇이 달라지기를 원하는지**", 그리고 "**자신은 그 해결책에 어떻게 참여할 것인지**"에 초점을 두도록 돕는다.

⑩ '해결중심적 대화'를 확대한다. 상담자와 내담자가 자신의 생활에서 달라지기를 원하는 것과 그런 일이 생겨날 가능성에 역점을 두는 것이다.

상담 초기 내담자의 문제와 원하는 바, 그리고 그런 일이 일어났던 때, 그런 일이 일어날 가능성이 어떠한지에 대해 자세히 이야기하도록 한다. 이런 대화는 효과적이어서 상담을 단기로 마치도록 돕고, 내담자가 예외와 희망을 볼 수 있고, 내담자와의 관계 형성에 주목해 내담자의 준거틀에 맞춘 상담을 하도록 돕는다. 또한 목표설정을 잘 해서 목표달성이 쉽고, 기법의 설명이 간단하고 명료해서 상담효과를 증가시킬 수 있기 때문이다.

해결중심적 대화시에는 **폐쇄형 질문** 대신 **개방형 질문**을 많이 사용한다. "예/아니요"로 대답할 수 있는 폐쇄형 질문보다 "누가/언제/어디서/무엇을/어떻게"의 개방형 질문을 사용해 내담자의 준거틀을 더 많이 반영하고 내담자의 사고, 태도, 느낌에 대한 이야기를 하도록 도와 인지 영역을 확대시켜 줄 수 있다.

2) 상담 기법

'알지 못함의 자세'를 위한 의사소통 기술	
① 상담자의 비언어적 행동	② 내담자가 사용하는 핵심용어의 반복
③ 침묵의 활용	④ 내담자의 비언어적 행동 주목
⑤ 상담자의 자기개방	⑥ '과정'에 대한 주목
⑦ 칭찬	⑧ 내담자의 지각에 대한 확인
⑨ 내담자의 초점 돌리기	⑩ '해결중심적 대화'의 확대

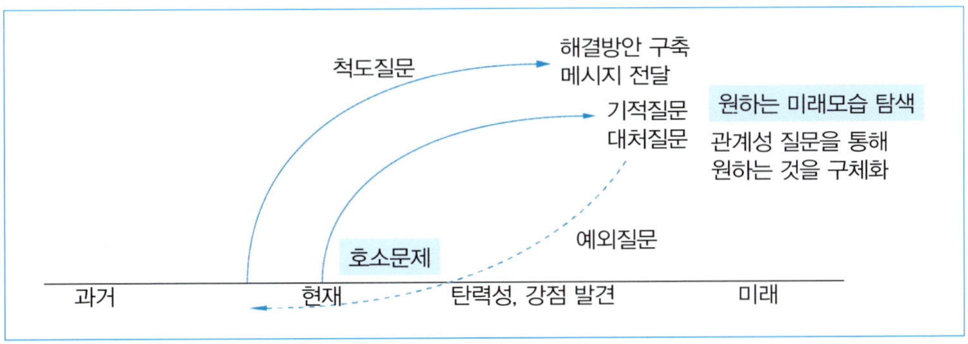

[그림 10-1] 해결지향적 모델

(1) 해결지향적 질문

① 치료 전 변화에 관한 질문

내담자가 상담을 약속한 후 방문 전까지 경험한 변화에 대해 알아보는 질문은 문제 해결에 매우 중요한 단서를 제공할 수 있다.

> Q 간혹 상담을 신청했을 때와 상담을 받으러 오기까지 기간 동안 어려운 상황이 조금 나아진 경우가 있기도 하는데, 혹시 그런 변화를 경험하셨나요?

② 예외질문

내담자가 문제로 생각하고 있는 행동이 일어나지 않는 상황에 대한 질문은 중요한 예외를 찾아내어 그것을 계속 강조하면서 내담자의 성공을 확대, 강화시킬 수 있다.

> Q 최근에 문제가 일어났지만 문제가 되지 않았거나 덜 일어났을 때는 언제였나요?
> Q 문제가 일어나지 않을 때는 무엇이 다른가요?
> Q 당신의 배우자가 당신에게 긍정적인 무언가를 해주었다는 걸 어떻게 알려주었나요?
> Q 조금이라도 좋았던 적은 언제입니까?

> **사례**
> 최근에 폭식을 하던 영지는 지난주에 폭식의 욕구가 있었으나, 그렇게 하지 않았음을 기억해 낼 수 있었다. 영지는 부모와 떨어져 살고 있었고, 부모를 실망시키고 싶지 않았음을 알아차린다. 영지는 지금이 더욱 독립적이 되어야 할 때라고 결정할 수 있다.

③ 기적질문

문제 자체를 제거하거나 감소시키지 않고 문제와 떨어져서 해결책을 상상하게 함으로써, 내담자가 문제에 대한 집착으로부터 벗어나 해결중심 영역으로 들어가게 한다.

> Q 당신에게 기적이 일어나서, 내일 아침 일어나서 꼭 이루고 싶은 소원 한 가지가 이루어졌다면, 무엇을 보고 소원이 이루어진 것을 알 수 있을까요?

④ **척도질문**

내담자에게 문제의 심각성, 문제의 우선순위, 문제해결에 대한 희망, 자아존중감, 변화에 대한 확신, 변화하기 위한 의지, 치료에 대한 평가 정도를 숫자로 표현하도록 하는 방법이다. 척도질문을 통해 내담자의 문제해결에 대한 태도를 보다 정확하게 알 수 있으며, 내담자의 변화를 격려하고 강화해주는 사람과 상황에 대한 구체적인 정보도 얻을 수 있다.

Q. 우울한 기분이 최고조인 날이 0점이고 기적을 이룬 다음 날의 기분이 10점이라면 지금 기분은 몇 점 정도 될까요?
A. 3점이요
Q. 조금 나아졌는데 4점이 되려면 무엇을 해야 할까요?

⑤ **대처질문**

어려운 상황 속에서 어떻게 견딜 수 있었고, 대처해 왔는지 질문하는 것으로, 내담자의 신념 체계와 무력감에 대항하며 내담자가 성공을 느끼게 할 수 있다.

Q. 당신은 결혼생활이 힘들 때도 있었을 텐데 어떻게 지금까지 견딜 수 있었나요?
Q. 어떻게 해서 상황이 더 나빠지지 않을 수 있었나요?

⑥ **관계성질문**

내담자와 중요한 관계에 있는 사람들이 갖고 있는 생각, 의견, 지각 등에 대한 질문으로, 중요한 관계를 눈으로 보게 되므로 이전에는 없었던 가능성을 만들어 낼 수 있다.

Q. 남편이 이 자리에 계시다고 생각하고, 제가 남편에게 두 분의 문제가 해결되면 무엇이 달라지겠냐고 묻는다면 남편분은 어떻게 말할까요?

⑦ 간접적인 칭찬 : "어떻게 그렇게 할 수 있었습니까?"

내담자의 어떤 측면이 긍정적임을 암시하는 질문으로서, 내담자로 하여금 자신의 강점이나 자원을 스스로 발견하도록 하므로 직접적인 칭찬보다 더 바람직하다.

Q. 어떻게 집안을 그토록 편안하게 유지할 수 있었나요?
Q. 어머니로서 자녀들을 각자의 방식대로 대하는 것이 중요하다는 것을 어떻게 아셨나요?
Q. 힘든 가운데에서도 어떻게 자신을 잘 관리할 수 있었나요?

⑧ "그 외에 또 무엇이 있습니까?" 질문

예외를 더 발견하고, 장점, 자원, 성공적 경험 등 긍정적인 측면을 더 이끌어내려는 질문이다.

Q. 무엇이 나아졌나요? 그래서 다음 단계는 어떻게 되어야 한다고 생각되세요?
Q. 현재 5점이라고 말했는데 6점은 어떤 모습일까요?
Q. 더 말씀해 주세요. 당신이 어떻게 해냈는지 하나씩 설명해주세요.
Q. 무엇이 도움이 될 거 같나요?

(2) 치료적 피드백 : 메시지

치료적 피드백인 메시지는 칭찬(Compliment), 연결문(Bridge), 과제(Task)로 구성된다. 칭찬은 내담자가 중요하게 생각하는 것, 내담자가 성공적으로 하고 있는 것과 이런 성공을 통해 표현되는 내담자의 장점을 말해주는 것이다. 연결문은 칭찬 다음에 나오는 제안이나 과제를 연결시켜 주는 것으로, 상담자가 제안하게 된 근거를 설명해주는 것이다.

과제는 내담자와 상담자 간의 관계 유형에 따라 다음과 같이 다른 과제를 제시할 수 있다. 방문형은 과제를 내어주지 않고 상담에 온 것을 격려하고 지지하며, 불평형은 관찰 또는 생각과제를 준다. 고객형은 행동과제를 주어서 상담에서 다룬 내용을 생활에서 적용할 수 있도록 돕는다.

상담자 · 내담자 관계유형과 과제

관계 유형	방문형	불평형	고객형
과제	과제 없음	관찰과제, 생각과제	행동과제

중요내용 핵심체크

- 고객(customer) : 문제에 대해 불평하고 이를 해결하려는 동기를 가진 내담자
- 기적질문(miracle question) : 내담자가 아침에 일어났을 때 문제가 말끔히 다 해결되어 있으면 어떨 거 같냐고 상상하게 하는 질문. 내담자들의 목표와 잠재적인 해결책을 찾도록 도움
- 방문자(visitor) : 치료에 참여하기를 원하지도 않고, 불평도 없고, 어떤 것도 하려하지 않는 내담자
- 불평자(complaint) : 불평을 늘어놓기만 하고 현재 문제를 해결하려고 하지 않는 내담자
- 예외(exception) : 내담자가 일시적으로나마 문제를 드러내지 않고 있는 시기. 해결중심 치료자들은 내담자의 성공적 문제 해결 기술을 위해 예외에 초점을 맞춤
- 척도질문(scaling question) : 자신의 문제를 해결하고 싶은지, 문제가 얼마나 나쁜 상황인지, 지난 회기에 비해 얼마나 좋아졌는지를 1부터 10까지 척도를 사용하여 점수를 매긴다. 척도가 5라면 그것이 왜 1이 아닌지, 어떻게 6으로 갈 수 있을지에 대해 묻는다.
- 첫 회기 공식과제(formula first-session task) : 첫 회기가 끝날 무렵 내담자에게 상담의 결과로 그들의 삶에서 변화되기 원치 않는 것에 대해 묻는다. 이 과제는 그들 삶에 있는 강점에 초점을 맞추고 해결을 향한 과정을 시작하게 한다.

평가 문제

01 (　　　) 가족상담은 MRI의 전략적 상담모델을 토대로 성장하였다.

[정답] 해결중심

02 해결중심 가족상담사는 (　　　)에 초점을 맞추지 않고, 해결지향적 질문기법으로 변화를 묻는 질문방법인 (　　　), (　　　), (　　　), (　　　)을 통해 해결방법에 초점을 둔다.

[정답] 문제, 기적질문, 예외질문, 척도질문, 대처질문

03 다음 중 해결중심적 가족상담에 대한 설명으로 거리가 먼 것은?

① 가족이 가진 예외적인 해결에 중점을 둔다.
② 병리를 강조하지 않는다.
③ 가족 성원은 문제를 해결할 수 있는 잠재능력을 갖고 있다.
④ 변화는 지속적으로 일어나며, 연쇄적이다.
⑤ 개인을 둘러싼 문제의 결과에 초점을 맞춘다.

[정답] ❺

04 다음 중 가족상담 이론과 주요 인물의 연결이 바르지 못한 것은?

① 구조적 가족상담－미누친
② 정신역동적 가족상담－보웬
③ 전략적 구조주의 가족상담－헤일리
④ 경험적 가족상담－사티어
⑤ 해결중심적 가족상담－드 쉐이저

[정답] ❷
[해설] 보웬 - 다세대 가족상담

05 해결중심 가족상담에서 상담자의 역할과 자세에 대한 설명으로 바르지 않은 것은?

① 구조가 변하면 지각도 변할 수 있다는 신념에 기초한다.
② 문제해결을 위해 반드시 문제가 무엇인가를 밝힐 필요가 없다.
③ 가족이 지금까지 적용해 왔던 예외적인 해결에 초점을 둔다.
④ 내담자가 전문가다

[정답] ❶

[해설] 가족구조가 변하면 가족의 행동과 심리가 변화한다 (구조적 가족상담)

06 해결중심 가족상담이론에서 바람직한 상담목표를 설정할 때 유의해야 할 사항 중 적절치 않은 것은?

① 내담자에게 중요한 것, 작은 것을 목표로 한다.
② 목표를 달성하는 것은 어렵고 힘들다는 것을 인식시킨다.
③ 치료자의 임상경험과 가족에 대한 통찰을 근거로 정한다.
④ 구체적이고 행동적인 것을 목표로 한다.

[정답] ❸

[해설] 해결중심가족상담은 내담자가 원하는 목표를 세운다.

07 내담자 유형과 과제제시방법이 바르게 연결된 것은?

① 불평형 – 칭찬하기　② 고객형 – 예외행동 주시하기
③ 방문형 – 양분된 의견 전달　④ 고객형 – 동전 던지기

[정답] ❹

[해설] 방문형(과제없음) 불평형(관찰, 생각과제) 고객형(행동과제)

08 치료자의 알지 못함의 자세(Not–Knowing Posture)에 대해 바르게 설명한 것이다. 틀린 것은?

① 내담자가 변화되어야 한다는 치료자의 기대를 직접적으로 전할 수 있다.
② 치료자가 언어적 · 비언적 행동을 통해 내담자에게 풍부하고 진실한 호기심을 전달하는 자세
③ 내담자로부터 많은 정보를 얻고자 하는 자세를 반영한다.
④ 안전감을 제공하며, 가족이 가진 정서적 · 내면적 억압을 제거해낼 수 있는 자세

[정답] ❶

11 Chapter

이야기치료

이야기치료에서는 우리의 삶은 이야기와 같다고 본다. 인생을 살면서 수많은 사건을 경험하게 되고, 시간이 지나면서 우리가 설정해 놓은 어떤 기준에 의해 그 일부만을 선택하고 그 사건을 기초로 우리의 인생 이야기를 써 나간다. 이야기치료의 화이트는 가족이 제시하는 문제 이야기를 가리켜 '삶을 짓누르는 지배적 이야기(Dominant Story)'라고 부르고, 이 문제 이야기를 경청하고 해체하여 대안 이야기를 구축하여 다시 이야기를 써 내려가는 과정을 제안한다. 인생을 사건, 순서, 구성, 주제를 가진 이야기로 이해하고 문제해결의 이야기를 다시 써 보는 것은 이야기치료가 문학적 특징을 지닌 치료라고 말할 수 있다.

마이클 화이트
(1948~2008)

데이비드 엡스턴
(1944~)

1 이론적 배경

이야기치료는(Narrative Therapy)는 해결중심 단기상담과 함께 1990년대 이후 널리 주목받기 시작한 상담적 접근법이다. 이야기치료는 철학, 언어학, 인류학, 문학비평, 사회심리학 등 광범위한 분야의 이론의 영향을 받은 접근방법이라고 할 수 있다(Kelly, 1996, 이선혜 역, 2004). 이야기치료는 마이클 화이트(Michael White)와 데이비드 앱스턴(David Epston)에 의해 발전되었다.

이야기치료의 철학적 배경은 이야기, 내러티브 등의 포스트모더니즘의 은유를 사용하고, 후기 구조주의와 같이 문제의 생성에 작용하는 사회문화적 영향을 해체한다. 또한 사회구성주의 관점을 취해서 인간의 행동이 내적 역동에 의한 것이 아니라 문화와 역사의 산물이며, 오랜 시간 동안 특정 맥락 속에서 만들어진다고 간주한다.

이야기치료는 페미니즘의 영향을 받아서 가족체계 내의 성역할, 성 정체성, 남성 지배적-여성 종속적 구조 등을 치료적 맥락으로 재생산한다. 이를 바탕으로 화이트는 개인의 정체성은 가족 내에서 형성되며, 개인의 문제는 사회적 맥락과 연결되어 있고, 가족의 정체성은 대인관계 속에서 재형성된다고 보았다. 한국에서는 2011년에 한국 이야기치료학회가 창립되었다.

2 기본 전제

1) 인간은 능동적 행위자

인간은 자신의 경험을 만들어내고 해석하는 존재이다. 자기 삶의 사건을 해석하고, 그에 대해 의미를 부여하는 데 적극적으로 참여하는 존재이다.

2) 이야기는 삶 자체

삶의 이야기는 개인의 삶을 반영하는 도구이자 개인의 삶 자체를 만들어내고 나아가 개인의 정체성을 이룬다.

3) 경험은 사회문화적 산물

개인이 자신의 경험에 부여하는 의미는 특정한 역사 · 문화적 맥락의 영향을 받는다.

4) 정체성은 사회적 산물

개인의 정체성은 타인과의 상호작용 속에서 만들어지고 또 끊임없이 다시 만들어진다.

5) 삶은 복합적인 이야기

인생은 여러 겹으로 구성되어 있고, 여러 가지 이야기로 이루어져 있으며 복합적인 목적이 있다.

6) 개인과 문제는 별개

문제는 문화와 역사의 산물이기 때문에, 문제를 갖고 있는 사람과 별개로 혹은 그 사람의 정체성과 분리하여 생각해야 한다.

7) 지향상태는 인간 삶의 방향

개인은 지향상태(자신의 삶에서 지향하는 바) 혹은 목적의식에 따라 행동하게 되며, 그 행동을 통해 다시 목적의식을 강화하는 과정을 거치면서 자신의 정체성을 만들어 나간다.

3 상담 목표 및 상담 과정

1) 상담 목표

단기적으로는 가족이 호소하는 문제를 감소시키는 것이며, 궁극적 목표는 가족 스스로가 자신들이 선호하는 방향으로 자기 가족의 이야기를 써 나갈 수 있도록 하는 것에 있다.

2) 상담 과정

▸ 문제의 해체 → 독특한 결과의 해체 → 대안적 이야기 구축 → 대안적 정체성 구축

– 사람과 문제를 분리하고, 문제의 내력과 문제형성의 사회적 맥락을 탐색한다.

사람과 문제의 분리 사례

Q. 비슷한 문제를 가지고 있는 대부분의 사람들이 일반적으로 하는 실수를 당신은 어떻게 피할 수 있었지요?

Q. 최근에 이 문제가 당신을 압박했을 때, 당신이 그렇게 되도록 놔두지 않은 순간이 있었나요?

Q. 당신은 어떻게 그렇게 했나요?

– 가족의 문제해결 지식과 기술의 새로운 조명을 통해 가족이 지향하는 가치나 신념을 드러내고, 가족이 삶에서 새로운 관계 방식을 찾는다. 나아가 자신들은 물론 주변 사람들이 가족에 대해 대안적 정체성을 새롭게 구성할 수 있는 기회를 제공한다.

문제의 새로운 조명을 통해 대안적 정체성을 새롭게 구성하기 사례

Q. 당신은 말썽부리는 아들의 문제에 있어 어머니로서 자신에 대해 어떤 결론을 내렸나요?

Q. 당신은 이 문제 때문에 남자친구와 당신과의 관계에 대해 어떤 결론을 내렸습니까? (관계가 문제를 만든게 아니라, 문제가 관계에 영향을 주고 있다는 것에 주목)

→ 불행한 이야기를 하도록 하고, 그 문제가 그녀를 괴롭히고 있다는 것을 인식하도록 한다. 가족이 역기능적이 아니라 문제가 그녀의 적임을 인식하기 시작한다.

– 내담자의 이야기를 해체하고 재구성하는 데 필요한 질문을 몇 가지 유형으로 나누고 각각을 지도(map)에 비유하고 있다. 이런 도식화 과정은 상담사와 가족 사이에 공감과 이해를 만들어 내고, 가족에게 힘을 부여하는 경험이 될 수 있다.

4 상담 기법 및 사례

1) 상담자 역할

치료자는 '탈중심적이고 영향력 있는' 위치를 고수해야 한다.

2) 상담 기법

(1) 문제의 경청과 해체 : 입장진술지도 I

① 가족의 문제 이야기를 경청하기

내방한 가족은 '문제로 가득찬 이야기'를 시작한다. 구성원들은 모든 것이 자신의 잘못이라면서 문제를 자기의 일부로 여기고 자신에게 책임을 돌리는 이야기를 한다. 치료자는 가족의 이야기를 좀더 상세히 할 수 있도록 격려하고, 지배적인 문제 이야기와는 정반대되는 이야기가 나올 수 있도록 가능성 있는 열린 자세로 경청한다.

② 사람과 문제를 분리하기(외재화: Externalization)

사람이 문제가 아니라 바로 문제가 문제다. 가족의 초기 이야기가 이루어지는 과정에서 치료자는 문제를 내담자와 분리하고, 객관화시켜 주기 위해 문제에 이름을 붙이고 의인화시키는 작업을 한다. 이같은 작업을 '외재화'라고 한다. 이는 내담자가 문제를 자신의 내면으로 끌어들이지 않고, 그 대신 문제를 상황이나 대인관계의 산물로 이해하도록 돕는다(예: 만약 이 문제에 이름이나 제목을 붙인다면 뭐라고 할 수 있을까요?). 아동의 경우 외재화된 문제를 그림이나 만들기 활동으로 대화를 촉진할 수 있다. 문제의 이름은 내담자의 경험과 일치해야 하고, 문제에 이름을 붙이는 과정에 내담자는 능동적으로 참여해야 한다. 문제의 이름은 진단명과 같은 명칭보다는 일상적 경험에서 활용되는 쉬운 표현이 바람직하다.

문제의 내재화	문제의 외재화
저는 강박증이 있어요. 저는 우울증이 있어요.	'강박적인 생각'이 당신을 긴장시키고 있군요. '우울'이 당신을 밖으로 나가지 못하게 하는군요. 우울이 당신 귀에 무엇이라고 속삭이나요?
남편은 분노조절장애가 있어요.	남편의 '욱하는 성질머리'라는 괴물이 모든 가족을 괴롭히고 있군요.

외재화의 대상은 감정(슬픔, 두려움, 죄책감, 분노), 대인관계 문제(비난, 질투, 갈등), 사회적 신념(싸우며 큰다), 관습 등 제한은 없으므로, 개인에게 영향을 주는 법과 정책도 외재화시켜 활용할 수 있다. 여러 가지 문제가 표출될 때 그들 간의 관계를 탐색하여 대화를 진행시켜 나간다.

문제의 외재화 사례

상담자 : 민수의 '말썽'이 두 분의 삶에 어떤 영향을 미치고 있나요?

아버지 : 민수는 우리 가족을 망치고 있어요.

상담자 : (어머니에게) 민수의 '말썽'이 어머니의 삶에 어떤 영향을 미치나요? '말썽'이 말을 할 수 있다면 어떤 말을 했을 거 같으세요?

어머니 : 제게 빵점짜리 엄마라고 했을 거예요.

상담자 : 그것이 어머니의 삶에 어떤 영향을 주었지요?

어머니 : 빵점짜리 엄마라고 생각하니까 너무 창피해서 다른 엄마들과도 어울릴 수 없고….

상담자 : 그렇다면 이 문제가 어머니를 소외시키고 있나요? 문제가 어머니의 삶에 또 어떤 영향을 미치고 있나요?

어머니 : 제가 민수 엄마로서 해주고 싶은 것을 할 수 없게 만들어요. 민수와 제 사이를 가로막고 있어요.
상담자 : 그 점에 대해 어떻게 느끼세요? 지금 그 문제 때문에 빵점짜리 엄마라는 생각이 들고, 소외되어 있고, 하고 싶은 일을 못하고 있는데, 그 점에 대해 어떤 느낌이 드세요?
어머니 : 너무 슬퍼요. (운다)
상담자 : 이 사실이 왜 그렇게 슬픈가요?

민수 어머니는 친정어머니와 좋은 관계를 유지하고 있었기 때문에 자기 아들과도 좋은 관계가 되길 바랐다. 자녀를 잘 돌보는 좋은 어머니가 되고 싶다는 인생의 목적을 갖고 있었던 것이다.

출처 : White, 2001b에서 발췌 수정.

③ 문제의 영향력 탐색하기

문제가 내담자의 삶에 어떤 영향을 미쳐 왔으며, 현재는 어떠한지를 질문한다. 문제를 확대시키는 신념, 관습, 생각은 어떤 것이 있는지 질문한다. 나아가 이 문제가 삶의 희망과 가치에 어떤 영향을 주는지, 미래에 어떤 영향력을 미치고 있는지 질문한다. 내담자가 특히 의미 있다고 여기는 영역에 초점을 두고 질문한다.

문제의 영향력 탐색하기 사례

- 자녀가 갖고 있는 '왕따'(문제)를 보면서 어머니로서 자신에 대해 어떤 생각이 드나요?
- 이 문제가 평소보다 심각하지 않았던 때가 있었나요?
- 문제를 대하기에 좀 더 자신감이 들었던 때는 언제인가요?
- '차별'이 존재하도록 만드는 우리의 문화나 관습은 어디로부터 왔을까요?

문제가 내담자의 성공과 실패에 어떤 영향력을 미쳐 왔는지 질문한다. 내담자가 작지만 문제를 통제할 수 있었던 때, 혹은 이와 비슷한 문제를 잘 처리했던 때를 기억하도록 하고 그에 대해 자세히 설명하도록 한다. 문제로 가득 찬 지배적인 이야기와 상반되는 이런 기억을 '독특한 결과'라고 한다.

④ **문제의 영향력 평가하기**

문제가 끼치는 영향력을 내담자가 인식하고 있는지 파악하기 위해 문제의 영향력을 내담자가 스스로 평가하도록 한다.

문제의 영향력 평가하기 사례

Q. 죄의식이 당신에게 어떻게 영향을 미쳤습니까? 그것은 어떤 다른 효과를 가집니까?

Q. 죄의식이 당신에게 뭐라고 합니까?

Q. 그것에 대해 어떤 입장인가요?

Q. (문제)가 그렇게 영향을 미쳐도 괜찮을까요?

Q. 지금 상황이 긍정적인가요? 혹은 부정적인가요? 아님 중간의 다른 견해가 있나요?

⑤ **평가를 정당화하기**

어떤 이유와 근거에서 위와 같은 평가를 내렸는지 질문한다. 이 단계는 독특한 결과나 의도된 상태에 대한 본격적인 대화로 이어갈 수 있는 토대를 마련하게 된다.

평가를 정당화하기 사례

Q. 속이는 행동이 딸과 부모를 분열하는 행동을 만드는군요.

Q. 지금 불편한 이유가 뭘까요? 그런 입장을 갖게 된 이유가 뭘까요?

Q. 당신이 살아온 인생 가운데 그런 입장을 이해하는 데 도움이 되는 이야기를 하나만 들려주세요.

(2) 독특한 결과의 해체: 입장진술지도 II

상담자는 문제해체 과정에서 도출된 독특한 결과에 가족 스스로가 의미를 부여할 수 있도록 한다. 입장진술지도 I과 같은 논리로 진행되지만, 여기서는 문제 대신 독특한 결과에 초점을 둔다. 독특한 결과는 내담자가 했던 행동이나 내담자가 지향하는 가치가 될 수 있는데, 이것은 내담자가 바라는 긍정적 삶의 모습을 담고 있는 것이어야 한다.

① 가족의 독특한 결과를 경청하기

내담자가 문제 상황이 일어나지 않은 상태를 강조하고 초점을 두기 위해서 미미하게라도 문제를 통제할 수 있었던 때, 문제를 만족할 만한 수준으로 처리할 수 있었던 때를 기억해내게 하고 이를 풀어내도록(Unpacking) 한다. 자신의 삶에서 '풍부한 설명'을 제시하고, 긍정적인 기억을 떠올리게 하여 그 기억에 대해 좀 더 구체적인 상황을 탐색하도록 한다.

긍정적인 기억 = '독특한 결과'라고 칭함

② 독특한 결과 외재화하기

문제를 외재화했던 방식처럼 독특한 결과에 이름이나 제목을 붙여 재정의한다.

예) 문제: 오랜 습관인 게으름

독특한 결과: 오랜 습관으로부터 내 인생을 회복하다.

③ 독특한 결과의 영향력 탐색하기

독특한 결과는 문제가 발생하지 않는 예외적인 상황일 수 있다. 상담자는 독특한 결과가 내담자의 삶에 어떤 영향을 미쳤는지 탐색한다. 그 성격과 일어나게 된 상황은 어떤 것인지, 그런 상황이 문제 이야기와 어떻게 맞아 들어가는지, 중요한 사람이 이것을 어떻게 생각하는지에 대해 질문한다. 상담자의 질문은 과거, 현재, 미래의 가족의 느낌과 행동, 생각으로 확대된다. 그리고 독특한 결과를 목격한 사람들의 생각을 추측해보도록 질문한다. 독특한 결과는 이 같은 해체 과정을 통해 더욱더 확고해진다. 가족은 자신의 경험에 대한 조망능력이 넓어지고, 좀 더 풍요로운 이야기를 쓸 수 있게 되며, 기대하지 않았던 계기를 통해 자신들이 진정으로 바라는 변화의 근거를 발전시킬 수 있게 된다.

독특한 결과의 영향력 탐색하기 사례

Q. 두 분 사이를 '막고 있는 담'이 좀 낮아질 때는 언제인가요?

Q. 두 분의 '담'이 두 분이 함께 쇼핑가는 것을 목격했다면 어떤 느낌이 들까요?

Q. 자녀들이 그 일을 알게 된다면 뭐라고 생각할까요?

④ 독특한 결과의 영향력 평가하기

독특한 결과의 영향력과, 영향력에 대한 내담자의 입장을 스스로 평가하도록 한다. 사건의 배경이나 장애물을 충분히 탐색해야 독특한 결과의 중요성을 축소하지 않고 내담자가 인식할 수 있다.

독특한 결과의 영향력 평가하기 사례

Q. 따님을 점령한 '거식증'이, 당신이 딸과 함께 하고 싶은 것을 빼앗아갔나요?

Q. '우울증'이 아빠를 지배하려고 할 때, 그것이 가족의 생활에 어떤 영향을 미쳤나요?

Q. '심술'이 아들을 소리치게 만들고 비명지르게 만들 때, 당신의 반응은 심술을 더 부추기나요? 아니면 덜 부추기나요?

⑤ 평가를 정당화하기

어떤 이유에 의해 위의 평가를 내리게 되었는지 질문한다.

평가를 정당화하기 사례

Q. 괜찮은 이유가 뭔가요? 혹은 괜찮지 않은 이유가 뭔가요?

Q. 그런 마음을 이해할 수 있게 이와 관련된 과거의 경험을 하나 이야기해 주시겠어요?

상담자 주의사항

가족이 독특한 결과를 제시했을 때 상담자가 아래와 같은 반응을 보이면 가족의 영향력은 줄어들고, 독특한 결과가 상담자에게 중요한 것으로 변할 수 있으므로 주의해야 한다.

- 새로운 사실에 좀 더 주의를 기울이고 긍정적으로 평가하라고 종용한다.
- 새로운 사실, 의미, 가능성에 대해 강한 긍정적 태도를 보인다.
- 새로운 사실의 결과나 잠재적 의미 혹은 가능성을 지적하려고 한다.
- 가족의 삶이나 정체성에 관한 긍정적 결론을 도출해낸다.(White, 2001)

독특한 결과의 외재화 사례

어머니 : 제인은 문제에 저항하고 싶어해요.

상담자 : 제인, 너 문제에 저항하고 싶은 거 맞니?

제 인 : 저항이 무슨 뜻이에요?

어머니 : (저항의 의미에 대해 설명해주자 제인이 웃으면서 그 말이 마음에 든다고 한다.)

상담자 : 놀이터에서 놀면서 엄마랑 어땠니? 긴장됐니?

상담자 : (어머니에게) 저항이라는 것이 어머니와 딸의 관계에 어떤 영향을 준 거 같아요?

어머니 : 마음이 편하고 긴장이 풀렸어요.

상담자 : 제인은 어땠어?

제 인 : 저도 엄마와 같아요.

상담자 : 그럼 편안했다는 거니?

제 인 : (고개를 끄덕인다.)

상담자 : (어머니에게) 이런 모습이 긍정적인가요? 아니면 부정적인가요?

어머니 : 긍정적인 방향으로 가는것 같아요.

상담자 : 제인은?

제 인 : 엄마와 같아요.

상담자 : 긍정적이라는 말이니?

제 인 : 네.

상담자 : 이게 어떻게 긍정적이라는 것인지 설명해 주시겠어요?

어머니 : 이게 바로 제가 바라는 거니까요. 제가 제인에게 그런 엄마가 되었으면 좋겠다고 생각해 왔어요. 아주 작은 일이지만 제겐 큰 위로가 되었어요.

상담자 : (제인에게) 이게 너한테는 어떻게 긍정적이니?

제 인 : 엄마와 같아요.
상담자 : 너도 엄마처럼 너의 딸에게 그렇게 할 거니?
어머니 : 그게 아니구요. 제 딸이 되겠다는 말이에요.
상담자 : 제인, 어머니 말씀이 맞니?
제 인 : (고개를 끄덕이며) 맞아요.
상담자 : 엄마가 또 맞추셨네. 딸의 생각을 두 번이나 맞히신 느낌이 어떠세요?
어머니 : (눈물을 흘리며 어머니로서 딸의 생각을 알아맞힌다는 것이 자신에게 얼마나 큰 의미가 있는 일인지 설명하기 시작했다.)

출처: White, 2001b에서 발췌 수정.

(3) 대안적 이야기의 구축 : 재 저작(Reauthoring)과 비계(Scaffolding)

- 내담자의 변화를 유발하는 작업이다. 내담자의 삶의 이야기를 다시 쓰는 작업으로 그 이야기의 토대는 독특한 결과이다. 독특한 결과는 일회적인 사건이 아니라 그 사람의 삶에서 존재하는 일련의 사건이다. 따라서 독특한 결과와 관련이 있는 과거 사건들을 찾아내고, 그 사건들이 순서에 따라 시간의 흐름 속에서 특정한 주제와 구성을 갖는 이야기로 재구성한다. 현재의 어려움을 탈피하거나 미래의 대안적 행동을 탐색하는 계기로 삼도록 돕는다.
- 스캐폴딩(Scaffolding) : 건축과정에서 거푸집(비계) 짓기와 유사하다. 과거의 사건을 찾아내서 그 사건들의 순서에 따라 특정 주제와 구성을 갖는 이야기로 만드는 것이 건물의 건축 시 사용하는 지지대(거푸집)와 유사하다고 하여 명명하였다.
- 자기 이야기는 행동과 의식 차원으로 구성되고, 행동의 전경 혹은 정체성의 전경으로 부른다.
- 대안적 이야기는 처음에 빈약하지만, 스캐폴딩 대화가 진행되면서 구성(Plot)이 풍부하게 발전하며 점차 분명한 제목(주제)을 가진 '새로운 이야기'가 구성된다. 내담자는 재 서작 대화를 통해 자신의 삶에 대해 간과했던 새로운 사실을 찾아

내고, 여기에 새로운 의미를 부여하는 적극적인 시도를 하게 된다. 향후에는 이러한 이야기대로 살아가도록 지향상태를 설정한다.

① 행동 영역의 질문

내담자가 자신의 과거에 행했던 일을 이야기 형태로 표현하도록 매우 구체적으로 질문한다. 언제/어디서/누가/무엇을/어떻게에 초점을 둔다. 행동 영역에서 출발하여 정체성 영역으로 이동해 나간다.

행동 영역의 질문 사례

Q. 제일 먼저 어떤 일이 있었나요?

Q. 독특한 결과가 이번이 처음인가요? 이전에도 있었나요?

Q. 잠시 그 당시로 돌아가서 어떻게 그렇게 할 수 있었는지 말씀해 주시겠어요? 실제로 뭘 하셨는지 기억이 나시나요?

Q. 최근에 이런 비슷한 일을 한 적이 있나요?

② 정체성 영역의 질문

내담자가 삶에서 지향하는 바나 삶의 의도나 목적, 신념, 가치, 희망, 삶의 원칙에 관해 다음과 같이 질문할 수 있다.

정체성 영역의 질문 사례

Q. 분노가 당신을 지배하려 들지만 당신이 그렇게 하도록 놔두지 않았던 적이 있나요? 어떻게 그렇게 할 수 있었나요?

Q. 거식증이 딸의 몸에 대해 말하는 거짓말을 딸이 믿지 않았던 때가 있나요?

Q. 남편이 알콜중독에서 느끼는 압박감과 충동에 저항했을 때, 혹시 당신은 그 성취의 위대함을 인정하셨나요?

Q. 무엇이 중요했기에 그런 행동을 하게 되었나요?

Q. 당신이 중요하게 생각하는 문제가 뭔지 조금 더 자세히 말씀해 주시겠어요?

Q. 당신에 대해 이런 것들을 발견했는데, 이런 발견들은 당신이 손잡고 있는 자기혐오와의 관계에 어떤 영향을 줄 거라고 생각되세요?

▷ 자신의 이야기는 과거, 현재, 미래를 갖게 되면서 완전한 이야기가 된다.

(4) 대안적 정체성의 구축: 회원 재구성 대화

인생을 회원으로 구성된 클럽으로 보고, 치료적 과정을 통해 지지적 인물로 내담자의 인생회원을 재구성하는 기법이다. 인생클럽 회원들과의 관계 속에서 생산된 다양한 삶의 정체성, 삶의 지식과 기술 가운데 내담자가 선호하는 버전을 풍부하게 기술할 수 있다.

내담자 인생에서 의미 있는 정체성들이나 인물들과 의도적으로 만나기 위한 것으로, 특정 회원을 우대하거나 자격해지, 등급을 올리거나 내리는 일, 특정 의견을 존중하거나 무시하는 일 등 인생클럽의 회원을 정비할 수 있는 기회를 제공한다.

회원 재구성 대화의 특징과 효과(White, 2004)

- 인생클럽 회원과의 관계에서 만들어진 다양한 삶의 정체성과 지식 중에서 내담자가 선호하는 것을 풍부하게 적을 수 있다. 회원 자격을 검토하면서 정체성과 지식에 관한 이야기를 탐색하는데, 이는 내담자로 하여금 자신이 지식이 많다는 느낌을 갖게 하여 향후 삶을 어떻게 살아야 할지에 대한 구체적인 제안을 발전시킬 수 있다.
- 회원 재구성 대화는 내담자 인생에서 의미 있는 정체성이나 인물들과 만남을 갖기 위한 것이다. 이것은 세상을 떠난 사람, 병든 사람, 낯선 사람, 숭고한 사람, 어릴 적 장난감 등 모두가 포함된다.
- 회원 재구성 대화는 특정 회원에게 특권을 주거나 자격을 해지하거나 등급을 올리거나 내리는 일, 특정 의견을 존중하거나 무시할 수 있고, 이 기회를 통해 인생클럽 회원을 정비할 수 있다. 치료자의 권유로 나의 인생클럽에 가입하고, 나에게 해를 끼친 사람들은 '인생클럽'에서 제외시킬 수 있다.

① 의미 있는 대상의 기여 탐색하기

내담자의 삶에서 상당히 중요했음에도 불구하고 잊혀진 사람에 대한 기억을 이끌어 냄으로써 내담자로 하여금 위로, 격려, 지지를 받을 수 있도록 한다. 일반적으로 회원 재구성은 내담자의 삶에서 의미 있는 대상을 중심으로 전개된다. 내담자가 그 대상의 입장이 되어서 내담자의 정체성('나는 누구인가? 나는 어떻게 살아야 하는가?) 형성에 이 관계가 어떤 역할을 했는지 풍부하게 설명하도록 한다.

② **내담자의 기여 탐색하기**

방향을 바꾸어서 내담자가 의미 있는 대상의 삶과 정체성에 어떻게 기여했는지 설명하도록 한다. 내담자와 의미 있는 대상의 관계 구축이 새로운 정체성 형성에 기초가 되기 때문에 중요한 의미를 가진다. 상담자는 내담자가 '풍부한 이야기'를 계속 써나가고 확장할 수 있도록 그 과정을 촉진하는 역할을 수행한다.

(5) 대안적 정체성의 구축 : 정의예식과 외부증인집단

※ **정의예식**(Definitional Ceremony)

내담자가 자신이 선호하는 삶의 이야기를 청중(외부증인집단) 앞에서 사회적으로 인정받는 경험을 갖도록 하는 의식을 말한다. 정의예식은 말하기(Telling)와 다시 말하기(Retelling)를 예식의 주인공과 외부증인들이 교대로 실시하는 구조로 이루어진다. 사람들의 삶에 대한 대안적 주제와 대안적 줄거리가 풍부해진다.

'외부증인'들은 치료자 집단이나 내담자의 '인생클럽' 회원일 수 있다. 이들은 치료실에서 청중의 역할을 하거나 내담자의 집, 직장을 방문해 내담자 이야기의 청중이 된다. '외부증인'이 된 사람은 내담자의 이야기나 경험을 듣고 다시 말하기를 한다. 이것은 내담자의 대안적 이야기 말하기가 증인의 삶에 어떠한 의미를 주었는지 다시 말하게 함으로써 내담자의 대안적 이야기를 공명(Resonance)해주고, 인정해주는 데 있다. 정의예식은 참여자 모두 예식 이전과는 다른 지점으로 이동하는 지평의 확장을 경험할 수 있도록 해주는 치료적인 대화이다. 정의예식의 순서는 다음과 같다.

① 말하기(Telling : 1차) : 예식의 주인공이 자신의 삶에서 선호하는 이야기를 외부증인에게 말하기

② 다시 말하기(Retelling : 1차 다시 말하기) : 외부증인은 주인공의 이야기 중에서 자신에게 특별한 의미가 있었던 특정부분에 주목해 이미지를 형상화하고, 왜 관심을 끌었는지와 이 경험 이후에 예전과 어떻게 다른 사람이 되었는지 말하기

③ 다시 말하기의 다시 말하기(Retelling of Retelling : 2차 다시 말하기) : 예식의 주인공이 말하게 한다. 1차 말하기 방법에 따라 말한다.

④ 다시 말하기의 다시 말하기의 다시 말하기(Retelling of Retelling : 3차 다시 말하기) : 외부승인이 말하게 한다. 1차 말하기 방법으로 말한다.

(6) 치료적 문서의 활용

상담자는 여러 가지 형태의 문서와 글쓰기를 치료에 활용한다. 그 형태는 편지, 메모, 진술서, 목록, 수필, 계약서, 증서, 녹음 등으로 다양하며 형식의 제약이 없다. 앱스턴이 자주 사용한 방법으로 내담자의 문제 이야기나 해결지식 회기 중에 메모했던 것을 회기와 회기 사이에 내담자에게 보낸다. 내담자에게 그에 대한 정정, 삭제, 추가를 요청하기도 하여 진술서가 좀 더 정확히 작성되도록 할 수 있다.

가족평화 선언문

지금까지 '말다툼' 때문에 가족의 대화에 녹이 슬었고, '말다툼' 때문에 사랑과 존경이 다 고갈되었고, '말다툼' 때문에 씁쓸함만 가득했습니다.

우리는 이제 가족의 평화를 선언했고, '말다툼'이 고개를 들 때는 여지없이 쳐 버리겠다는 우리의 의지를 증명하기 위해 '말다툼 없는 식사시간'을 보냈습니다.

만일 '말다툼'이 어떤 식으로든 가족 대화에 함부로 끼어들면, 이를 경고하기 위해 가족 모두가 각자 힘닿는 한 할 수 있는 모든 것을 하겠다고 맹세했습니다.

이 선언은 가족들의 눈에 잘 띄고, 자주 가는 곳(냉장고, 거실, 화장실)에 붙여놓습니다.

경고가 필요한 상황이 발생 시에는 가족 중 누구라도 선언문을 크게 읽자고 제안할 수 있습니다.

선언문이 낭독되면 가족 간 말다툼과 미움의 종결을 확인하고 가족에게 협력과 평화가 되돌아 왔음을 알리는 의미에서 가족 모두 선언문에 귀 기울이기로 맹세하였음을 선포합니다.

날짜 :　　　　　　　　　장소 :

가족서명 :

[그림 11-1] 치료적 문서

출처: Freedman, Epstein, Lobovitz(1997). p. 135

(7) 임상 시 활용 가능한 정교한 질문들

해체하는 질문 (문제 외재화)	• 우울이 당신 귀에 무엇이라고 속삭이나요? • 이 문제로 인해 당신의 관계에 대해 어떤 결론을 내렸나요?
공간을 여는 질문 (독특한 성과)	• 논쟁이 당신의 관계를 지배할 수 있었지만 그렇지 않았던 때가 있었나요?
선호 질문 (선호경험 확인)	• 이런 방식으로 사태를 다루는 것이 더 나았습니까? 더 나빴습니까?
이야기 개발 질문 (독특한 성과로 새 이야기 개발)	• 이것은 당신이 그 전에 했던 것과 어떻게 다르나요? • 이렇게 하는 방식에 누가 일부 역할을 했습니까? • 당신 안의 이런 긍정적 변화를 가장 먼저 알아차릴 사람은 누구인 것 같나요?
의미 질문 (자기 부정적 이미지에 도전)	• 그것을 할 수 있었던 것에 대해 그것이 당신에게 뭐라고 말합니까?
이야기를 미래로 확장하는 질문 (변화를 지지하고 긍정적 발전강조)	• 내년에 무엇을 예견하나요?

(8) 이야기치료의 공헌점과 제한점

① 공헌점

- 이야기치료는 개인에게 영향을 미치는 광범위한 맥락, 치료윤리, 정치적 측면을 강조하고 있다.
- 다양한 문화권 내에 있는 가족에게 적용이 가능하다.
- 사회문화적 관습과 가치관을 비판적 시각에서 평가하고 해체하면서, 여기서 벗어나 자신의 삶에 관한 이야기를 자율적으로 다시 쓸 수 있도록 도움을 준다.

② 제한점

- 다양한 학문과 이론의 접목으로 인해 상담의 기본원리를 이해하는 것과 상담기법을 적용하기 위해서는 많은 훈련이 필요하다
- 가족체계 내 가족 간 갈등과 관계의 역동성, 세대 간 전이 등의 문제를 간과하는 측면이 있다.

중요내용 핵심체크

- 독특한 결과(unique outcome) : 내담자는 자각하지 못했을 지라도 문제로부터 영향을 받지 않았던 순간들을 말한다. 자신에 대한 부정적인 관점을 도전할 수 있도록 하기 위한 방법의 일환으로 독특한 결과를 찾아냄
- 문제가 포화된 이야기(problem-saturated stories) : 내담자가 치료에 가지고 있는 일상적이고 비관적인 이야기들로, 그들이 문제상황을 빠져나가지 못하도록 막음
- 외재화(externalization) : 마치 문제가 사람 바깥에 있는 것처럼 의인화하는 기법
- 재구성(reconstruction) : 경험에 대한 새롭고 긍정적인 이야기들을 창조하는 기법
- 탈구성(deconstruction) : 당연시 여기던 범주와 가설을 검토해 의미를 탐색하고 가능한 좀 더 새롭고 건강한 구성을 만들어 냄
- 해석학(hermeneutics) : 근본적으로, 모호한 것으로 이해되는 문자적인 본문이나 인간의 경험을 의미 있는 수준으로 해석해 분석하는 방법

평가 문제

01 마이클 화이트는 삶은 (   )와 같으며, 내담자의 문제를 분리하여 (   )하는 방법을 구상하였다. 이야기를 통해 삶을 재해석하고, 새로운 (   )을 구축하도록 돕는다.

[정답] 이야기, 외재화, 정체성

02 이야기 가족치료는 내담자가 문제로 여기는 이야기를 (   )하고, 그 이야기를 내담자 스스로 (   )하도록 한다.

[정답] 해체, 재구성

03 이야기치료에서 문제의 외재화는 문제를 외부로 표출시키는 (   ) 기법이다.

[정답] 의인화

04 이야기 가족치료에서 상담의 주된 방향은 (   )과 (   )이다.

[정답] 질문, 담화

05 (   ) 가족치료는 이야기를 통해 자신이 타인과의 상호작용 안에서 존재한다고 생각한다.

[정답] 이야기

06 다음 중 이야기 가족치료에 대한 설명으로 올바른 것은?

① 이야기 가족치료에서는 가족의 역사에 주의를 기울이지 않는다.
② 가족 전체와 작업을 한다.
③ 치료자는 내담자의 강점과 자원이 풍부했던 때를 탐색한다.
④ 치료자는 가족에게 전문가의 위치에서 지시를 한다.

[정답] ❸

07 다음 중 이야기 가족치료에 대한 설명으로 거리가 먼 것은?

① 이야기는 미래의 삶을 형성해 주는 구조이다.

② 이야기는 실제 살아가는 방식에 영향을 미친다.

③ 마이클 화이트는 문제를 외재화하는 방법을 구상했다.

④ 이야기를 통해 삶을 재해석하고, 새로운 정체성을 구축하도록 돕는다.

[정답] ❶

[해설] 현재

12 Chapter

가트맨 부부상담

부부가 결혼을 통해 각자의 원가족 관계지도에서 분리되어 새로운 부부 관계지도를 만들어 가는 과정은 쉽지 않다. 왜냐하면 너무나 친숙한 원가족의 신념체계와 관계패턴은 부부 각자에게 자동적으로 작동하기 때문이다. 따라서 새로운 가정을 이루고 부부로서, 남편과 아내로서의 역할이 시작된다는 것은 부부 각자가 원가족의 신념체계와 관계패턴을 알아차리고 부부 두 사람의 신념체계와 관계패턴으로 새롭게 조율하고 만들어가는 과정이 전제됨을 의미한다.

21세기 들어와서 부부 · 가족상담자들은 더욱 명확하게 부부 불화를 이해하게 되었다. 부부 불화는 부정적 정서가 지배적이고, 협소하고 제한된 상호작용을 보이는 특징이 있다(Gottman, 1994)는 것이다. 부부상담의 적용범위는 점차 넓어져서, 우울증, 불안장애, 만성질환과 같은 증상까지 범위가 확대되고 있다(Johnson, 2002). 친밀한 관계와 사회적 지지가 면역체계의 기능, 스트레스, 정신적 충격을 효과적으로 개선시켜서 개인의 신체, 심리적 건강에 영향을 미치고 있고, 친밀한 관계에서 제공되는 애정어린 위로가 신체, 정신질환을 막아주고, 질환 회복력을 증가시킨다고 보고되고 있다(Taylor, 2002). 흡연보다 고립이 인간에게 더 위험하고(House et al., 1998), 타인에 대한 신뢰가 심혈관계에 긍정적인 영향을 미치고 노화를 방지하는 데 효과가 있다고 한다(Uchino, Cacioppo, & Kiecolt-Glaser, 1996).

이혼이 부부, 가족, 지역사회, 국가에 미치는 부정적인 영향을 인식함에 따라(Cummings & Davis, 1994), 부부치료는 점차 정신건강에 중요한 개입으로 인식되고 있다. 가정에서 부부의 친밀하고 질적인 관계는 가족체계에 기본적이고 직접적으로 영향을 주는 중요한 요인이기 때문이다.

부부의 이혼은 자녀의 발달에 치명적인 영향을 미치게 된다. 스웨덴에서는 자녀가 만 16세가 되기 전까지는 즉각적인 협의 이혼을 못하도록 규정하고 최소 6개월간의 숙려기간을 갖도록 한다. 이는 부부의 이혼이 어린 자녀들에게 미치는 악영향을 최소화하려는 국가적 노력이라고 할 수 있다. 미국 정부와 법무부 등 공신력 있는 기관에서 발표된 통계에 따르면, 이혼가정의 자녀들은 중퇴율이 높고 또래로부터 왕따를 당하거나, 행동장애, 성 문제에 노출 빈도가 높고, 평균수명도 이혼하지 않은 가정의 자녀들보다 짧았고, 최빈층으로 전락하는 비중이 높았다고 한다. 부모가 이혼한 가정의 자녀들이 병원에도 더 자주 다니고, 향후 직장생활과 결혼생활의 질과 상관관계가 높았다. 정서도 대물림되어서 이혼가정의 아이들이 다시 이혼할 확률이 높았다. 자녀가 50이든 60이든 성인일지라도 부모가 이혼을 하면 그 시점에서 관계의 뇌는 재구성된다고 할 수 있다.

부부가 오랜 세월을 서로 사랑하고 헌신하며 백년해로 한다는 것은 어렵고 많은 에너지와 노력이 필요하다. 부부의 백년해로의 길은 쉽지 않지만, 결혼생활에 충분한 시간을 갖고 노력한다면 반드시 성공할 수 있을 것이다.

행복한 부부, 관계의 달인들은 배우자에 대해 잘 알고, 호감과 존중을 자주 표현하고, 서로의 욕구를 적극적으로 충족시켜 주려고 노력하고, 서로의 영향력을 받아들이면서 갈등을 해결하고 타협하고 수용해 나간다. 행복한 부부에게는 사랑, 우정, 배려, 공유된 이야기와 편안함이 있다.

12장에서는 여러 부부치료 프로그램 중에서 경험적으로 효과가 입증되고, 변화과정을 명확하게 설명할 수 있는 가트맨 부부치료 프로그램을 소개하고자 한다.

1 이론적 배경

가트맨 부부상담은 상호작용의 패턴을 변화시키는 데 초점을 두므로 행동주의적이며, 정체된 갈등의 접근과 의미 나누기 시스템을 구축하는 점에서 실존주의적이다. 또한 부부들이 그들의 관계에 대해 생각하는 방식과 그들의 감정에 대해 느끼는 방식(초감정, Meta-emotion)에 초점을 두고 있는 인지적 부부상담이면서 부부가 그들의 과거와 인생목표, 역경에 관해 구술하는 스토리에 초점을 둔 이야기치료이기도 한다. 포크너(Faulkner)가'과거는 죽은 것이 아니고, 심지어 지나간 것도 아니다' 라고 말했듯이 가트맨 부부치료는 원가족이나 두드러진 과거의 관계들이 '지금, 현재, 여기'의 관계에 미치는 영향을 분석하는 정신 역동적인 부부상담이라고 할 수 있다.

가트맨 부부상담은 아래와 같은 건강한 관계의 모델로 설명될 수 있다.

2 상담 목표

가트맨 부부상담은 정서를 기반으로 부부들이 치료에 가져오는 감정, 역기능적인 부정적 상호작용 패턴과 갈등을 기능적이고 건설적으로 논의하기 위해 '이혼으로 가는 4가지 독(Four Horsemen)을 해독제로 치료하는 것과 감정적 보수작업과 안정, 신뢰, 결속, 사랑, 친밀감 등 긍정적 정서회복을 돕는 데 목적이 있다.

3 상담 과정

다음 [그림 12-1]의 건강한 관계의 집은 7층의 구조로 되어 있다.

행복한 관계의 집의 첫 영역은 부부의 우호감 증진에 관한 것으로, 사랑의 지도(서로에 대해 아는 것), 호감과 존중체계, 그리고 다가가는 대화 또는 멀어지는 대화 등 부부의 긍정적 정서통장에 대한 개입방법을 소개한다.

두 번째 영역은 긍정적 또는 부정적 관점으로, 내담자 부부가 부정적 관점을 지닌 부부인지 아닌지 사정(Assess)하는 것을 돕는다.

세 번째 영역은 갈등조정에 관한 것이다. 이 단계에서는 부부문제 중 어느 것이 풀 수 없는 영속적 문제인지 어느 것이 풀 수 있는 문제인지 정하는 것을 돕는다. 갈등조정에 주목함과 동시에 거칠게 시작하기를 하는지 안 하는지, 영향력 받아들이기를 하는지, 보수작업이 효과가 있는지 없는지 그리고 양쪽 배우자가 양보와 타협을 얼마나 잘 하는지를 사정(Assess)하는 것을 돕는다. 풀 수 없는 영속적 문제에 주목함과 동시에 영속적 문제에 대한 꽉 막힌 정체상태가 있는지, 4가지 독이 관계를 망치고 있는지, 부부가 감정의 홍수에서 어떤 반응을 보이는지, 부부가 정서적 괴리감과 고독감의 상태가 되어가고 있는지를 사정(Assess)하도록 돕는다.

네 번째 영역은 상대 배우자의 꿈을 존중하는 것과 의미를 공유하는 부부의 능력에 관한 것으로, 부부관계의 첫 단계인 우호감에 영향을 주기 때문에 그 자체만으로도 매우 중요하다.

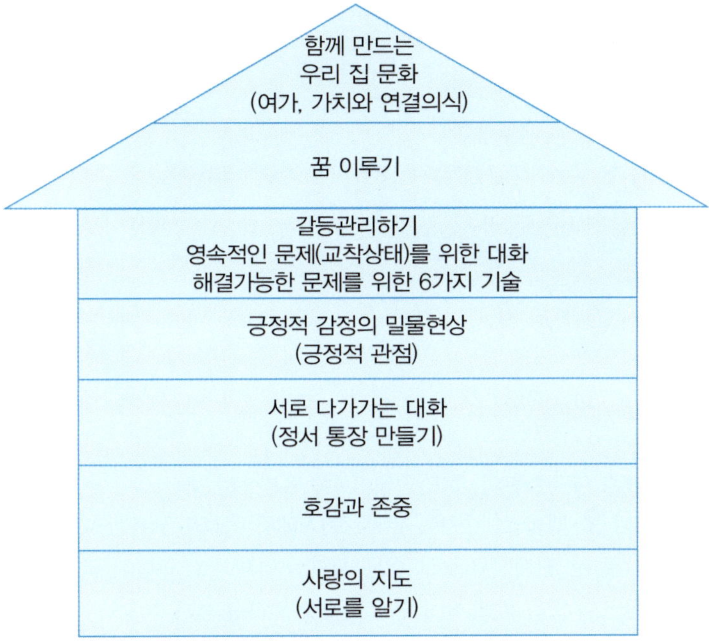

[그림 12-1] 가트맨의 건강한 관계의 집

4 상담 기법 및 사례

1) 사랑의 지도

행복한 우리 집의 기반인 사랑의 지도는 배우자의 내면 정서세계를 그린 지도이다. 부부가 서로에 대해 아는 것을 말하며, 정기적으로 서로에 대해 새롭게 알아가는 것이 이 과정의 목적이다.

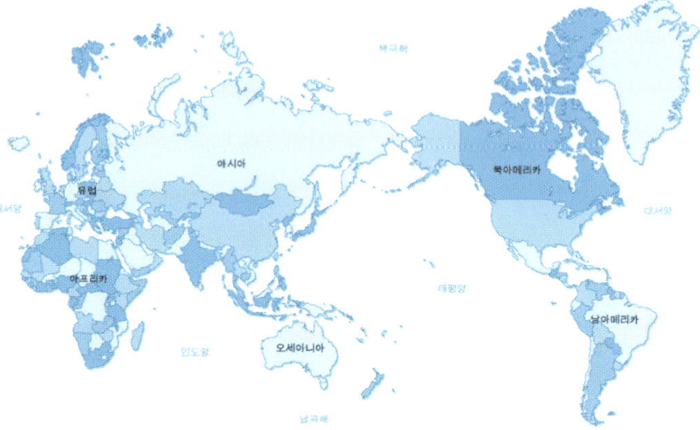

부부관계를 알아차리고 부부사랑의 지도 업데이트를 위한 질문들

- 지난 세월을 돌이켜 볼 때 어떤 순간이 두 분 관계에서 정말로 행복한 때였나요?
- 과거를 돌아볼 때 두 분 관계에서 정말 힘든 시기는 언제이고, 어떻게 극복하셨나요?
- 두 분 관계가 처음 결혼했을 때와 비교해서 어떻게 달라졌나요?
- 두 분이 결혼을 결심하게 된 과정이 쉬웠나요? 어려웠나요?
- 지금 두 분의 관계가 처음 만났을 때와 어떻게 다른가요?
- 두 분이 아는 부부 중에 특히 좋은 부부관계를 유지하는 사람들이나 부부 사이가 특히 나쁜 사람들을 생각해 보세요. 그 두 관계에서 차이점은 무엇인가요? 두 분의 관계를 그 두 부부와 각각 비교해 보신다면 어떨까요?
- 두 분의 부모님의 관계는 지금 두 분의 관계와 비슷한가요? 다른가요?
- "행복, 건강, 성공, 부부사랑, 자존심, 자녀, 돈, 학벌, 외모, 친구, 집, 명예"에서 중요한 가치관 순위를 배열한다면 어떻게 되나요?
- "함께하는 시간, 인정의 말, 선물, 헌신, 스킨십" 중에서 가장 중요하게 여기는 사랑의 언어는 무엇인가요?

배우자 간 추측게임방법

- 내가 생각하기에 당신이 요즘 가장 스트레스 받는 일은 ○○○인 거 같은데 맞나요?
- 내가 생각하기에 당신이 가장 좋아하는 노래나 가수는 ○○○인 거 같은데 맞나요?
- 내가 생각하기에 당신이 가장 존경하는 인물은 ○○○인 거 같은데 맞나요?
- 내가 생각하기에 당신이 어릴 때 가장 수치/자랑스러웠던 것은 ○○○인 거 같은데 맞나요?
- 내가 생각하기에 당신이 힘들 때 쉬고 싶은 마음의 안식처는 ○○○인 거 같은데 맞나요?

2) 호감과 존중

2층은 호감과 존중이며, 경멸에 대한 해독제이다. 기본적인 과정은 배우자의 실수를 세세히 관찰하고 고치려고 하는 습관 대신, 배우자가 잘하는 것을 유심히 관찰하고 감사, 호감, 애정, 존중의 문화를 만드는 습관을 만드는 과정이다.

배우자 장점, 호감

본인과 배우자의 장점을 50가지 정도 찾아서 기록하고, 그 중 배우자의 대표적인 장점 3가지와 관련된 에피소드를 말하도록 한다.

- 내가 생각하는 당신의 대표적인 장점은 요리를 잘하고 집안 식구들을 잘 챙겨주는 거예요. 지난 달 첫째 아이의 생일날 아침식사는 정말 특별하고 맛있었고, 아이가 원했던 생일선물을 미리 준비해 전해 준 당신의 배려심에 놀랐고 고마웠어요.
- 당신이 가족을 위해 늘 성실히 일하는 모습이 정말 자랑스럽고 고마워요. 피곤한데도 주말에 가족과 시간을 보내기 위해 매일 일찍 일어나서 출근하고 미처 못 끝낸 업무를 주중에 집중해서 마쳐주는 당신의 성실함과 노고에 감사해요.

3) 다가가는 대화

3층은 매일 매순간 서로에게 다가가는 대화 vs 멀어지는 대화에 관한 것이며, '정서통장' 만들기라고 한다. 배우자가 어떻게 연결을 시도하고, 정서적 요구를 표현하는가를 인식하는 것이다. 멀어지는 대화 혹은 원수되는 대화를 하기보다는 부부간 다가가는 대화를 하도록 돕는 게 이 단계의 목적이다. 작은 선택이 부부생활에 큰 영향력이 줄 수 있음을 알 수 있다.

부부간의 3가지 대화 – 배우자의 말 "날씨 좋다"에 대한 반응

- "내 열쇠 어디 있어?"(멀어지는 대화)
- "시끄러워. 날씨 좋다고 놀러갈 생각만 하는군! 날씨 좋으니 청소나 해!"(원수되는 대화)
- "정말 날씨 좋다. 우리 지난번에 화창한 날 산책했던 기억이 나네. 참 기분 좋았는데. 오늘도 같이 걸을까?"(다가가는 대화)

4) 긍정적인 관점

4층에 해당하는 '긍정적 감정의 밀물현상(Positive Sentiment Override)'은 앞의 3층에 덤으로 오는 결과이다. 긍정적인 관점은 문제해결 논의에 긍정적인 영향을 주며, 갈등해결을 하는 동안 화해 시도의 성공을 돕는다.

만약 건강한 관계모델의 첫 3단계가 실패한다면, 사람들은 '부정적 정서 압도감(Negative Sentiment Override)' 상태에 놓이게 되어 배우자의 중립적이거나 긍정적인 메시지도 부정적으로 받아들이게 하고, 부정성에 대해 과도하고 예민하게 만들게 된다. '적대적 성향'이 된 것이다. 중요한 것은 부부의 우호감을 질적으로 개선하지 않으면 부정적 감정의 밀물현상을 긍정적 감정의 밀물현상으로 변화시키는 것은 불가능하다.

사람들은 부정적 정서에 압도되는 상황에 진입한 이유가 충분히 있을 것이므로, 이런 상태에서 배우자는 더 이상 친구가 아니라 적으로 보이게 된다. 이런 상태를 변화시키기 위해서는 처음 3단계를 사용하여 부부의 우호감이 형성될 필요가 있는 것이다.

5) 갈등 관리하기

관계의 집 5층은 갈등조절에 대한 두 개의 부분으로 되어 있다. 치료자는 부부가 관계에서 반복적이고 부정적인 사이클에서의 핵심 문제를 규명하도록 도와준다. 치료사는 부부로 하여금 무엇이 촉발제 역할을 하는지 이해하도록(예: 비난, 방어, 경멸, 호전성) 도와주고, 배우자 개인의 과거사에서 이들 촉발제를 설명해주는 어떤 내막이 있는지 이해하도록 도와줄 수 있다.

4가지 독과 해독제의 대화 및 사례

• **비난** : 상대방의 잘못된 행동을 초점에 두고 부정적 감정을 담아서 말하기
"당신 맨날 술이야?" "당신은 도대체~" "왜 그래?" "어째 당신은…" "또, 또, 또"
"제발 치워, 이게 뭐야."

≫ **해독제 : 나를 주어로 사실(Fact) + 나의 감정 + 요청하기(내가 원하는 것은~)**
"당신이 어제, 오늘 술에 취해 밤 12시가 넘어서 귀가하는 모습을 봤을 때, 건강과 위험한 돌발상황이 걱정되요. 월 2~3회 범위 내에서, 자신의 주량을 지키면서 음주하고 11시 이전에 귀가하는 모습을 본다면 정말 내 마음이 편안하고 고마울 거 같아요."

• **방어** : 난 문제 없다는 식으로 자신을 방어하기 + 상대 탓으로 돌리기
"내가 언제?" "누구 탓을 해." "난 정상이야." "당신이 더 문제야."
"왜 나한테만 뭐라 해." "난 잘못 없어." "당신이 그러니까 내가 이러지."
"내가 언제 맨날 술이야. 그제도 안 마셨는데. 당신 잔소리땜에 더 마시고 싶네."

≫ **해독제 : 사실에 대해서 인정하기(부분인정)**
"어제와 오늘은 내가 술을 마시고 12시 넘어 귀가했지."

• **경멸** : 상대가 인격적으로 자신보다 못하다는 뉘앙스의 모든 언어, 비언어적인 표현(한숨, 손가락질)
"니네 집에선 그렇게 배웠니?" "부모님이 그렇게 가르치던?" "당신이 정신이 있는 사람이야?" "거울도 안 보고 사냐." "주제파악이나 하시지." "제정신이야?" "어째 동생보다 못하니?"
"옆집 남자 반만 닮아라." "멍청하긴." "꼬라지 하고는."

≫ **해독제 : 상대방의 노고를 인정하기**
"당신이 가족을 위해 표나지 않는 집안일하느라 고생하는 거 정말 고마워요."
"당신이 나와 아이들 먹여살리느라 자존심도 내려놓고 애쓰는 것 잘 알아요."

• **담쌓기** : 그 문제에 대해서 말하지 않고 지내기
"말해봤자 소용없어." "됐어. 그만하자." "또또또!" "귀마개 어딨지?" "그놈의 잔소리~" "말 안해."
"대화가 안 통해." 침묵시위하기

≫ **해독제 : 자기진정 후 24시간 이내로 그 문제에 대해 해독제의 대화로 대화 다시 하기**

비난의 해독제-부부의 감정 도구상자(내가 느꼈던 감정은…….)

1. 방어적인
2. 아무도 들어주지 않는
3. 상처받은
4. 감정이 복받치는
5. 화난
6. 슬픈
7. 사랑받지 못하는
8. 오해받는
9. 비난받는
10. 당신의 불평에 모욕감을 느낀
11. 당신이 나를 싫어하는 듯한
12. 배려받지 못한
13. 걱정되는
14. 두려운
15. 위험한
16. 긴장되는
17. 내가 맞고 당신이 틀린
18. 둘 다 부분적으로 일리가 있는
19. 걷잡을 수 없는
20. 좌절한
21. 화낼 이유가 충분한
22. 도덕적으로 정당한
23. 부당하게 비난받은
24. 인정받지 못한
25. 환영받지 못한
26. 매력적이지 않은
27. 멍청한
28. 도덕적으로 너무 화나는
29. 당연시 여겨지는
30. 떠나고 싶은
31. 이야기를 끝까지 하고싶지 않은
32. 감정에 압도당하는
33. 진정이 안되는
34. 완고한
35. 무력한
36. 영향력이 없는
37. 꼭 이기고 싶은
38. 내 의견은 상관없는(내 의견은 중요치 않은)
39. 아무런 감정도 없는
40. 나도 내 마음을 모르는
41. 외로운
42. 소외된
43. 꽉 막힌(융통성 없는)
44. 죄책감이 느껴지는

방어의 해독제-부분 인정하기 사례

아내 : 다툼에서 내가 기여한 바는 당신에게 너무 비판적이었고, 쉽게 화를 낸 점이예요.

남편 : 당신도 절망적인 기분이 들었을 거예요. 나도 예민했고, 당신의 말을 잘 들어주지 않고 외면했어요. 미안해요.

다툼에서 자신이 기여한 바를 인정하는 표현들

1. 짜증을 많이 냈다.
2. 당신에 대한 감사를 표현하지 않았다.
3. 당신의 고마움을 몰랐다.
4. 너무 예민했다.
5. 너무 비판적이었다.
6. 속에 있는 생각을 많이 나누지 못했다.
7. 정서적으로 당신과 교감하지 못했다.
8. 평소보다 당신을 외면했다.
9. 너무 쉽게 화를 냈다.
10. 우울했다.
11. 다정하지 못했다.
12. 스트레스를 아주 많이 받았다.
13. 우리를 위한 시간을 내지 못했다.
14. 당신의 말을 잘 들어 주지 못했다.
15. 필요한 것을 부탁하지 않았다.
16. 희생자처럼 굴었다.
17. 혼자 있어야 한다고 생각했다.
18. 다른 사람을 배려하는 데 관심이 없었다.

경멸의 해독제 : 인정과 감사의 말(admit & appreciation) 사례

남편 : 당신이 지금 하려는 얘기가 뭔지 알겠어요. 어머니가 화를 내신 게 당신 잘못이 아니란거 알겠어요. 그리고 이건 당신 만의 문제가 아니라 우리의 문제예요. 당신의 지금까지의 시댁에 잘하려고 애써 왔던 노력에 고마워요.

아내 : 내가 당신에 대해 존경하는 점은 당신이 어머니 문제는 예민할 텐데도 항상 먼저 나의 입장을 배려해주고 이해해주려는 태도와 말을 해주는 점이예요. 고마워요.

〈갈등유형 1〉 해결 가능한 부부문제(31%)의 솔루션

1. 부드럽게 시작하기(부드러운 목소리로 차분한 대화 시작하기)
2. 자기 진정하기(self soothing–신체 생리적인 자기진정을 포함한다)
3. 배우자의 영향력을 받아들이기
4. 화해(긍정적인 정서를 사용하기)

부드럽게 시작하기의 원리 및 사례

1. 칭찬으로 먼저 시작하라–상대방이 잘하고 있는 것에 대한 고마움을 표현하라.
2. 본인이 느끼는 갈등이나 문제점을 솔직하게 이야기하고 본인에게 그게 왜 중요한지 말하라. (… 는 나에게 정말로 중요해, 왜냐하면….)
3. 본인이 원하는 것에 대해서 긍정적으로 요청하라.

About (…… 에 대해서)

I feel (내가 느끼는 감정은…)

I need (내가 필요한건… 내가 원하는 건…)

아내 : 당신이 요즘 음주 횟수와 음주량을 줄이고 예전에 비해 일찍 귀가하는 점은 고마워요. (칭찬)

그런데 요즘 나는 체력에 한계를 느껴요.(...에 대해서)

2시간마다 아이를 돌보기 위해 밤에 일어나야 하고, 낮에는 가사일을 하면서 지치고 힘들고 외로워요.(내가 느끼는 감정)

나에게 필요한 것은 주중 하루와 주말 하룻밤만이라도 밤에 숙면을 취해서 활기를 되찾는 것이예요.(내가 필요한 것은..)

내가 당신에게 정말 원하는 것은 주중과 주말의 하루 저녁에 아이의 기저귀가는 일과 분유 먹이는 일을 맡아 주는 것이예요. 그렇게만 해 준다면 내가 아이를 더 잘 키울 수 있고, 외롭거나 슬프지 않고 가사와 육아를 할 수 있을 거 같아요.(내가 원하는 것은...)

진정하자고 제안하는 말(calm myself) 사례

아내 :
- 이건 정말 나한테 중요한 일이니 잘 들어줬으면 좋겠어요.
- 내 이야기를 들으면서 이해하려고 노력하는 모습을 봤으면 좋겠어요.
- 난 지금 당신의 지지가 필요해요.
- 내가 진정할 수 있게 좀 더 부드럽게 대해주면 좋겠어요.
- 잠시 내가 진정할 수 있게 쉬었다가 다시 대화했으면 좋겠어요.

동작을 멈추는 말(stop argument) 사례

남편 : 우리 대화가 딴 길로 새고 있는 거 같아. 내가 틀렸을 지도 모르니까 잠시 대화를 멈추고 쉰 다음에 다시 대화하자.

〈갈등유형 2〉 영속적이고 풀리지 않는 69%의 부부 문제 솔루션–풀려고 하지말고 잘 관리하라!

• 영속적인 갈등의 주제란?
  – 이 문제만 나오면 배우자에게 거부당하는 기분이 들고, 지겹게 싸우고, 또 싸워도 같은 지점에서 맴돈다
  – 각자 고지를 틀고 앉아 방호벽 속에 몸을 사리고 자기 입장만 고수하면서, 아무리 싸워도 좌절감과 상처만 깊어간다
  – 미소, 유머, 애정이 깃들 여지가 없으며, 서로 비방하고 서로를 방호벽 속에 깊이 숨게 하고 대화와 타협의 여지를 안 남기면서 결국 감정적 이혼으로 치닫게 된다.
  – 부부의 문제 중 69%는 풀리지 않는 영속적 갈등의 주제이다. 이 주제는 각자의 유전자, 환경, 성장과정 등을 통해 오랫동안 형성되어 왔고, 싸우든 안싸우든, 이혼을 하든, 안하든, 좀처럼 풀리지 않는다.
  – 왜냐하면 영속적 갈등의 주제속에는 서로의 특별한 상징적 가치, 꼭 이루고 싶은 꿈, 깊은 실존적인 의미, 뼈아픈 상처가 내재되어 있다. 따라서 이것을 배우자에게 양보하면 자신의 꿈과 가치가 사라질 것 같아 절대로 양보하지 못하는 것이다. 가트맨박사는 이것을 '갈등 속의 꿈'이라고 표현했다.
  – 영속적인 갈등은 풀려고 하지 말고 '관리'하는데 역점을 두어야 한다.
    관계의 달인(행복한 부부)들은 이 주제를 다룰 때도 1:5의 긍정성(유머와 호감, 존중감)을 표현하며 말하고 들을 수 있으며, 해결할 수 있는 31%를 해결하면서 잘 살고 있다.
    불행한 부부들은 해결할 수 있는 31%는 미뤄두고, 매번 이 주제를 가져와 갈등하고 절망감을 느끼고 살고 있다. 따라서 영속적인 갈등의 주제에 대해 서로 어떻게 평화를 공존하느냐에 따라 부부관계의 질은 달라진다.
    "배우자를 택하는 것은 일련의 문제 더미를 택하는 것이다"

• 행복한 부부는 영속적인 문제가 없을까? 행복한 부부도 69%의 풀리지 않는 영속적인 갈등의 주제가 있다. 하지만 이들은 이 주제를 대화할 때 상대의 이야기를 비난하지 않고, 존중하면서 들어주고, 상대의 영향력을 받아들이면서 서로의 꿈과 가치를 보호해 주는 동반자와 협력자가 되어준다.

  아내 : 이 문제에서 당신에게 중요한 것은 무엇인가요?
  남편 : 우리 부모님에 대한 부정적인 말을 듣지 않는거야.
  아내 : "이것이 중요한 이유를 말해주세요(혹시 당신의 성장배경과 관련이 있나요?)
  남편 : 부모님들이 무리한 며느리의 역할을 요구를 하시는건 이해가 돼. 그러나 어릴 때 나를 교육시키기 위해서 밤, 낮으로 일하시느라 큰 병을 얻으신 것 같은 미안함과 고마움이

나한테는 늘 있어서 당신으로부터 부모님의 비난을 듣는 것이 너무 마음이 아프고 화가 나.

아내 : 이 것을 이루지 못했을 때 그려지는 최악의 모습은 무엇인가요?

남편 : 당신과 부모님 문제는 타협하지 못하고 늘 다투기만 할 거 같고, 내가 존중받지 못하는 기분일거 같고, 당신에 대한 원망스러운 마음이 커질 것 같아.

아내 : 이 것을 이루었을 때 그려지는 최상의 모습은 무엇인가요?

남편 : 나와 당신의 부모님의 문제를 잘 타협하고 서로 한 팀으로 신뢰할 수 있게 되는 거야.

아내 : 나를 믿고 말해줘서 고마워요. 마음에 잘 새겨둘께요.

남편 : 나의 말을 잘 들어줘서 고마워요.

[필수 점검사항]

- 갈등 중에서 흥미, 애정, 유머, 동정심, 흥분, 부드러움의 긍정 정서가 5배 필요하다.
- 4가지 독의 대화를 해독제로 바꾸어 말하기
- 타협할 수 없는 배우자의 핵심영역을 듣고 이해할 수 있다.
- 타협할 수 없는 나의 핵심영역을 배우자에게 말할 수 있다.
- 부부가 영속적인 갈등의 주제를 평화롭게 공존하면서 대화할 수 있다.

부부간 영속적 갈등의 해결보다 더 중요한 것은...

Woody Allen의 영화에서 그는 머리와 몸매가 완벽한 여자를 찾고 있었다. 그런데 완벽한 몸매를 가진 여자를 찾았더니 머리가 나빴고, 머리가 좋은 여자를 찾았더니 몸매가 매력적이지 않았다. 그래서 그는 뇌를 바꾸는 수술을 하기 위해 유명 외과의사를 초청하였다.
그런데 지금 그에게는 완벽한 몸매와 뇌를 가진 첫 번째 여자와 불완전한 몸매와 불완전한 뇌를 가진 두 번째 여자가 있다. 그런 뒤 그는 두 번째 여자와 사랑에 빠지게 되었다.

이 이야기는 관계에서 가장 중요한 것은 영속적인 문제를 해결하려고 하지 않는다는 것이다. 그 대신 영속적 문제를 둘러싼 감정에 초점을 두고 다음 질문을 하는 것이다.

- "갈등을 다루는 동안 부부가 어떤 긍정적인 정서가 있었는가?"
- "4가지 독을 극복하고 있는가?"
- "영속적인 문제로 꽉 막혀 있는가?"이다.

부부관계를 급속히 망가뜨리는 감정의 홍수에 대한 이해

1) 감정의 홍수상태에 대한 인체 생리적 반응

- 미주신경(Vagus Nerve)이 억제되고 심박수가 증가한다. 아드레날린과 스트레스 호르몬이 분비되면서 혈액량이 증가하고 몸의 지협으로 가는 혈액량은 줄고 뇌로 가는 혈액량은 그대로 유지된다.
- 모든 지각과 인식이 생존에 필요한 곳으로 집중되고, 뇌의 전두엽과 번연계의 혈류는 뇌간으로 몰리게 되면서 공격하거나 도망하는 뇌간(파충류의 뇌) 반응-공격과 도망을 보이게 된다.

2) 감정의 홍수 상태에서 남, 녀 차이

- 가트맨박사의 연구에 따르면 병든관계에 있는 부부들의 감정의 홍수를 흔히 발견할 수 있었다고 한다. 아내는 대체로 감정의 홍수상태가 되면 얼어붙는 반응을 보이고, 남편은 싸우거나 도망가는 반응을 보였다.
- 특히 남편들은 두 가지 생각에 사로잡히는데 첫 번째가 내 분노는 정당하다이고 두 번째 생각이 난 아무 죄 없이 당하고 있다이다. 20~50대 남자들의 심장병 사망률이 여성의 2배에 이르는 것도 이와 무관하지 않은 결과라고 할 수 있다.
- 남편들의 이런 패턴과는 다르게 아내들은 관계를 개선할 생각을 더 많이 해서 계속 연결하고 대화하려고 한다. 남편의 흥분 상태에서 아내들의 연결 제의는 관계를 급속히 망가뜨릴 수 있는 위험 상황을 초래할 수 있다.
- 일반적으로 남성이 감정의 홍수에 쉽게 빠지고, 더 강한 심박수 증가와 분노표현, 회복에 시간이 오래 걸리는 반응을 보이지만, 여성 중에서도 어릴 때 심한 트라우마나 언어, 신체, 성폭력의 경험이 있을 경우 감정의 홍수에 쉽게 빠지고 회복시간이 오래 걸린다.

3) 감정의 홍수 상태의 해독제는

- 감정의 홍수상태에서는 상대의 말을 경청하거나 이해할 수 없게 된다. 따라서 부부는 대화를 멈추고 자기 진정이 최우선적으로 필요하다.
- 노르에피네프린(Norepinephrine), 부신피질 속의 호르몬은 해독효소가 없어서 혈액으로 해소되어야 하므로 최소한 20분의 시간이 걸린다.
- 자기 진정을 해야 두뇌에서 정보처리가 가능해지는데, 자기 진정을 위해서는 불쾌한 생각을 반복하거나 리허설하게 되면 진정이 더 어려워진다.

- 따라서 자기 진정을 위해서는 부부갈등의 자리를 벗어나서, 심호흡이나 산책, 음악듣기, 긴장이완법, 자신만의 효과적인 진정법 등을 이용해 진정한 뒤 최소 40분~2시간 후, 24시간 이내에 다시 부부간의 대화를 재개하도록 한다.

4) 감정의 홍수를 일으키지 않기 위해 부부가 해야 할 일
- 아내는 감정의 홍수를 일으키는 남편을 측은히 여겨서 "목소리를 낮춘다".
- 남편은 아내의 영향력을 받아들인다.
[예: 내 사전에 그런 말 없다(당신 말도 일리가 있네), 제발 나좀 내버려 둬(나도 생각해 볼게), 시끄러(당신 말을 잘 들었어), 당신이 알아서 해(언제까지 해주면 좋을까?)]

6) 꿈 만들기와 욕망 실현하기

갈등 시에도 지속적으로 긍정적이며 애정 어린 정서적 연결의 기초는 무엇일까? 부부치료자는 한때 부부문제가 해결되면 모든 형태의 긍정적 정서가 마치 진공 상태에서 공기가 빨려 들어가서 저절로 부부의 세계를 채워줄 것이라고 믿었던 적이 있다. 그러나 이것이 사실이 아니라는 연구결과들이 나오면서 긍정적 정서체계는 의도적으로 만들어야 할 필요가 있음이 밝혀지고 있다.

놀이, 즐거움, 실험/모험이 필요한데 건강한 관계의 집에서 이 단계는 배우자에게 꿈이 중요하다는 것을 깨닫도록 도와주고, 꿈과 소망을 실현하도록 관계를 효과있게 해 준다. 관계에 대한 이러한 패턴은 부부의 가치를 탐구하게 해주고, 맞물려 있는 갈등 상황이 풀리도록 돕는다.

부부의 공감표현-배우자의 영향력 받아들이기 사례

아내 : 당신이 그 순간 얼마나 고통스러웠는지 나도 느껴져요. 나라도 상사에게 화를 냈을 거 같아요. 그러니까 당신은 업무 성과를 하나도 인정받지 못해서 절망감이 들고, 상사에게 말해봤자 소용없다는 것을 확인하고 무력감이 든다는 것이지요? 여보, 난 언제나 당신 편이예요. 당신의 결정을 존중할 거예요. 나를 믿고 이야기해 줘서 고마워요.

남편 : 당신에게 털어놓고 공감과 지지를 받으니 한결 문제가 가볍게 느껴지네요.
그리고 힘이 나요. 당신의 배려와 지지에 고마워요. 사랑해요, 여보.

부부의 공감표현들

1. 정말 그랬겠군요.
2. 당신을 이해할 수 있어요
3. 얼마나 고통스러운지 알 수 있을 거 같아요
4. 나는 당신 편이에요.
5. 당신이 이런 일을 겪지 않았으면 좋았을 텐데.
6. 네. 이해할 수 있을 거 같네요. 그러니깐 당신은 ~ 한 생각(기분)이 든다는 말이죠?
7. 나라도 상처받았을 거예요.
8. 내가 당신을 가장 존경하는 부분은...

부부의 꿈과 목표의 공통점과 차이점 업데이트

- 나이가 많이 들어서 삶을 돌아볼 때 어떤 것을 이루면 기쁠 것 같습니까?
- 결혼과 관련 없는 인생의 목표가 있다면 무엇입니까?
- 재정적인 목표는 무엇입니까? 피하고 싶은 재정적 재난상황은 어떤 것입니까?
- 당신의 부모님도 당신과 비슷한 목표를 가졌었습니까? 아니면 다른 목표를 갖고 있었습니까?
- 우리 두 사람의 공통분모 혹은 차이점은 무엇인가요? 이 부분에 대해 얼마나 만족합니까?

7) 의미 공유하기

관계는 함께 삶을 꾸려가는 것을 말하며 삶은 의미로 가득 차 있다. 부부가 자신들의 시간과 자원들에 어떤 우선순위를 두는지, 자신들의 삶, 조상, 문화, 신념, 여가의 대화에서 그 사건들의 의미를 어떻게 결정하는지에 대한 의미 공유 체계를 만든다.

여기는 상징적인 의미들이 감정과 생각과 함께 살아 있으며, 가족들의 중요한 꿈, 이야기, 신비, 은유를 찾을 수 있다. 사람들이 감정과 내적 사고, 관계에 대한 은유, 신화, 이야기, 앨범, 추억거리도 있을 수 있고, 새롭게 창출해낸 문화와 의미도 있을 수 있다. 그들이 성장한 두 가족은 매우 다르므로, 두 사람은 새로운 의미의 세계를 창출하게 된다. 의식, 역할, 목표, 휴일, 여가, 놀이시간, 주말, 친구, 생일, 종교, 공식행사, 자녀, 보호자, 양육자, 배우자, 아버지, 어머니, 유산, 영성 등에 대해 질문하면서 배우자간 공통점과 불일치성, 우선순위를 조사한다.

건강한 관계의 집의 요소들은 쌍방향 관계가 있고, 서로를 알아가는 기초와 다시 순환되므로 상호연결되어 있다.

바람직한 부부역할(roles) 수립하기

- 배우자가 당신에게 어떤 의미인가요?
- 자신이 좋은 배우자인 것을 뒷받침할 수 있는 증거를 말씀해 보세요.
- 배우자의 역할에서 꼭 성취하고 싶은 게 있나요?
- 당신의 일과 직업은 당신에게 얼마만큼의 비중이 있고, 어떤 의미인가요?
- 당신은 일과, 다른 역할들(어머니, 아버지, 아들, 딸, 오빠, 언니, 친구)과 배우자로서의 역할 간에 균형을 맞추고 있나요? 맞추지 못한다면 어떤 이유 때문인가요?

부부의 상징(symbol) 조율하기

- 당신에게 '가정'과 '가족'의 의미는 무엇입니까?
- 당신에게 '사랑'이 삶에서 어떻게 나타나고 있나요?
- 당신에게 '결혼했다는 것'의 의미는 무엇입니까?
- 당신에게 '신뢰'란 어떤 의미입니까?
- 당신에게 돈은 어떤 의미입니까? 그것이 당신 삶에 어떻게 나타납니까?

바람직한 부부의식(ritual) 세우기

- 당신에게 가족이 함께 하는 식사하는 것은 어떤가요? 자랄 때 가족들과 함께 하는 식사는 어땠나요? 당신 가족에서 식사의 의미는 무엇입니까?
- 주말은 어떻게 보내시나요?
- 친구들을 초대하거나 즐거운 행사가 있나요? 이런 행사가 당신에게 중요한가요? 어떤 분위기를 만들고 싶나요?
- 부부로서 두 사람에게 특히 좋은 시간은 언제인가요? 가족 모두에게 좋은 시간은 언제인가요?
- 당신이 일반적으로 축하하는 때가 언제인가요? 생일? 기념일? 가족모임? 명절?
- 가족 중에 아픈 사람이 생기면 어떻게 하나요?
- 휴가와 여행이 당신의 삶에서 어떤 의미인가요?
- 집안일을 어떤가요? 부부가 함께 하나요? 언제 하나요?
- 지쳤거나 피곤할 때 부부가 어떻게 기분전환을 하나요?

중요내용 핵심체크

- **사랑의 지도(love map)** : 서로에 대해 알아가는 것
- **호감과 존중** : 호감과 존중의 말과 칭찬으로 상대에게 긍정적인 표현을 하는 것
- **다가가는 대화** : 부부간 멀어지는 대화, 원수되는 대화, 다가가는 대화 중 하나로 경청과 반영, 공감의 대화를 말함
- **4가지 독** : 비난, 방어, 경멸, 담 쌓기의 독은 부부관계를 망치는 지름길이다.
- **해독제** : 비난의 해독제는 나를 주어로 감정과 요청을 하는 대화, 방어의 담 쌓기는 부분 인정하기, 경멸의 해독제는 노고를 인정하기, 담쌓기의 해독제는 자기 진정 후 대화 재개하기
- **감정의 홍수** : 비난, 경멸의 말을 들었을 때 아드레날린, 스트레스 홀몬의 영향으로 뇌간으로 혈류가 몰려서 공격적 혹은 회피적, 얼어붙는 반응이 나타나는 것을 말함
- **영속적 갈등(갈등 속의 꿈)** : 부부간에 이 문제만 나오면 절망감이 들고 교착상태에 빠지는 주제로, 그 속에는 부부의 꿈과 가치 혹은 아픈 상처가 있어서 예민하고 소중하게 지키려고 한다.
- **타협하기** : 부부간 31%의 문제는 타협이 가능한 문제로, 부드럽게 시작하고 해독제의 대화를 통해 서로 이해하고 타협할 수 있다.
- **함께 만드는 우리집 문화** : 긍정성이 쌓이면 부부가 갈등을 잘 다룰 수 있고, 함께 꿈과 가치를 공유하며 만들어 갈 수 있다.
- **초감정(meta-emotion)** : 어릴 적 어른들로부터 들었던 신념체계 혹은 경험했던 감정체계를 말한다.

평가 문제

01 이혼으로 가는 4가지 독과 해독제는 무엇일까요? (　　　　)

독 ①	(　　　)	(　　　)	(　　　)	(　　　)
해독제 ②	(　　　)	(　　　)	(　　　)	(　　　)

[정답] ① 비난, 방어, 경멸, 담쌓기
② I 메시지 대화, 부분인정, 노고와 가치의 인정, 24시간내 대화 재개

02 가트맨의 7층 관계의 집에서 긍정성을 쌓기 위한 요소가 아닌 것은?

① 사랑의 지도　② 감정의 홍수
③ 다가가는 대화　④ 호감과 존중

[정답] ❷

03 부부간의 대화의 종류가 아닌 것은?

① 원수되는 대화　② 멀어지는 대화
③ 밀어내는 대화　④ 다가가는 대화

[정답] ❸

04 다음 괄호 안에 들어갈 적합한 단어를 쓰시오.

부부간의 영속적인 갈등을 해결하기 위해서는 상대의 (　　　)을 받아들이면서 서로의 (　　　)를 보호해주는 동반자가 되어 주는 것이다.

[정답] 영향력, 꿈과 가치

05 다음 괄호 안에 들어갈 적합한 단어를 쓰시오.

해결 가능한 부부문제의 효과적인 대화를 위해서 대화를 (　　　　) 시작하고 서로의 감정이 격해질 경우 (　　　) 진정이 중요하다.

[정답] 부드럽게, 자기(self)

06 부부가 원만하게 살아가려면 배우자에 대한 긍정적 정서표현 : 부정적 정서표현의 비율이 최소 어느 정도 되어야 할까요? (　　　　)

① 1 : 1　　② 2 : 1
③ 4 : 1　　④ 5 : 1

[정답] ❹

13 Chapter

가족 위기 상담

21세기는 암, 마약, 에이즈, 메르스, 조류독감, 코로나19 등의 바이러스와 국경없는 전쟁을 벌이고 있다. 또한 태풍, 화산폭발, 전쟁, 테러, 비행기 추락, 교통사고, 기아 문제 등이 끊임없이 일어나 전 세계가 고통받고 있다. 이같은 자연재해, 질병, 전쟁, 사고 등은 자신 및 가족의 상실이라는 트라우마를 경험을 하게 하고, 치유와 회복되지 못한 정서적 트라우마는 치명적이고, 장기적으로 개인과 가족에게 부정적 영향을 미치게 된다.

또한 가족관계에서 가장 중요한 1차 체계인 부부관계에서 외도가 발생할 경우 배우자의 외도를 경험한 상대 배우자는 외상 후 스트레스 증상으로 신체적, 정서적으로 극심한 고통을 경험하게 되며 PTSD 증상의 치료 및 무너진 부부관계에 신뢰를 다시 세우지 못할 경우, 상대 배우자는 10년 전의 배우자의 외도도 현재 진행형으로 느끼게 되면서 지속적 갈등으로 부부가 이혼하게 되거나, 이혼하지 않더라고 불신감의 주제는 부부 및 자녀들까지 관계 상실로 인한 고통이 대물림되게 된다.

테일러(2002)는 친밀한 관계와 사회적 지지는 면역체계의 기능과 만성 스트레스 및 정신적 충격을 효과적으로 개선시켜서 개인의 심리적, 신체적 건강에 영향을 미치고, 정신적 질환을 막아주고 회복탄력성을 증가시킨다고 보고하고 있다.

따라서 외적인 사건 트라우마와 배우자 외도로 인한 애착손상 트라우마는 모두 자기 자신을 포함한 친밀한 관계 상실의 고통을 주고, 개인과 가족의 신체적 면역체계 및 만성 스트레스, 회복탄력성에 중요한 영향을 미치므로 보다 전문적이고 안전한 방식으로 위기상담이 필요하다. 13장에서는 2가지 위기상담에 대해 다뤄보고자 한다.

1 부부 외도 상담

1) 외도의 정의 및 외도로 가는 5단계

외도란 배우자 이외의 다른 이성(혹은 동성)과 성적, 혹은 비성적인 부적절한 관계를 맺는 행동 모두를 말하며, 모든 외도는 배신이라고 할 수 있다. 부부 사이에 채워져야 할 욕구가 채워지지 않았을 때 일어나며, 안전하고 열정적인 부부관계에서는 일어나지 않는다. 부부관계에 부정성이 커지고, 틈이 벌어져서 일어나게 된다. 외도로 가는 5단계는 첫 번째로 배우자에게 비밀을 지니게 된다. 두 번째 단계는 배우자와 다른 이성(혹은 동성) 사이에 담과 창문이 뒤바뀌게 된다. 세 번째 단계에서는 부부관계를 버리고 네 번째 단계에서는 배우자를 믿지 못할 인간으로 여기기 시작하며 의심하고 이기적인 행동을 지속하며 외도를 합리화 하게 된다.

2) 외도에 대한 잘못된 신념체계

부부관계에서 외도 사건은 부부관계에서 가장 중요한 신뢰를 무너뜨리고, 가정을 산산조각 낼 수도 있으므로 외도 위기 상담은 중요하다. 외도문제를 다루기 전에 우선적으로 외도에 대한 잘못된 신념체계의 점검부터 필요하다. 상담자 자신의 신념 및 부부의 잘못된 신념체계의 점검은 이후 안전한 회복을 위해 매우 중요하다. 가트맨은 수십년간의 부부 연구를 통해 외도문제를 바라보는 잘못된 신념들에 대해 아래와 같이 언급하고 있다.

〈표 13-1〉 배우자의 외도문제를 바라보는 잘못된 신념들

1. 외도했던 일은 이야기하지 않는 것이 가장 좋다. 갈등을 피하고 냉정함을 유지하자.
2. 부부 모두에게 똑같이 잘못이 있다. 이 말을 다음과 같이 조금 더 미묘하게 표현하는 상담사도 있다. 외도한 사람도 잘못이 있지만, 외도 당한 사람의 잘못도 크다는 사실을 알게 될 것이다.
3. 아내가 외도한 경우가 훨씬 더 심각하다.
4. 직업여성과 외도했다면 그래도 낫다.
5. 다음 단계로 넘어가기에 앞서 우선 외도한 배우자를 용서해야 한다.
6. 같은 신앙을 가진 것만으로도 문제를 해결할 수 있다.
7. 외도를 당한 배우자가 화내는 것은 좋지 않다. 외도를 한 배우자를 더 멀어지게 할 것이기 때문이다.
8. 진정한 목표는 결혼생활을 끝내는 것이다. 화로서 슬프고 불안하고 두려운 감정을 감추려는 것이다.
9. 이 문제를 너무 부풀려 생각하고 있다.
10. 남자이기 때문에 어쩔 수 없다는 사실을 여자는 받아들여야 한다.
11. 감정이 폭발할 것 같다면 그것은 외도를 당한 사람이 문제 있기 때문이다.
12. 정해진 시한이 지나면 이 문제를 극복해야 한다.
13. 외도 후 몇 년이 지났다면 더 이상 문제가 되지 않는다
14. 외도를 당한 배우자가 ~했거나, ~하지 않았거나 상대방이 외도하는 일은 없었을 것이다.(성관계를 자주 했더라면)
15. 그런 식으로 말한 것이 외도의 궁극적인 원인이다.
16. 외도문제는 생물학적인 부분과 남녀간의 차이 때문에 일어난다.
17. 결혼생활은 자녀가 걷고 말할 수 있을 때까지 4년 정도만 지속되는 것이 정상이다. 외도는 피할 수 없는 부분이다.
18. 하룻밤의 섹스는 괜찮다.
19. 외도 당사자가 섹스 파트너를 사랑하지 않았다면 외도라고 할 수 없다.
20. 성관계만 가졌다면 외도가 아니다.
21. 성관계가 없었다면 외도가 아니다.
22. 정서적인 친밀감이 없었다면 외도가 아니다.
23. 당신의 심리적인 문제 때문에 배우자가 외도하게 된 것이다. 예를 들어 그렇게 질투하지 않았다면, 또는 상대방을 지나치게 통제하려 들지 않았다면 배우자는 외도의 필요성을 느끼지 못했을 것이다.
24. 섹스 온라인 채팅은 외도가 아니다. 상대방과 실제적으로 상호작용하는 것이 아니라 컴퓨터 마우스만 클릭하기 때문이다.
25. 대부분의 종에게 일부일처제는 자연스럽지 않다. 그런데 당신은 그러기를 기대했는가?

3) 외도 이외에 부부 배신감이 드는 10가지 주제와 해결책

다음 10가지 항목은 존 가트맨의 연구에서 보고된 부부가 배신감을 느끼게 되는 10가지 항목들이다. 각 항목별 설명과 해결책은 다음과 같다.

〈표 13-2〉 부부간 배신감을 느끼는 10가지 주제와 해결책

종 류	설 명	해 결 책
조건적 충절	• 유대감이 강해서가 아니라, 서로 간의 유대감을 강화하려고 동거 혹은 결혼을 강요하면 조건적인 관계가 형성될 가능성이 높다. 예) "당신 곁에 있을게. 더 괜찮은 사람이 나타날때까지만…."	유대감이 결과가 아니라 강한 유대감을 형성하기 위해 결혼(동거)를 시도한다면 결혼생활을 지속하기 어렵다. 유대감과 신뢰를 형성한 후 결혼해야 안전하다.
비성적인 불륜	• 그 사람(이성)과 대화하는 걸 보고 배우자의 마음이 불편하거나, • 그 사람(이성)과 주고받는 신뢰가 배우자를 화나게 한다면 그 관계는 위험하다.	1) 배우자에게 관계를 숨겼는가? 2) 그 우정에 대해 말 열지 못하게 하는가? 3) 그만 만날 것의 요구를 무시했는가? 4) 내가 정해 놓은 한계를 무시당했는가? 5) 부부관계가 좋지 않을 때 그 친구가 환상의 대상이 되는가? 위 5가지 항목에 한가지라도 해당된다면 배신감을 느끼게 되므로, 배우자가 요청하는 한계를 지켜주고, 상호 솔직한 대화가 중요하다
거짓말	• 평화를 유지하기 위해 하는 거짓말이 부부관계의 신뢰를 깬다. • 일단 진실이 드러나게 되면 거짓말을 하도록 만든 문제를 해결하면 된다. 그러나 거짓말을 알게 되면, 문제해결보다 거짓말(불신감)을 한 사실이 더 중요해진다.	만성적 거짓말(성격장애) 어릴 적 차갑고, 감정 무시하고, 벌주는 부모에게 양육된 사람들의 습관적 거짓말이 있다. 거짓말과 약속위반은 부부신뢰를 깨는 치명적인 주제이므로, 하얀 거짓말도 되도록 하지 말고, 솔직하게 말하는게 중요하다.
다른사람과 한편되어 배우자와 대립하기	• 아내와 친정어머니 vs 남편과 시어머니, 시누 • 어머니편을 들면서 배우자를 배반한다 • 한 남자의 인생에 제일 중요한 사람이 되려고 두 여자가 경쟁하는 관계 역동자체가 싸움의 근본원인이 된다	1) 아내가 우선인 걸 보여줄 책임이 있다. 2) 원가족이 아내를 비난할 시 그냥 넘어가면 안 된다. 3) 결혼의 사적인 영역에 관해서는 침묵을 지켜야 한다(부부싸움 시 더욱 그렇다). 4) 부부싸움 남편은 시어머니와 있는 시간, 아내는 친정어머니와 전화하는 시간을 줄여야 한다.

종 류	설 명	해 결 책
배우자의 부재와 냉담함	• 일상적인 일에서 정서적 공감, 지지를 해주지 않거나 기쁨과 스트레스를 함께 나누지 않는 것이 포함된다. • 배우자에게 애정표현을 안하면 깊은 거절감을 느끼고, 냉정함과 가식적인 태도가 잔인함으로 느껴질 수 있다. • 정서적으로 힘든 시기를 겪는 아내를 먼저 챙기지 못하는 것은 중대한 실수이다. • 이후 아내의 냉담함으로 결혼이 위태해지고 두 사람의 반응으로 이혼을 고려하게 된다.	• 배우자에게 사소한 일에도 정서적 공감과 지지를 표현하라. • 공감을 잘 해주지 않는 사람은 내성적인 사람이 아니라 성격적 문제일 수 있다(권력과 통제의 욕구가 내면화 가능성). • 자기 안의 권력과 통제의 욕구를 먼저보고 관계개선을 위해 조정하라.
성적 무관심	• 아내의 체중 등 신체적 모욕을 줄 경우(부정적 비교 & 무례함)를 말한다. • 성적 욕구가 불일치할 경우(남자가 먼저 흥미를 잃음 – 결혼만족도는 정상이나 – 마음이 상함으로써 부부관계는 악화되게 된다.	• 부부간의 의식 마련 SMALL THINGS OFTEN(작은 애정표현이나 스킨쉽을 자주 하라) • 어깨 주무르기, 손, 발 마사지, 여행
무례함	• 열등한 암시로 배우자를 무례히 다루는 정서적 학대를 말한다. 예) "당신이 잘하는게 뭐야? 당신 생각은 말도 안돼."	• 부부관계에서 중요한 것은, 누가 이기느냐가 아니라, 서로 손을 잡아주는 것이다. 옳고 그름이 있을 수 지만, 그것보다 더 중요한 것은 친절함과 따뜻함, 그리고 배우자에 대한 존중이다.
불공평함	예) 집안일, 가계 재정(직업), 자녀양육 예) "힘들지만 어쩔 수 없잖아 견뎌야지."	집안일, 재정적인 기여, 자녀 양육, 원가족 기여 등 상호 공평하게 조정해야 한다.
이기심	예) 아이 장난감보다 자기 것을 구입, 무리한 잠자리 요구, 자기중심적 행동으로 상대 의 마음이 상했을 경우	• 장기적 관계는 상호의존적이어야 한다. • 공동이 이익을 위해 나의 필요를 포기할 필요가 있다.
약속위반	• 거짓말만큼 치명적이다. • 월급일부를 집 구입에 쓰기로 약속한 뒤, 소비패턴이 바뀌었는데 상대에게 얘기하지 않았을 경우 예) 신앙/중독	약속위반으로 공동의 미래, 신뢰가 무너질 수 있다. 상대는 '약속은 무의미해'. '난 중요한 사람이 아니야'라고 생각하게 된다. 따라서 배우자와의 약속은 지키고, 지키지 못할 시에는 사전에 사정을 말해준다.

4) 상대 배우자의 외상 후 스트레스 장애 증상(PTSD-Post Trauma Stress Disorder)

배우자의 외도시 고려해야 할 점들은 어린 자녀, 나 자신의 경제적 능력, 배우자를 사랑하는지 등이며, 용서도 합리적인 선택 중 하나라고 할 수 있다. 그러나 외도를 경험한 상대 배우자는 5단계(충격과 부인-분노-협상-우울-수용)의 감정의 변화를 경험하고, 정신적 외상(트라우마)으로 인한 외상 후 스트레스 장애(PTSD) 증상으로 고통받게 된다. 따라서 상대 배우자의 PTSD증상의 치료상담을 최우선으로 개입해야 한다.

배우자 외도 이후 PTSD 증상은, 옆에 폭탄이 떨어진 거 같은 당혹감, 두려움, 혼란감을 느끼게 한다. 실패자인 거 같아 숨고 싶기도 하고, 과다 경계와 긴장을 하게 되며, 침투사고, 감정의 폭발, 과도한 슬픔과 분노로 편도체가 활성화 되어 공포와 불안감이 커지게 된다. 존재가 흔들리는 악몽을 꾸기도 하고, 작은 소리나 냄새, 감정에 예민해지게 된다. 교감신경계가 교란되어 같은 생각을 반복하고 스스로 통제가 어렵게 된다. 잠도 오지 않고, 과각성이 반복되어 수면장애로 몸이 피곤하고 면역력이 급격히 저하되어 각종 질병의 위험도 증가하게 된다. 스트레스 호르몬의 과다분비로 기억과 판단이 흐려지기도 한다. 이같은 상대 배우자의 증상은 외도에 대한 해마에 각인된 편도체의 자연스러운 증상이므로 외도 배우자는 “저 정도로 힘들구나”라는 이해가 필요하며 상대 배우자의 기분을 들어줄 수 있어야 신뢰가 다시 생기게 된다. 과거의 외도도 현재라고 느끼고 있으므로 묻어두지 말고 현재 치료가 필요하다.

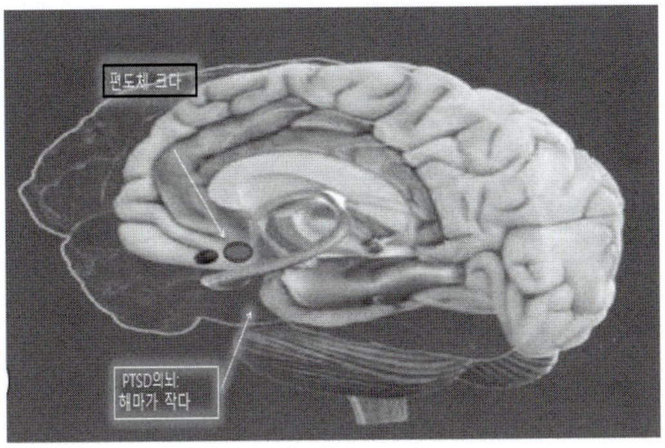

[그림 13-1] PTSD 배우자의 뇌

[그림 13-1] PTSD 이후의 뇌변화 - 편도체가 과잉 활성화되고, 기억과 학습을 담당하는 해마는 위축되어 작아지게 된다. 감정을 조절하고 합리적이고 이성적 판단을 하는 전전두엽피질(MPFC)의 기능은 억제되고, 편도체가 활성화되어 과각성, 침투사고, 예민하게 되며, 반복적으로 강박적인 생각들, 불면, 면역력 저하를 야기해 치료가 필요하다.

가트맨의 연구결과 외도 이후 부부는 서로 대화를 해야 하며, 외로움을 간직한 채 갈등을 더 이상 피하면 안된다고 한다. 모르는 것이 아는 것보다 훨씬 더 고통스럽고, 외도 배우자는 불공평하게 여겨질 수도 있지만 외도는 명백한 잘못이므로 치유를 위해서 방어하거나 합리화 하는 태도보다는 "부분 인정"하고 "상대의 고통에 귀 기울이고 공감"하려고 노력해야 한다. 외도로 상처받은 배우자는 궁금한 것은 모두 질문해서 더 이상의 놀람이 없어야 하며, 상대를 비난하는 대화 방식 대신 "나 전달법"으로 "나의 감정과 원하는 바"를 표현해야 MPFC(내측전전두엽피질)이 강화되고 편도체가 안정화되게 된다. 따라서 상처받은 배우자의 트라우마 치료 이후 부부관계의 미해결된 과제 및 원인을 규명하고 새롭게 리모델링 해나간다면 외도가 부부관계 회복의 전화위복의 계기가 될 수 있다.

부모의 외도는 자녀들에게도 큰 상처를 남긴다. 부모로부터 버림받았다고 여기게 되고, 자존감이 낮아지고 교우관계, 학교생활에 부정적인 영향을 주게 되고, 스웨덴 연구결과 불신의 정서가 3대까지 대물림된다고 한다.

5) 외도 회복을 위한 상담과정

가트맨은 배우자의 외도 시 부부관계 회복을 위해서 속죄의 단계, 조율의 단계, 애착의 단계가 필요하며, 그 중 외도 후 첫 번째 단계인 속죄의 과정이 중요하다고 말하고 있다.

[그림 13-2]

외도 당사자는 "부부사이가 오랫동안 냉담하고 외로워서 외도를 했다" "내가 외도해도 신경도 안 쓴다고 말했다" 등의 억울함을 호소하는 경우도 있지만, 외도는 상대 배우자의 PTSD 증상을 유발하고, 부부관계를 무너뜨리는 잘못된 행동이므로 자신의 행동에 대한 속죄의 과정 상담은 부부 신뢰 회복에 필수적이며 매우 중요하다. 외도 이후 상대 배우자는 "내가 알던 사람이 아니었구나. 어떻게 그럴 수 있지? 이 사람은 어떤 사람이지?"라는 생각으로 인해 첫 번째 부부의 집은 모두 불타없어졌고, 다시 새롭게 집을 짓는 마음으로 부부상담을 진행해야 한다.

재건축을 위한 첫 번째 과정인 "속죄의 과정"을 거치지 않고는 부부 신뢰회복이 어렵다고 가트맨은 말하고 있다. 속죄의 단계 상담 이후 부부간 조율의 단계와 애착의 단계(몸의 대화의 회복) 상담진행을 제안한다.

그중 애착의 단계는 대부분의 외도 후 많은 두려움과 상처로 인해 부부관계를 갖고 싶어 하지 않게 되는데, 침실에서의 조율과정도 필요하다. 부부 둘다 즐기는 성관계가 없다면 부부관계는 다시 시작될 수 없다. 애착에 대한 욕구를 만족시켜 주는 부부의 성적 유대감이 배우자가 한눈 팔지 못하도록 막아 주는 튼튼한 방어벽 구실을 한다. 부부 애착단계도 건강한 상호의존성을 바탕으로 두고 있다.

6) 속죄의 과정 6단계

상대 배우자의 PTSD 회복을 위해 속죄의 과정 6단계는 매우 중요하다. 가트맨 연구결과 외도 배우자가 정직하게 말해 줄 때 86%의 부부가 신뢰를 회복했다. 외도 배우자의 솔직함과 투명성, 상대 배우자가 신뢰회복을 위해 제안하는 약속과 규칙들을 잘 지켜줄 때 신뢰는 점차 회복되게 된다. 따라서 외도 배우자의 노력은 매우 중요하다.

속죄의 과정 6단계 상담은 아래 표와 같은 내용으로 진행된다.

〈표 13-3〉 외도 배우자의 속죄를 위한 6단계 상담과정

단계	내용
6단계 ↑	용서하기 (불확실성에도 신뢰 회복과정에 동참한다. 인간이 완벽할 수 없음을 수용한다)
5단계	외도 재발 시 치러야 할 댓가를 명확히 하기 (규칙 정하기)
4단계	외도 배우자가 가정으로 돌아와야 하는 이유 탐색하기
3단계	부부 관계에서 무엇이 잘못되었는지 파악하기
2단계	외도 배우자의 행동의 변화, 투명성을 입증하기
1단계	솔직히 고백하기(상대 배우자가 궁금한 것을 모두 질문하고, 더 이상 궁금한 것이 없어야 한다. 단, 성적인 내용은 2차 트라우마를 유발하므로 질문, 대답을 하지 않는다)

[남편의 2번째 외도를 극복하고 신뢰를 회복한 부부 사례]

7년 전, 남편의 첫 번째 외도 이후 큰 상처를 입고 겨우 마음을 추스르며 두 딸(초5, 중1)을 중국으로 유학보내고 남편과 단둘이 키워오던 아내는 우연히 보게 된 남편의 휴대전화 문자를 의심해 블랙박스를 확인했고, 남편의 2번째 외도사실을 알게 되어 큰 충격에 빠져 상담실에 내방하였다. 외도상담을 위한 상담계약을 부부와 맺었다. 아내는 남편에게 솔직하게 해독제의 표현으로 감정과 원하는 바를 요청하도록 제안했다. 그리고 남편에게 불편하고 괴롭지만 아내의 감정과 원하는 바를 충분히 들어줄 것을 제안했고, 부부는 합의했다.

1단계 : 솔직히 고백하기

남편은 업무로 만난 10살 연하의 대학생 통역사와 업무상 해외출장 시, 그리고 업무외적으로 5번의 깊은 만남을 가졌다고 고백했다. 이 과정은 부부 모두에게 힘들고 고통스럽지만, 관계의 고름(상처)을 짜내고 새살을 돋게 만들 수 있는 꼭 필요한 과정이다. 진실이 바탕이 되지 않으면 모래 위에 집을 짓는 것과 같기 때문이다.

2단계 : 행동의 변화와 투명성 입증하기

남편은 아내가 신뢰가 쌓일 때까지 휴대전화, 이메일, 통장, 인증샷, 위치앱 등의 투명성을 기꺼이 입증해주기로 하였다.

3단계 : 무엇이 잘못되었는지 파악하기

남편은 업무 스트레스를 두 자녀의 유학비용을 걱정하는 아내와 대화하기 어려웠고, 자신의 일거수 일투족을 감시하는 듯하고 의심이 든다면서 비난과 경멸의 말투로 말걸기를 하는 아내에게 위축감과 거부감을 느꼈다. 남편은 연하의 대학생 함께 있으면 자신이 능력 있고, 자신감 있는 남자로 새롭게 태어난 것 같은 착각이 들어 즐거웠고, 이 즐거움과 편안함으로 인해 업무 스트레스를 잊게 되어 관계를 정리하기 어려웠다고 고백했다.

남편은 7살 때 어머니가 외도 후 가출하였고, 그로 인한 마음의 상처로 그 이후 어머니를 만나지도 용서하지도 않아 왔다. 그런데 자신에게 가장 고통스러운 상처와 같은 방식으로 반복해 아내와 자녀들에게 상처와 고통을 준 것에 대해 큰 죄책감과 절망감으로 좌절했고, 자신이 살 가치가 없는 사람같이 느껴진다고 고백했다.

4단계 : 가정으로 돌아와야 할 이유 탐색하기

남편은 가정으로 돌아와야할 이유로 아내를 지금까지 사랑했고, 여전히 사랑하고 있다고 하였다. 그리고 자신의 잘못으로 인해 가정이 깨어지는 것을 원치 않고, 아버지로서 속죄하는 마음으로 최선을 다해 자녀들을 양육하고 싶다고 하였다. 그리고 자신이 스트레스 상황에서 부부간 어떻게 조율하는지에 대한 관계 경험을 부모로부터 배우지 못했고, 어머니로부터 경험했던 부적응적인 방식을 대물림하고 있음을 알아차렸다. 상담 과정에서 부부가 어떻게 긍정적인 정서와 부정적인 정서를 다루고 관리하는지에 대해 다루었고, 아내는 고통스럽지만 힘든 시절을 함께 하면서 부부의 삶을 일궈왔던 긍정적인 정서통장을 떠올리며 눈물을 흘렸다.

5단계 : 외도 재발 시 치러야할 댓가를 명확히 하기

첫 번째 외도 시에는 두 사람 간의 부부관계에서 무엇이 잘못되어 왔는지에 대한 알아차림과 보수 과정이 없었고, 두 사람은 이전의 정서적인 고통이 반복되었다. 그러던 중 스트레스 상황에서 같은 방법으로 두 번째 외도가 발생했다. 그러나 두 번째 외도에서는 부부관계의 보수시도가 있었고, 이후 부적절한 행동에 대한 전적인 책임은 남편에게 있음을 상담사와 부부 모두 합의하였다.

6단계 : 용서하기

우선 아내가 남편의 외도로 인해 받은 마음의 상처(외상후 스트레스 증상)의 치료를 1차적인 상담목표로 정했다. 그리고 남편이 실수할 수 있는 사람이라는 점과 노력하는 한 용서가 금방 되지 않을지라도 용서의 문을 닫지 않고 관계 보수를 시도하기를 아내에게 제안했고, 아내는 동의하였다. 부부는 7가지 관계의 집에서 보수가 필요한 부분을 보수했다. 부부는 점차 서로에 대한 신뢰를 회복하고 건강한 관계의 집을 보다 튼튼하게 짓게 되었다.

2 상실에 따른 애도 상담

인간은 태어나면 언젠가는 죽음을 맞이하게 되므로, 죽음은 인간에게 가장 보편적이고 중대한 주제라고 할 수 있다. 얄롬(Yalom, 1980)은 "죽음은 인간을 파멸하지만, 죽음에 대한 생각은 인간을 구원한다"라고 하며 죽음에 대한 생각을 어떻게 하느냐에 따라 죽음이 다른 의미로서 인간을 구원할 수도 있다고 말하고 있다.

한국 사회는 OECD 국가 중 자살률 1위를 기록하고 있고, 삼풍백화점 붕괴(1995), 대구 지하철 참사(2003), 가습기 살균제 사건(2011), 세월호 참사(2016), 이태원 참사

(2022), 항공 여객기 참사(1987, 2013, 2024) 등 갑작스런 다수의 죽음을 경험하며 죽음과 애도 문제가 중요하게 대두되고 있다. 죽음을 직 · 간접적으로 경험한 생존자 들의 외상 후 스트레스 증상(PTSD), 심리적, 신체적 면역저하로 인한 암 등 질병 유발 등도 중요한 치료 및 연구 주제로 대두되고 있다.

1) 애도의 의미와 종류

애도(哀悼 : Mourning)란, 좁은 의미로는 상실에 대한 다양한 감정(슬픔, 외로움, 그리움)들을 표현하는 것이고, 넓은 의미로는 존재의 상실로 인해 겪게 되는 정서적 고통을 위로하며, 존재 가치의 소중함을 떠올리며, 자신의 마음을 돌보며 상실에 대해 삶을 적응해 가는 적절한 반응이라고 할 수 있다. 상실의 종류로는 가족, 친지, 애완동물의 죽음 외 이별, 실직, 소중한 물건의 상실, 건강이나 경제적 안정감의 상실, 팬더믹으로 인한 일상의 상실이나 꿈과 이상의 상실 모두를 포함할 수 있다.

2) 애도에 대한 이해와 반응

애도에 대한 기본적인 이해는 '애도'는 파도처럼 밀려왔다가 갈 수도 있고, 시간이 지날수록 변화할 수 있고, 사람에 따라서는 평생을 애도할 수도 있어서, 개인마다 다양한 애도경험을 하며 결국 새로운 생활방식에 적응하게 된다.

* 일반적인 애도반응

(1) **정서**: 슬픔, 무감각, 피곤함, 죄책감, 두려움, 분노, 사소한 일에 대한 짜증, 상실한 것들에 대한 강한 그리움

(2) **신체 및 행동**: 수면 및 식습관의 변화, 일상 시작의 어려움, 집중도 저하, 업무를 끝마치지 못함, 활동의 흥미 상실

(3) **생각**: 자신과 타인의 안전에 대해 걱정함, 자기 자신과 타인의 죽음에 대해 두려워함, 상실한 것에 대해 계속 생각하거나 반대로 생각나는 것을 회피함, 과거에 경험한 상실에 집착함

3) 애도에 영향을 미치는 요소

애도에 영향을 미치는 요소들은 사망의 원인, 사망의 방식(갑작스럽거나 폭력적인 죽음, 죽음에 이르는 과정, 어떻게 사망통보를 받았는지), 고인과 맺었던 관계(가까운 관계, 갈등관계, 복잡한 관계), 이전의 정신건강, 애착유형 및 지원체계, 이전의 상실경험, 가족 간의 갈등, 문화, 전통, 정체성, 영적 믿음, 타인의 평가박탈된 애도(disenfranchised grief) 등이 있다.

4) 애도의 방식

(1) 직관적 애도: 느낌과 감정에 초점을 두어, 고인에 대해 말하고자 하는 상담 의지가 있음

(2) 도구적 애도: 일처리, 문제 해결에 초점을 둠

(3) 복합적 애도: 감정 지향적 작업과 행동 지향적 작업을 동시에 함

(4) 불일치 애도: 내적 경험과 외적인 행동의 불일치함, 감정을 억누르고 표현하지 않음

5) 적응적 애도와 부적응적 애도

(1) 적응적 애도

죽음의 사실을 인정하고, 슬픔의 감정에 접근하고 조절하며 머물 수 있다. 고인에 대한 심리적 표상과 애착의 속성을 재구성해나가면서 상실과 관련된 응집된 내러티브(이야기)를 구성해 나간다. 삶의 목적과 의미, 자신의 역할을 새롭게 규정한다.

(2) 부적응적 애도

대개 사별 후 6개월 이내에 이전 삶을 회복하고 자연스럽게 애도과정을 마치게 되는데, 오랜시간 동안 매우 강렬하게 고통을 지속적으로 느끼며 임상적 수준의 우울을 보이거나 비합리적 죄책감을 느끼게 되는 경우 부적응적 애도라고 말할 수 있

다. 메타연구에 따르면 가까운 관계의 사별에서 9.8%가 부적응적 애도를 거친다고 한다. 남성보다 여성의 비율이 높고 과거 정신과적 질환 유무 혹은 부모의 사별, 사고,자살, 타살로 인한 사별의 부적응적 애도 비중이 높았다.

복합적 애도 증상은, 고인에 대한 격렬한 그리움과 갈망 등 매우 강렬한 감정을 느끼고, 생활에서 기능 어려움이 현저하게 드러나며, 삶의 무의미함을 느끼고, 자신이나 타인을 해하려는 생각이 들기도 한다.

특히 부모, 자녀, 가까운 사람의 사별로 인한 정서적 고통이 최소 6개월 이상 지속되는 만성적인 애도반응(WHO, 2019)은 가까운 사람의 죽음을 겪은 이들 중 7~10%가 겪는 현상이다. 이는 PTSD나 우울증과는 구분되는 증상으로 애도상담이 필요하다. 고인과의 관계나 갑작스럽거나 예상치 못한 죽음, 폭력적 죽음, 자녀의 죽음, 평소 정신건강 상태, 주변의 지지체계 등이 영향을 미치는 요인이다.

6) 애도 관련 모델

(1) 애도 5단계 모델(kubler-ross, 1969)

상실 후 부인-분노-협상-우울-수용의 5단계를 거친다고 한다. 그러나 애도 과정을 지나치게 단순화했고, 실제로 애도는 순차적으로 이루어지지 않는 경우도 많아서 단계별로 애도하지 않을 때 '올바르게 애도하고 있지 않다'고 느낄 수 있는 (Stroebe, schut, & Boerner, 2017) 한계를 안고 있다.

(2) 애도 4가지 과업 모델(Worden, 2009)

과업1(상실의 현실 받아들이기) → 과업2(애도의 고통 다루기) → 과업3(고인이 없는 세상에 적응하기) → 과업4(남은 인생의 여정을 시작하며 고인을 기억할 수 있는 방법 찾기)를 말하고 있다. 그러나 실제 애도는 순차적으로 이루어지지 않을 수 있다는 한계를 지닌다.

(3) 애도 이중과정 모델(Dual Process Model of Coping with bereavement, Stroebe & Schut, 2010)

상실지향 VS 일상 회복지향의 이중과정을 돕는다. 고통스러운 감정을 처리하면서 애도작업을 하는게 상실지향이라면, 필요한 도구적 과업들을 처리하고 새로운 역할을 수행하는 것이 회복지향이다.

고인을 기억하고, 일터로 복귀하며, 다양한 애도감정을 느끼며 사회생활을 하고, 고인에 대해 다른 사람과 이야기를 나누면서 새로운 과업을 수행한다.

"애도에도 정량이 있다"고 보면서, 상실에 대한 대체가 효과적이면 고통은 결과적으로 경감된다도 한다. 실제 애도 과정에서 사람들은 상실지향-회복지향을 왔다갔다 한다고 한다. 이중과정의 원활한 전환을 위해서는 개인 내적으로 가족 구성원이 합심해서 정서조절이 필요하다.

(4) 의미 재구성 모델(Gillies & Neimeyer, 2006): 내담자가 자신의 애도에 관해 이야기하게 하고 상실과 관련된 의미를 찾도록 돕는다. [상실-의미만들기-심리적 고통의 감소]

첫 번째 의미 만들기를 위해, "죽음이 왜 일어났을까? 상실이 무엇을 의미하는가" 등 상실을 이해한다. 두 번째로 긍정적 결과를 탐색한다. 그러나 이 과정은 상실 후 바로 일어나지 않고, 모든 사람이 긍정적 측면을 찾지 않는다. 세 번째는 상실 후 자신을 재구성한다. 이는 개인의 영적인 성장, 타인과의 관계 변화, 고인과의 지속적 유대감, 새로운 인생관에 영향을 받는다. 자신의 재구성을 통해 외상 후 성장(긍정적 변화, 성장, 전환)을 경험할 수 있다.

삶에 대한 더 큰 감사와 대인관계의 친밀감 증가, 내적 힘의 향상, 새로운 기회와 영적인 삶의 심화 등이 대표적인 결과이다. 이런 내적 성장은 "회복탄력성"과도 밀접한 연관이 있다. 회복탄력성은 자기조절력(감정, 충동, 원인분석), 대인관계능력(소통, 공감, 자아확장력), 자기동기력(자아낙관성, 생활만족도, 감사하기)으로 구성된다.

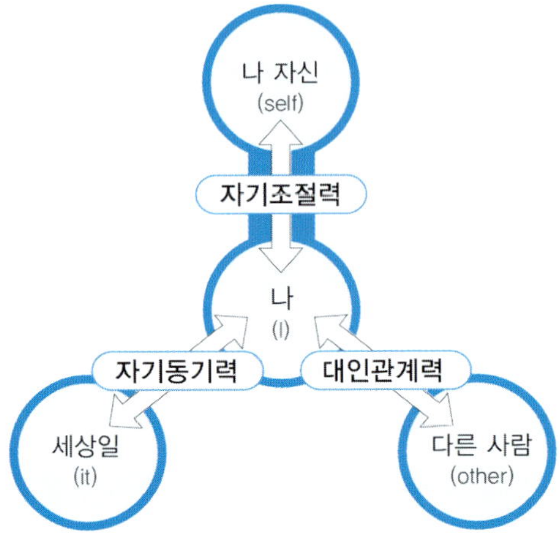

[그림 13-3] 회복탄력성(마음근력)의 3가지 요소

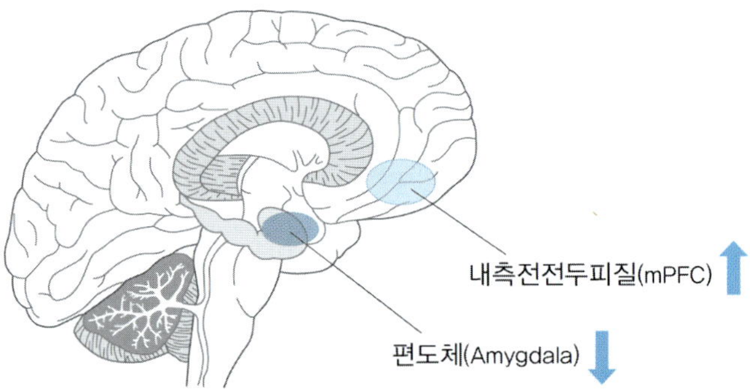

[그림 13-4] 편도체와 내측전전두엽 피질의 시소 관계(김주환, 2024)

[그림 13-4] 내측전전두엽피질(Medial Pre-Frontal Cortex)과 편도체(Amygdala)는 밀접하게 연결되어 있고 서로를 통제한다. 하나의 기능이 활발해지면 다른 쪽 기능은 저하된다. 마치 시소처럼 하나가 올라가면 다른 하나는 내려가는 방식으로 작동된다.

회복탄력성을 높이기 위해 내측전전두엽피질을 활성화하고 편도체를 안정화하는 게 필요하다. MPFC는 자기 자신의 이야기(감정, 생각, 욕구, 의미)를 할 때 활성화 되므로 사기회로라고도 한다(김주환, 2024).

인간은 특정 사건에 의미와 연속성을 부여하여 이야기를 재구성하려는 경향이 있으며, 이를 통해 삶이 무작위로 발생하는 사건 이상의 의미를 지닐 수 있게 된다(Neimeyer, 2001).

작은 일상이(micro-level)이 좀더 큰 범주로(macro-level) 통합되어 의미를 지닌 자신의 이야기(self-narrative)가 될 때 자기 이해가 공고하게 되고, 삶의 목표와 사회적 삶을 이끌 원동력이 되어 준다.

예상치 못했던 급작스럽고 폭력적인 상실은 기존의 자기 이야기(self-narrative)가 깨어지고 세상에 대한 심각한 의문을 제기하게 되고, 기존의 의미구조가 이러한 상실을 해석/재해석하기 위해 동화와 조절의 과정을 거치게 된다. 뇌과학 기반으로 보면, 이런 자기 이야기의 해석/재해석의 동화와 조절의 과정을 통해 편도체가 안정화되고 MPFC 회로가 활성화되어 외상 후 성장(회복탄력성)이 생겨나게 된다(김주환, 2011, 2024). 최근의 예방의학에서는 뇌와 더불어 음식을 통한 장건강의 중요성이 대두되고 있다. 장에서 뇌로 전달하는 불안(불편)감이 뇌에서 장으로 내려보내는 불안감보다 훨씬 더 크다는 것을 입증하면서 장건강의 중요성에 대해 강조하고 있기도 하다(김경철, 2020 : 2022). 따라서 마음근력(회복탄력성)의 강화를 위해서는 몸의 영양 및 꾸준한 운동과 체중관리와 더불어 자기 이야기(My story telling)를 잘 할 수 있는 알아차림(self awareness)이 중요하다.

〈표 13-4〉 회복탄력성 검사(김주환, 2011)

5 (100%)매우그렇다 4(75%)어느정도 그렇다 3(50%)보통이다 2(25%)그렇지 않다 1전혀그렇지 않다(0%)

문 항	매우 그렇다	어느 정도 그렇다	보통 이다	그렇지 않다	전혀 그렇지 않다.
	100%	75%	50%	25%	0%
1. 나는 어려운 일이 닥쳤을 때 감정을 통제할 수 있다	5	4	3	2	1
2. 내가 무슨 생각을 하면 그생각이 내 기분에 어떤 영향을 미칠지 잘 알아챈다	5	4	3	2	1
3. 논쟁거리가 되는 문제를 갖고와 친구들과 토론시 감정통제를 잘한다	5	4	3	2	1
4. 집중해야 할 중요한 일이 생기면 스트레스를 받는 편이다	5	4	3	2	1
5. 나는 내감정에 잘 휘말린다	5	4	3	2	1
6. 때로 내 감정적인 문제로 인해 학교나 직장서 집중하기 힘들다	5	4	3	2	1
7. 당장해야 할 일이 있으면 어떤 유혹, 방해도 잘 이겨내고 할 일을 한다	5	4	3	2	1
8. 아무리 당황스럽고 어려운 상황이 와도 내가 어떤 생각을 하는지 잘 안다	5	4	3	2	1
9. 누군가 내게 화를 낼 경우 나는 우선 그사람의 의견을 듣는 편이다	5	4	3	2	1
10. 일이 생각대로 잘 안풀리면 쉽게 포기하는 편이다.	5	4	3	2	1
11. 평소 경제적인 소비나 지출 규모에 대해 별다른 계획없이 지낸다	5	4	3	2	1
12. 미리 계획을 세우기보다 즉흥적으로 일처리를 하는 편이다	5	4	3	2	1
13. 문제가 생기면 여러가지 간단한 해결방안에 대해 먼저 생각 후 해결노력을 한다	5	4	3	2	1
14. 어려운 일이 생기면 원인이 뭔지 생각한 후에 그문제를 해결하려고 노력한다.	5	4	3	2	1
15. 나는 대부분의 상황에서 문제의 원인을 잘 알고 있다고 믿는다	5	4	3	2	1
16. 나는 사건이나 상황을 잘 파악하지 못한다는 이야기를 종종 듣는다.	5	4	3	2	1
17. 문제가 생기면 나는 성급하게 결론을 내린다는 말을 종종 듣는다.	5	4	3	2	1

18. 어려운 일이 생기면 그 원인을 완전히 이해하지 못해도 일단 빨리 해결하는게 좋다	5	4	3	2	1
19. 나는 분위기나 대화상대에 따라 대화를 잘 이끌어 갈 수 있다.	5	4	3	2	1
20. 나는 재치있는 농담을 잘한다	5	4	3	2	1
21. 나는 내가 표현하고자 한 바에 대한 적절한 문구나 단어를 잘 찾아낸다	5	4	3	2	1
22. 나는 윗사람과 대화하는 것이 부담스럽다	5	4	3	2	1
23. 나는 대화 중에 다른 생각을 하느라 대화내용을 놓칠 때가 종종 있다.	5	4	3	2	1
24. 대화를 할 때 하고 싶은 말을 다하지 못하고 주저할 때가 종종 있다.	5	4	3	2	1
25. 사람들의 얼굴표정을 보면 어떤 감정인지 알수 있다.	5	4	3	2	1
26. 슬퍼하거나 화를 내거나 당황하는 사람들을 보면 그들이 어떤 생각을 하는지 안다	5	4	3	2	1
27. 동료가 화를 낼 경우 나는 그 이유를 꽤 잘 아는 편이다	5	4	3	2	1
28. 나는 사람들의 행동방식을 때로 이해하기 힘들다	5	4	3	2	1
29. 친한 친구나 애인, 배우자로부터 "당신은 날 이해 못해"라는 말을 종종 듣는다	5	4	3	2	1
30. 동료와 친구들은 내가 자기 말을 잘 듣지 않는다고 한다	5	4	3	2	1
31. 나는 내 주변 사람들로 부터 사랑과 관심을 받고 있다	5	4	3	2	1
32. 나는 내 친구들을 정말로 좋아한다.	5	4	3	2	1
33. 내 주변 사람들은 내 기분을 잘 이해한다.	5	4	3	2	1
34. 서로 도움을 주고받는 친구가 별로 없는 편이다	5	4	3	2	1
35. 나와 정기적으로 만나는 사람들은 대부분 나를 싫어하게 된다.	5	4	3	2	1
36. 서로 마음을 터놓고 이야기할 수 있는 친구가 거의 없다	5	4	3	2	1
37. 열심히 일하면 언제나 보답이 있으리라고 생각한다.	5	4	3	2	1
38. 맞든 아니든 아무리 어려운 문제라도 나는 해결할 수 있다고 일단 믿는 것이 좋다고 생각한다.	5	4	3	2	1
39. 어려운 상황이 닥쳐도 나는 모든 일이 다 잘 해결될 거라고 확신한다.	5	4	3	2	1
40. 내가 어떤 일을 마치고 나면 주변 사람들이 부정적인 평가를 할까봐 걱정한다.	5	4	3	2	1

41. 나에게 일어나는 대부분의 문제들은 나로서는 어쩔 수 없는 상황서 발생한다 믿는다	5	4	3	2	1
42. 누가 내 미래에 대해 물어보면 성공한 나의 모습을 상상하기 힘들다	5	4	3	2	1
43. 내 삶은 내가 생각하는 이상석인 삶에 가깝다	5	4	3	2	1
44. 내 인생의 여러가지 조건들은 만족스럽다	5	4	3	2	1
45. 나는 내 삶에 만족한다.	5	4	3	2	1
46. 나는 내 삶에서 중요하다고 생각한 것들을 다 갖고 있다	5	4	3	2	1
47. 나는 다시 태어나도 나의 현재 삶을 다시 살고 싶다	5	4	3	2	1
48. 나는 다양한 종류의 많은 사람들에게 고마움을 느낀다	5	4	3	2	1
49. 내가 고맙게 여기는 것들을 모두 적는다면 아주 긴 목록이 될것이다.	5	4	3	2	1
50. 나이가 들어갈수록 내 삶의 일부가 된 사람, 사건, 생활에 대해 감사하는 맘이 커진다	5	4	3	2	1
51. 나는 감사해야 할 것이 별로 없다	5	4	3	2	1
52. 세상을 둘러볼때 내가 고마워할 것은 별로 없다	5	4	3	2	1
53. 사람이나 일에 대한 고마움을 한참 시간이 지난 후에야 겨우 느낀다.	5	4	3	2	1

- 4,5,6,10,11,12,16,17,18,22,23,24,28,29,30,34,35,36,40,41,42,51,52,53 -→6에서 점수를 빼고 개산.
- 1번부터 18번까지)--자기조절능력
- 1-6번) 감정조절력 7-12 충동통제력 13-18 원인분석력(총합이 70점 이상이면 문제없고 75점 이상이면 아주 좋은편, 63점 이하면 하위 20%)
- 19번~ 36번까지) 대인관계능력
- 19-24번) 소통능력
- 25-30번) 공감능력
- 31번-36번) 자아확장력 // 평균 67.8점, 67점 이하면 대인관계능력 향상 필요/62점 이하면 심각함(하위 20%) /80점 이상이면 상위 6%
- 37번~ 53번까지) 긍정성
- 37번-42번) 자아낙관성
- 43번-47번) 생활만족도
- 48번-53번) 감사하기 // 평균 63.4점, 63점 이하면 노력/56점 이하면 하위 20%라 노력 필수/75점 이상이면 긍정성 높은ㄴ 편

(5) 지속유대 모델(Continuing Bonds Theory, Klass, silverman & nickman, 2014)

고인과의 유대를 유지하는 것이 과거에는 문제 시 되었으나 현재는 건강한 것으로 간주된다. 유대의 유지를 위해 내면화된 유대(고인과 대화를 상상, 특별한 기억을 회상, 고인이 준 긍정적 영향 알아차림)와 외면화된 유대(묘지, 추모장소 방문, 고인의 장신구 착용, 고인추모의식)가 있으며 고인과의 유대를 원치 않는 사람도 있어서, 시간이 지나면서 변화하고 진화하고 있다.

7) 애도 상담의 3가지 원리

애도 상담은 동행하기→ 평가하기 → 지원하기의 3가지 원리가 있다.

(1) 동행하기(accompany)

나와의 관계는 현존하기(presence)로 "being', not doing"의 의도적이지만 수동적 자세로 주의를 기울이도록 한다. 타인과의 관계는 협력적, 성찰적, 과정 중심의 접근을 하도록 한다. 죽음 사건(상실)에 대한 이야기를 하도록 돕되, 이야기는 죽음의 객관적 사실중심의 이야기(외현적), 정서중심의 이야기(내현적), 의미중심의 이야기(반성적)를 할 수 있고, 외현적 이야기에 머무는 내담자에게는 이면의 감정과 의미에 다가갈 수 있도록 언어적 설명보다는 몸의 감각 경험을 탐색하도록 한다.

죽음과 상실의 경험의 이야기는 초점과 방향성의 안내가 없을 경우에 통합이 어려우므로 파괴적인 삶의 경험을 자신의 이야기로 통합하여 정서 반응을 조절하면서 새로운 목표와 방향성을 잡는 안내된 저널링(Journaling, 일기)을 쓰도록 돕는다. 저널링의 초점은 정서표현, 사건에 대한 이해, 이득발견에 맞춘다. 이중에서 "이득발견"이 가장 효과적이다. 그러나 급성 애도증상이 활성화되어 있는 내담자의 경우 상실과 관련된 긍정적 결과(benefit-finding)를 떠올리는데 저항을 불러올 수 있으므로 주의한다.

(2) 평가하기

우선 상담자 자신의 준비상태를 평가한 후 내담자의 기능, 지속/복합 애도 장애 가능성을 평가한다.

상담자 자신의 준비상태를 평가하기 위해 "어떤 상실을 경험했는지?" "현재 적극적으로 상실을 애도하고 있는지?" "미해결된 상실 경험이 있는지?"를 평가한다.

다음으로 내담자의 현재 기능상태를 평가하기위해,

"내담자가 스스로를 돌보고 일상 생활을 수행할 수 있는가?" "상실 이후에 기능의 변화가 있는가?"를 평가하고 지속적인 평가가 필요하다. 복합 애도 장애 여부를 평가하기 위해, 최소 6-12개월 전에 가까운 사람의 사망을 경험한 후 적어도 지난 한 달 간 거의 매일 상당한 수준으로 강렬한 그리움/고인에 대한 생각/기억이 있는지를 평가한다. 정체성 분열, 죽음에 대한 강한 불신감, 고인이 죽었다는 것에 대한 회피, 삶을 살아가는 것을 어려워 함, 정서적 무감각, 삶의 무의미, 강렬한 외로움을 느낄 수 있는데,

지속애도, 복합애도, The Integration of Stressful Life Experience Scale(ISLES) 척도를 사용하여 평가할 수 있다.

(3) 지원하기

첫 번째로 의자 작업(Chair Work, Neimeyer, 2012)을 통해 고인과의 지속적 유대를 유지하도록 돕는다. 내담자가 고인과의 상상 대화를 시작하면 상담자는 빈 의자의 고인을 바라보며, 정서표현이나 관계를 강화하는 대화는 강조하고 더 표현할 수 있도록 촉진한다. 상실은 분리불안을 촉발하고 기존의 내적 작동모델을 작동시키므로, 불안정애착 유형의 경우 복합애도장애 가능성이 높다고 할 수 있다. 이경우 고인과의 관계를 정리하는 것보다 새롭게 시작하는 것이 애착 불안 회복에 도움이 된다 (Field, Klass, & Others,).

두 번째로 내담자가 자신에게 지지를 제공해 줄 수 있는 주변 사람, 자원들을 함

께 살펴보고 적절한 도움을 받도록 사회적 지지체계 활용을 돕는다(Doka & Neimeyer, 2012). 사회적 지지체계는 "DLR 접근법"이 있는데,

- Doer: 실제적 일을 해줄 수 있는 사람들(집안 일, 컴퓨터 수리 등)
- Listener: 섣부른 조언, 설교나 비난을 하지 않고, 공감적인 태도로 잘 들어줄 수 있는 사람들
- Respite Figure: 잠시 숨 돌릴 수 있는 활동을 함께 해줄 수 있는 사람들(함께 운동, 전시회 보기)

부정적이고 파괴적은 사람은 우선적으로 제외하도록 한다.

중요내용 핵심체크

- 외도 : 배우자 이외의 다른 이성(혹은 동성)과 성적, 혹은 비성적인 부적절한 관계를 맺는 행동 모두를 말하며, 모든 외도는 배신이라고 할 수 있다.부부 사이에 채워져야 할 욕구가 채워지지 않았을 때 일어나며, 안전하고 열정적인 부부관계에서는 일어나지 않는다. 부부관계에 부정성이 커지고, 틈이 벌어져서 일어나게 된다.
- PTSD(post trauma stress disorder) : 외상 사건(신체, 정서적) 이후 편도체 과잉활성화 및 내측전전두엽피질의 기능 저하로, 침투사고, 과각성, 감정, 감각마비 등의 증상을 말하며, 치료가 필요하다.
- 외도상담의 3단계 : 속죄의 과정 → 조율의 과정 → 애착의 과정
- 속죄의 과정의 6단계 : 솔직히 고백하기 → 행동의 변화와 투명성 입증하기 → 무엇이 잘못되었는지 파악하기 → 가정으로 돌아와야 할 이유 탐색하기 → 외도 재발시 치러야 할 댓가 명확히 하기 → 용서하기
- 애도(哀掉 : Mourning) : 좁은 의미로는 상실에 대한 다양한 감정(슬픔, 외로움, 그리움)들을 표현하는 것이고, 넓은 의미로는 존재의 상실로 인해 겪게되는 정서적 고통을 위로하며, 존재의 가치의 소중함을 떠올리며, 자신의 마음을 돌보며 상실에 대해 삶을 적응해 가는 적절한 반응이라고 할 수 있다.
- 부적응적 애도 : 대개 사별 후 6개월 이내에 이전 삶을 회복하고 자연스럽게 애도과정을 마치게 되는데, 오랜 시간 동안 매우 강렬하게 고통을 지속적으로 느끼며 임상적 수준의 우울을 보이거나 비합리적 죄책감을 느끼게 되는 경우 부적응적 애도라고 말할 수 있다.
- 복합애도장애 : 최소 6-12개월 전에 가까운 사람의 사망을 경험한 후 적어도 지난 한 달 간 거의 매일 상당한 수준으로 강렬한 그리움/고인에 대한 생각/기억이 있는지를 평가한다. 정체성 분열, 죽음에 대한 강한 불신감, 고인이 죽었다는 것에 대한 회피, 삶을 살아가는 것을 어려워 함, 정서적 무감각, 삶의 무의미, 강렬한 외로움을 느끼는 경우를 말한다.
- 회복탄력성(마음근력) 의 3가지 요인 : 자기조절력, 자기 동기력, 대인관계력
- 애도 상담의 3가지 원리 : 동행하기 → 평가하기 → 지원하기

평가 문제

01 다음 중 외도에 대한 잘못된 신념체계가 아닌 것은?

① 외도했던 일은 이야기하지 않는 것이 가장 좋다. 갈등을 피하고 냉정함을 유지하자. 시간이 약이다.
② 아내가 외도한 경우가 훨씬 더 심각하다.
③ 직업여성과 외도했다면 그래도 낫다.
④ 외도한 배우자의 정직함이 부부 신뢰관계 회복에 중요하다.

[정답] ❹

02 외도상담의 3단계 중 아래에 들어갈 단계는?

(   ) → 조율의 단계 → 애착의 단계

[정답] 속죄의 단계

03 속죄의 단계에서 제일 먼저 다뤄야 할 단계는?

(   )

[정답] 외도한 배우자가 솔직히 고백하기

04 애도에 영향을 주는 요소가 아닌 것은?

① 사망의 원인과 방식　　② 죽음에 이르는 과정
③ 가족간의 갈등　　④ 적응적 애도

[정답] ❹

05 애도상담 모델 중 내담자가 자신의 애도에 관해 이야기하게 하고 상실과 관련된 의미를 찾도록 돕는 모델은 무엇인가?

① 애도 의미 재구성 모델　　② 애도 5단계 모델
③ 애도 이중과정 모델　　④ 애도 4가지 과업모델

[정답] ❶

06 회복탄력성(마음근력) 의 3가지 요인이 아닌 것은?

① 자기동기력 ② 자기조절력
③ 자아성찰력 ④ 대인관계력

[정답] ❸

07 자기 이야기를 할 때 MPFC 회로와 편도체의 기능에 대해 활성화, 안정화로 표시해보세요.

(편도체 :) (MPFC(내측전전두엽피질):)

[정답] (편도체 : 안정화) (MPFC(내측전전두엽피질): 활성화)

08 애도 상담 과정이 아닌 것은 ?

① 동행하기 ② 평가하기
③ 지원하기 ④ 공감하기

[정답] ❹

Part 4

가족 사정(Assessment)과 평가

14 Chapter

가족생활주기와 한국의 가족상담

1 가족생활주기의 의의와 관점

1) 가족생활주기의 의의

인간이 태어나서 여러 가지 발달단계를 거치고 수행해야 할 발달과제가 있듯이 가족에게도 발달단계와 과업이 있다. 가족생활주기는 시간의 경과에 따른 가족의 발달적인 경향을 묘사하기 위해서 사용되는 용어로(Carter & McGoldrick, 2005), 가족 구성원의 발달은 가족생활주기의 관점에서 살펴보아야 한다. 남녀가 결혼을 하면 가족생활주기가 시작되고, 부부가 늙어서 사망하게 되면 끝나게 된다. 가족 구성원의 지위와 기능은 가족생활주기에 따라 변화하고, 각 단계에 맞게 가족 구성원의 지위와 관계가 변화해야 가족은 전체로서 잘 기능하게 된다.

2) 가족생활주기의 관점

가족생활주기 단계는 여러 학자에 따라 다르게 구분된다. 대표적인 가족사회학자가 듀발(Duvall)인데, 1940년대 후반의 가족생활의 규칙성을 설명하기 위해 2세대 핵가족을 중심으로 8단계의 가족생활주기를 설명하고 있다(Duvall & Miller, 1985).

밀턴 에릭슨은 가족생활주기를 6단계로 나누고 가족 구성원의 긴장은 가족생활주기 다음 단계로 넘어갈 때 가장 높고, 가족원의 증상이 가족생활주기 발달과정에 장애가 나타날 때 발생한다고 설명하고 있다(Haley, 1986). 미누친은 가족생활주기가 가족을 체계로 보는 데 중요한 관점을 제공하고, 가족치료를 받으러 오는 많은 가족이 새로운 환경에 적응하는 데 어려움을 경험한다고 하였다(Minuchin, 1974).

최근 가족치료에서는 카터와 맥골드릭(Carter & MacGoldrick, 1989)의 6단계 가족생활주기를 가장 많이 사용하고 있다.

듀발
- 시간이 지남에 따른 가족생활에서의 규칙성을 설명하기 위하여 2세대 핵가족을 중심으로 8단계로 가족생활주기를 설명

에릭슨
- 가족생활주기를 6단계로 나누고 가족 구성원의 증상은 가족생활주기의 발달과정에 장애요소가 나타날 때 발생한다고 설명

미누친
- 가족생활주기가 가족을 하나의 체계로 보는 데 중요한 시각을 제공할 수 있으며, 가족치료를 받으러 오는 대부분의 가족은 새로운 환경에 적응하는 데 어려움을 경험함

2 가족생활주기별 주요 발달 과제

1) 카터와 맥골드릭의 가족생활주기

카터와 맥골드릭은 3세대 이상의 가족을 결혼전기, 결혼적응기, 자녀아동기, 자녀청소년기, 자녀독립기, 노년기의 6단계 가족생활주기로 설명하고 있다. 가족의 정서체계 안에는 적어도 3세대나 4세대가 포함되므로, 가족이 미치는 영향이 가족의 개별 구성원이나 어느 핵가족에게만 국한된다고 보지 않았다. 가족발달과정에서 가족

생활주기의 한 단계에서 다음 단계로 넘어가는 전환점에서 가족의 스트레스가 가장 심할 수 있고, 가족생활주기의 진행이 방해를 받거나, 진로에서 벗어날 때 증상이 발생된다고 보았다.

가족생활주기의 긴장은 아래와 같이 수직적, 수평적으로 나타날 수 있다고 보았다.

- 수직적 긴장: 가족형태, 가풍, 생활사, 태도, 규칙, 신화 등 세대 간 전수되는 긴장
- 수평적 긴장: 한 단계에서 다음 단계로의 전환에 따라 발생하는 발달적 긴장, 생활주기의 변천과 외적인 긴장

〈표 14-1〉 가족생활주기 6단계

단계	정서적 과제	필요한 가족체계 변화
결혼 전기	• 자신에 대한 정서적, 재정적 책임 수용 • 부모와 자녀관계의 분리	• 원가족과의 관계 분화 • 친밀한 이성관계의 발달 • 자신의 일과 재정적 독립의 확립
결혼 적응기	• 새로운 체계 수용	• 부부체계 형성 • 배우자가 포함되도록 확대가족과 친구관계 정비
자녀 아동기	• 새로운 가족구성원 수용	• 부부체계에 자녀 공간 마련 • 부모역할 수용(자녀양육, 재정, 가사 공동 참여) • 부모, 조부모 역할이 포함되도록 확대가족과 관계 정비
자녀 청소년기	• 자녀의 독립과 조부모 질병 고려한 가족경계의 융통성 증가	• 청소년 자녀가 가족체계에 출입이 자유롭도록 부모-자녀관계 변화 • 중년기 부부의 결혼 및 진로문제에 재초점 • 노인세대를 돌보기 위한 준비 시작
자녀 독립기	• 가족 구성원 수의 증감 수용	• 부부체계를 이인군 관계로 재정비 • 성장해 독립한 자녀와의 관계를 성인 대 성인관계로 발전시킴 • 사돈과 며느리, 사위, 손자녀가 포함되도록 관계 재정비 • 부모, 조부모의 무기력과 죽음에 대비
노년기	• 역할변화의 수용	• 신체적 쇠락에 직면하고 자신과 부부의 기능과 관심사 유지 • 다음 세대에게 중추적 역할 지원 • 연장자가 할 수 있는 일을 대신하지 않으면서 자신의 지혜와 경험이 활용될 여지를 마련하기 • 배우자, 친구, 형제의 죽음에 대처하면서 자신의 죽음에 대비한 삶의 회고 및 통합

출처: Carter & MacGoldrick(1989), 정문자 역, 2000, p.22

2) 에릭슨의 가족생활주기와 가족상담

에릭슨(Erickson)은 가족생활주기를 구애기, 결혼초기, 자녀양육기, 중년기, 자녀독립기, 노년기의 6단계로 나누고 있다. 가족생활주기의 변화하는 과정에서 잘 적응하지 못할 때 증상이 나타난다고 보았기 때문에, 증상에 초점을 두기보다는 가족생활주기가 잘 발전하도록 가족문제의 해결에 초점을 두고 있다. 따라서 다음〈표 14-2〉와 같이 가족생활주기 단계별 문제에 따른 상담목표, 개입방법을 제시하고 있다.

〈표 14-2〉 에릭슨의 가족생활주기와 가족상담

가족 생활주기	문제	상담목표	상담 개입방법
구애기	• 외모 콤플렉스 • 원가족과의 분화 • 또래관계	• 부적응 개인을 도와 배우자를 얻게 하여 기능적인 사회 구성원이 되는것	• 사고, 행동방식을 수용하면서 기능적 생각과 행동의 변화를 소개함 • 치료자 자신과 지역사회 자원을 최대 활용 • 자신에 대한 인식, 신체상의 재개념화시킴
결혼 초기	• 배우자 및 원가족과의 마찰 • 성적 부적응 및 배우자의 외도 • 경제적 어려움	• 여러 가지 문제를 극복하고 부부생활을 유지하면서 자녀양육기로 넘어가는것	• 증상을 이용해 원가족과 독립하도록 도움 • 성적 부적응을 병리적으로 다루지 않음 • 배우자의 외도는 상황에 따라 직접 개입함
자녀 양육기	• 한쪽 배우자가 자녀와 밀착되어 부부문제를 아동을 통해 다룸 • 자녀양육으로 부부 또는 원가족과 갈등 • 습관적인 의사소통 문제 • 가족 간의 경계선 파괴	• 부모와 자녀를 분리하여 부부생활과 자녀양육 생활을 독자적으로 하는 것	• 개인을 둘러싸고 있는 상황을 모두 고려함 • 부모의 권위는 인정하고 상황에 따라 아동과 치료적 동맹 맺음 • 과잉 간섭하는 부모를 아동에게서 분리시킴 • 아동의 잘못된 행동보다는 올바르게 행동하는 데 초점을 둠

가족 생활주기	문제	상담목표	상담 개입방법
중년기	• 주도권을 갖기 위한 힘겨루기 • 가족 안정성을 유지하기 위해 역기능적 상호작용을 고수함	부부의 습관적이고 주기적인 상호작용에 내재된 갈등을 해결하는 것	• 부부 상담 • 부부의 역기능적 관점을 바꿈 • 모순적인 과제 부여로 변화를 이끎 • 직면을 사용함
자녀 독립기	• 자녀의 독립으로 부부의 공통요소가 사라져 그동안 유지해 온 가족안정성 깨짐 • 부모의 관심, 과잉보호로 부모-자녀관계가 동료관계로 옮겨 가지 못함	자녀는 독립하여 성인의 역할을 수행하도록 하고, 부모는 자녀를 독립된 개체로 인정하며 이전과 다르게 상호작용하는 것	• 필요에 따라 부모와 자녀를 함께 또는 따로 작업함 • 자녀를 가족과 분리시키면서도 가족과의 유대를 지속하게 함
노년기	• 은퇴에 따른 역할상실감 극복 • 부부가 24시간 함께 있어서 발생되는 문제들	변화에 대한 희망보다는 피할 수 없는 일을 수용하도록 도움.	• 부부가 애정적이고 서로 도움이 되는 역할이 되도록 도움 • 배우자가 먼저 사망할 경우 다른 가족간의 관계를 도움 • 질병의 고통을 덜어주기 위해 최면술을 사용함

출처: Harldy(1986)에서 발췌 수정함.

3) 나의 생활 연대기

출생 후 현재까지 나의 주요 생활사건을 연대별로 나열하고, 자신에게 영향을 미쳤던 사건을 인식하고 재구성하는 과정을 통해 성장의 기회를 제공해 준다.

〈작성방법〉

- 현재 나이까지의 주요 생활사건을 기억해 본다.
- 그 사건들을 수평선 위에 연대별로 나열한다.
- 그 사건들이 나에게 영향을 미친 정도를 긍정적 또는 부정적 차원에서 점(·)으로 표시한다.

• 점과 점 사이를 선으로 잇는다.

• '나의 생활연대기'를 팀과 함께 공유하며 이야기 나눈다.

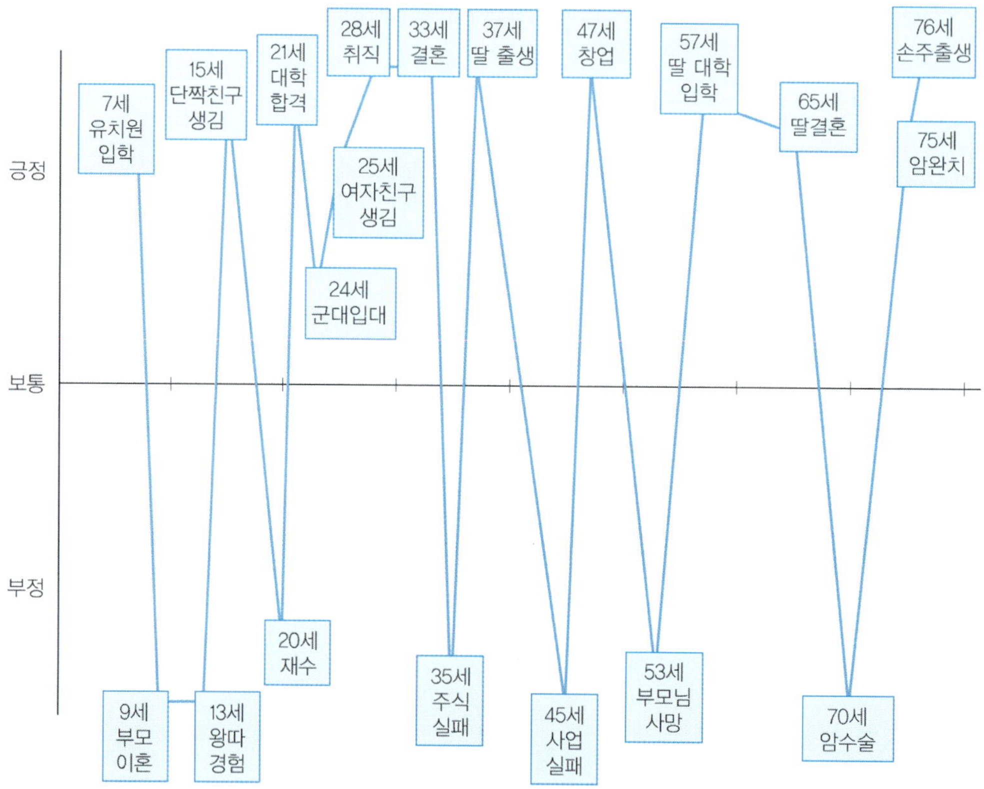

[그림 14-1] 나의 생활연대기

4) 나의 영향권 이해

성장기 동안 지적, 정서적, 신체적, 사회적으로 영향을 준 사람이나 사건을 바퀴 모양의 그림으로 만든 것으로, 미처 인식하지 못했거나 인식하고 싶지 않았던 경험과 관계를 재정리하도록 돕는다.

3 한국 가족의 구조적 변화와 가족생활주기

1) 저출산과 고령화

한국은 OECD 국가 중 가장 저출산 국가에 속한다. 자녀 수의 감소로 가족확대기가 단축되거나 없어진 반면, 자녀의 교육기간이 길어지고 결혼 연령이 늦어짐에 따라 막내 출산 후 첫 자녀 결혼까지의 확대완료기는 길어지고 있다. 그리고 자녀들이 떠난 후 부부만 남아 보내는 빈둥지 단계가 길어지고, 노인부양 등 노부모를 보살펴야 하는 기간이 늘어나고 있다.

2) 혼인 감소와 이혼 증가

혼인의 감소와 이혼의 증가는 가족생활주기상에 복잡한 변화를 초래하고 있다.

3) 가족 형태의 다양성 증가

다양해진 가족 구성은 개인과 가족의 생활주기를 변화시키고 있으나, 다양한 삶의 경로를 설명할 수 있는 좋은 모델은 아직까지 제시되지 않고 있다.

4) 한국인의 가족생활주기

한국인의 가족생활주기별 문제와 그에 따른 개입방법은 다음과 같다.

(1) 결혼전기/구애기

- 미혼의 자녀가 원가족을 떠나 자신의 가족을 이루기 전까지의 기간
- 성인자녀와 부모와의 관계가 덜 위계적으로 변하지 못하는 문제
- 부모가 성인자녀의 의존성을 부추기거나 반대로 성인자녀가 부모에게 계속 의존하는 문제가 생길 수 있다.
- 부모는 성인자녀의 독립성을 존중해주고, 성인자녀는 부모로부터 독립해 자율적으로 건강한 성인의 역할과 기능을 수행해야 한다.

(2) 결혼 적응기/결혼 초기

- 부부가 각자의 원가족으로부터 분화하여 한 가정의 남편과 아내로서의 역할을 수행하고, 상대방에게 적응하는 기간
- 자신만의 원가족 관계방식을 상대에게 요구하거나, 상대방을 통해 자신의 욕구를 실현하려는 태도보다 배우자의 관점과 방식을 인정하며, 배우자가 포함되도록 확대가족이나 친구와의 관계를 재정비해야 한다.

(3) 자녀 아동기/자녀 양육기

- 부부관계에서 부모-자녀관계가 추가되며, 지위가 한 단계 상승하여 어린 자녀를 돌보는 부모 세대가 되는 기간
- 자녀를 위한 물리적, 정서적 공간을 제공하며 자녀양육과 가사에 부부가 협동해야 한다.

(4) 자녀 청소년기/부모 중년기

- 자녀가 책임감을 가지도록 가족의 구조와 조직을 변화시켜야 하는 기간
- 자녀가 가족의 체계에 자유롭게 '출입'할 수 있도록 가족의 경계선을 유연하게 조정해야 한다.

(5) 자녀 독립기

- 자녀가 부모의 품에서 떠나 독립된 사람으로서 자율성을 확립하는 기간
- 가족 구성원들이 가족체계에 출입하는 것에 적응해야 한다.

(6) 노년기

- 자녀의 독립과 나이 듦에 대한 상실을 최소화하며 역할의 변화를 수용해야 하는 기간

4 이혼과 재혼가정의 가족생활주기

1) 이혼가족의 특성

① 가족은 이혼 이후 생활주기단계의 각 전환점에서 정서적 긴장을 느끼게 된다.

② 이혼가정의 자녀들은 스트레스와 혼란을 느끼지만, 그 양상은 연령에 따라 다르다.

③ 각 배우자는 자녀들의 방문이나 후견인 문제, 경제적 문제 등을 타협해야 한다.

④ 이혼 후 사회 관계를 재구축하고 부모-자녀 관계를 재정립해야 하는 과제가 있다.

2) 재혼가족의 특성

① 재혼가족에서는 재혼 전에 가졌던 가족생활주기의 형태가 일부 유지되며 새로운 가족생활주기가 시작되게 된다.

② 자녀들이 갖는 두려움과 이전 부모에 대한 충성심, 자녀와 확대가족 및 이전 배우자가 보이는 적대감과 당황스러운 반응, 가족구조와 역할 및 관계에서 모호한 것들에 대한 갈등, 부모로서 자녀의 복지에 최선을 다하지 못했다는 죄의식, 전 배우자에 대한 애착 등이 나타날 수 있다.

③ 각 발달 단계에서 가족관계의 복잡하고 역동적인 네트워크의 재협상과 재조직 필요하다.

사례연구 - 한부모 가족 (이혼가정)

김영희는 10세 아들 우람이가 우울해 한다면서 치료센터에 연락을 했다. "아들은 내가 이혼해서 힘들어하고 있어요" "아들이 아버지를 그리워하는 것 같아요" 2회의 치료이후 치료사는 비록 우람이가 아버지를 그리워하긴 하지만 우울증에 걸린 것은 아니며, 이혼을 극복하지 못한 것은 우람이의 어머니라고 생각했다. 우람이가 방과후에 친구들과 어울리지 않고 계속 집에만 있는 것은 우울증 때문이 아니라 어머니가 고통스러워하고 집에만 있기 때문이었다. 어머니가 아들과 밀착되어 있고, 어머니와 아들 모두 외부와 접촉을 하지 않고 있다고 보았다. 치료사는 어머니에게 "아들이 당신을 자기의 수호천사에서 해고하고 당신을 보호할 필요가 없고 친구들과 시간을 보내라고 말씀하실 수 있겠어요?"라고 제안했고, 어머니는 자녀에게 그렇게 말했다.
우울한 어머니가 자신을 돌볼 수 있는 시간을 가지기 위해 우람이를 잘 봐줄 수 있는 유일한 사람은 우람이의 아버지였다. 그러나 그는 도움이 되지 않는 사람이었다. 어머니는 남편이 우람이와 시간을 보내고 싶어 하지 않을것이라고 확신했다. 치료사는 아버지에게 전화를 걸어 부인이 아들에 대해 걱정하고 있고, 아버지의 보살핌이 필요하다고 말하자 전화기 뒤에서 누군가의 말소리가 들렸고 아버지는 뒤로 물러나기 시작했다. 아버지의 애인은 전처가 자신의 남자친구를 아이를 빌미로 이용하는 것을 볼 수 없어 아이와의 만남을 반대하고 있는 삼각관계가 있었다.

5 한국의 가족문제 및 가족상담 사례

1) 한국의 가족상담 도입과 발전

우리나라에 가족상담 이론이 소개된 것은 1977년 사티어의 『합동 가족치료(conjoint family therapy)』가 번역되면서부터이며, 본격적으로 소개된 것은 1980년대 이후 가족상담과 치료관련 학회가 발족되면서 부터이다. 2005년 「건강가정기본법」의 시행으로 가조치료를 제공하는 현장이 지속적으로 확대되었고, 대학에서 가족상담 및 가족치료 과목이 개설되었다.

2) 문화적 다양성 시대의 가족상담

최근 한국 가족은 새로운 인구학적 · 구조적 특성을 보이고 있다. 첫째는 저출산과 고령화이고, 둘째는 혼인 감소와 이혼 증가(급증하는 황혼이혼)이다. 셋째는 가족형태의 다양성 증가이며 이는 사회, 문화, 경제적 영향과 수명연장, 가치관의 변화에 의해서 촉진되고 있다. 이에 따라 다양한 가족이 출현하고 있고, 부모와 자녀로 구성된 핵가족을 전형적인 가족으로 지칭하는 '정상 가족의 개념'이 도전받고 있다.

① 이혼으로 인한 한부모가족의 증가

② 재혼 및 복합가족의 증가

③ 노인단독가구

④ 저소득층에서 두드러진 노인과 손자녀로 구성된 조손가족

⑤ 1인가구의 증가(애완동물과 지내는 독신가구)

⑥ 비친족가구

⑦ 자발적 무자녀가족

⑧ 장기 분거(기러기)가족

위와 같이 가족은 변화하고 있고, 가족치료의 관점과 개입방법도 변화하고 있다.

3) 한국 가족과 사회문제

(1) 한국 가족이 안고 있는 문제

① 부부관계

한국 가족의 부부관계는 통제와 억압, 반항과 투쟁, 자유와 평등이 공존하는 과도기라고 할 수 있다. 가족치료 과정에서 자신의 원가족과 심리적·물리적 분리가 안 되고, 부부만의 독립된 심리적·물리적 가정이 만들어지지 못해 문제가 발생하고 있다.

② 부모-자녀관계

가족이 원활하게 기능하기 위해서는 부모세대와 자녀세대 간의 경계를 잘 유지하는게 필요한데, 한국 가족의 경우 부부간의 의무와 부모로서의 의무 사이에서 균형을 유지하지 못하는 경우가 있다. 맞벌이부부의 증가로 가족이 함께 집에서 의사소통하는 시간이 줄어들고 있고, 다양한 문제행동들이 생겨나고 있다.

③ 밀착과 격리의 문제

밀착과 경리는 가족문제를 초래하는 중요한 요인이다. 밀착된 가족은 하위체계 간의 경계 구별이 잘 안되고, 가족 응집력이 지나쳐서 가족 구성원 개인의 자주성을 잃게 되고, 가족 밖의 문제를 직면하고 해결하지 못하게 만든다. 격리된 가족은 자주성, 충성심이 거의 없고 도움이 필요할 때 타인에게 도움을 요청하는 힘이 부족하다. 최근 자녀가 가족에서 분리되지 못하는 문제와 가족 충성심과 관련된 어려움이 부각되고 있다.

④ 다양한 가족형태와 관련된 문제

최근 증가한 이혼과 재혼으로 인한 가족의 문제가 증가하고 있다.

⑤ 사회문제에 민감한 가족상담

가족상담에 대한 사회적 요구는 다양한 가족문제의 증가와 관련이 있고, 성폭력 및 가정폭력 등의 사회문제는 날이 갈수록 심각해지고 있다. 이에 따라 피해자와 그 가족의 외상후 스트레스 장애증상(PTSD)과 같은 심각한 후유증을 가져오고 있고 가족치료는 가족문제의 완화와 해결에 매우 효과적이라는 연구결과가 보고되고 있다.

자녀의 성폭력 피해가정의 경우

자녀를 지켜주지 못했다는 부모의 자책감과 가족 간 갈등이 초래되며, 이 문제가 가족 내에서 금기시되거나 가족의 의사소통을 역기능적으로 만들게 된다. 또한 성인이 되어서도 후유증이 심각해 부모와 자녀가 미분화된 채 자녀를 독립시키지 못하거나 자녀가 부부관계, 대인관계에서 어려움을 겪기도 한다. 따라서 가족치료 개입을 통해 부모와 자녀의 대화촉진 및 기능적 가족관계의 개입은 효과적인 대안이 될 수 있다.

가정폭력

아동학대, 아내학대, 노인학대의 양상을 보인다. 가정폭력 가해자의 폭력행위가 잘못되었음을 인정하고, 폭력을 중단한다는 전제하에서 가족관계의 개선을 도모하는 것이 가족치료의 원칙이다. 치료적 개입을 통해 가족 구성원 상호 간의 상처와 영향력에 대한 인식과 소통을 개선하여 문제해결을 도울 수 있다.

학교폭력

아동학대 혹은 아내학대에 노출된 가족경험이 학교폭력에 영향을 미칠 수 있다. 가족은 학교폭력이 발생한 후 피해자나 가해자의 회복 과정에 중요한 변인이라고 할 수 있다.
자살은 남은 가족에게는 치명적인 후유증을 남긴다. 자살 시도자와 자살 생존자(가족들)에 대한 치료적 개입은 매우 효과적인 결과들이 보고되고 있다. 가족 구성원들이 상실감에 대한 상처와 영향을 솔직하게 소통하고 인정하는 과정을 가족상담에서 효과적으로 도울 수 있다.

⑥ 역기능적 가족이 직면할 수 있는 문제들

역기능적 가족은 다음과 같은 문제들과 문제별 특징에 직면할 수 있으므로 문제에 따른 개입방법을 소개하였다.

격리된 가족－비행 자녀를 둔 가족

〈청소년비행의 특징〉

청소년비행은 어려운 가정뿐 아니라 좋은 가정에서도 일어날 수 있고, 연령은 점차 낮아지는 추세이다. 비행의 형태가 집단화되거나, 물질적으로 풍요로와도 비행을 하는 놀이형 비행이 증가하는 추세이다.

〈격리된 가족의 특징과 개입방안〉

- 자녀의 비행문제를 안고 있는 가족은 자신들이 안고 있는 문제를 각자가 개별적으로 해결하지 않으면 안되는 경우가 많다.
- 따라서 공감과 수용, 이해를 통해 가족이 서로 책임을 회피하는 상황을 극복할 수 있는 계기를 마련해야 할 필요가 있다.
- 부모－자녀 간의 애정관계가 회복됨으로써 가족 내의 불만이 줄어들고 솔직한 자기표현이 가능해져야 한다.
- 스스로의 열등감을 가족이 함께 극복하면서 분노, 불신, 고립된 것 같은 부정적인 감정을 치유해야 한다.

밀착된 가족－신경성 식욕부진증 자녀를 둔 가족

〈가족원의 신체화 증상과 신경성 식욕부진증의 특징〉

- 가족으로부터 자립해야 하는 발달과제를 성취하지 못한 데서 기인하는 경우가 많다.
- 10대 혹은 20대 미혼여성이 많으며, 왜곡된 신체 이미지를 가져서 날씬해지고 싶은 욕망이 강

하다.

- 습관적인 편식, 구토를 반복하거나, 불안하고, 활동성이 높아 일에 열중하기도 한다.
- 자신의 병식이 없으며, 행동전반에 충동성이 존재한다.
- 반복되는 자기 파괴적인 행동이 보이며, 성숙을 혐오하고, 여성성을 기피하거나 금욕주의경향을 보이기도 한다.
- 식욕부진이 자기 내면의 세계와 가족 내의 갈등과 관련 있다는 사실을 쉽게 인정하지 않는다.

〈밀착된 가족의 특징과 원인〉

- 전형적인 밀착가족의 형태로, 서로가 서로에게 속하는 것을 무엇보다 중시한다. 자립과 자기실현보다는 충성심과 보호가 우선이다.
- 부모의 양육태도는 자녀 지향 또는 자녀 중심적이다. 부모는 자녀의 움직임이나 욕구에 지나치게 민감하여 주의를 집중한다.
- 자녀는 자신이나 타인의 감정이나 의견에 지나치게 민감하여 어떤 행동을 하기 위한 결단을 내리기 어려워 한다.
- 가족의 가치기준에 충실한 나머지 또래와 대인관계를 가지는 기술이 부족하다.
- 자녀는 가족과 지나치게 뒤엉켜 있어서 가족 이외의 세계에서 다른 사람과 관계 맺는 데 어려움이 있다.
- 결과적으로 자녀에게 요구되는 발달 단계를 잘 수행하지 못하는 결과가 초래된다.
- 부모세대 역시 자신들의 부모와 지나치게 밀착되어 있고, 이런 연합은 배우자와의 바람직한 관계 형성을 방해한다.

〈개입방안〉

- 부모는 부부 상호 간, 부모-자녀 간 서로가 독립된 인격체로 생활할 수 있도록 경계설정과 존중, 배려를 해주어야 한다.
- 자녀가 또래와 놀 수 있도록 자녀에게 자율성을 주고, 자녀가 스스로 결정한 행동에 책임질 수 있도록 안전한 규칙을 함께 세운다.

공생관계의 가족-가정 내 폭력 자녀를 둔 가족

〈가정 내 폭력 자녀의 특징〉

- 어머니나 동생, 할머니, 아버지에 대해 심한 폭력행위, 행동화가 일어난다.
- 분노를 억제할 수 없으며, 부모에게 어리광과 폭력이라는 양면적 태도를 보인다.
- 가정 안에서는 폭력을 행사하는 등 파괴적인 행동을 보이지만, 밖에서는 얌전한 아이 역할을

하는 이중성을 보인다.

- 높은 지능에 비해 언어나 행동이 미숙하고, 심리적인 고립감, 공허감, 자기비하를 자주 호소한다.
- 자존감이 낮고, 생육사에서 반항기가 결여되어 있을 수 있다.
- 가정 내에서 아버지는 무관심하거나 무력한 경우가 많다.

〈공생관계 가족의 원인〉

- 아버지와 자녀의 유대관계가 부족하다.
- 어머니는 자녀에 대해 과보호하거나 지나친 간섭과 같은 지배행위를 하는 것과 밀접한 관계가 있다.
- 조부모가 중요한 역할을 하기도 하는데, 맞벌이 등으로 부모가 부재중일 경우 조부모가 아동을 키우면서 연민의 정을 가지고 과보호하는 경우이다.

〈개입방안〉

- 아버지는 자녀에게 관심을 갖고 대화 및 즐거운 시간을 공유하고, 어머니는 자녀를 이끌어 주겠다는 생각을 버리고, 자녀의 자율성을 존중하고 자녀의 일은 스스로 결정하고 책임질 수 있도록 반 발자국 뒤에서 지지해 주도록 한다.
- 부모-자녀체계가 조부모체계가 아닌 부모체계 아래에 올 수 있도록 부모의 의사결정, 규칙, 행동지침 등을 분명히 한다.

아버지 부재의 가족-등교거부 자녀를 둔 가족

〈원인〉

아버지가 자녀와 놀 수 있는 기회를 갖지 못하면서 사춘기에 어머니가 자녀양육을 전적으로 책임지지 못할 때 아버지의 개입은 자녀를 반항적인 태도를 취하게 만든다.

〈등교거부 자녀의 특징〉

- 등교거부 이전에 주변사람으로부터 별 문제가 없는 아이, 착한 아이라는 평가를 받는다.
- 얌전하고 내성적인 성격을 가지고 있다.
- 자신의 불평이나 불만을 타인에게 표현하지 못하고 참는 편이다.
- 교우관계에 문제가 있는 것은 아니지만 친구가 상당히 적은 편이다.

〈등교거부 자녀를 둔 가족의 원인 및 특징〉

- 가족구조는 결손가족은 적은 편이다. 어머니가 없는 경우는 드물고 별거, 이혼가정도 적다.
- 등교거부 아동은 외동아이거나, 막내인 경우가 많다. 나이보다 어린애 취급되고 있는 경우가 많다.

- 어머니의 양육태도는 극도로 과보호적인 경우가 자주 보인다. 때로는 지나친 보호와 엄격함이 양극단이 함께 존재하기도 한다.
- 어머니는 대부분 미숙하고 의존적인 성격의 소유자이고, 아내보다는 어머니로서의 역할에 결함이 있는 경우가 많다. 따라서 자녀의 발달을 촉진하지 못하는 경향이 있다.
- 부모세대는 자신의 원가족 부모와 강하게 결합되어 있는 경우가 많다.
- 가족끼리는 서로 의존하고 있으나 가족 이외에 대한 관심은 적고 지역사회와의 연결도 빈약하다.

〈개입방안〉

- 어머니의 과잉 보호적인 태도를 개선하고 자녀의 자율성과 독립성을 존중할 필요가 있다.
- 부모 세대부터 원가족 부모와 정서적 분리가 필요하고, 다양한 지역사회 활동 및 가족 이외의 관계와 연결해 즐거움을 경험할 필요가 있다.

6 가족상담의 효과성 및 가족상담사 자격의 제도화

1) 효과가 입증된 영역

(1) 성인문제

조현병, 우울과 불안, 알콜중독, 물질남용, 의료문제로서 심장 및 신경계질환, 고혈압, 재활, 신경손상(치매, 뇌졸중), 비만, 금연, 성문제, 알콜중독자 가족

(2) 아동문제

ADHD, 행동장애, 정서문제, 신체문제, 섭식장애, 약물남용, 자폐증 등

(3) 대인관계 문제 : 부부갈등, 부모-자녀 관계

가족상담은 받은 가족들은 위의 증상에 대해 유의미한 변화를 보였으며, 치료효과의 지속적 유지는 조현병 환자 가족교육, 행동문제가 있는 아동의 부모교육, 강박증과 중독문제에서 효과적으로 나타났다.

2) 가족상담사 자격의 제도화

가족상담사의 자격제도의 관리, 운영을 체계화하기 위해 2013년 「자격기본법」을 제정하였다. 또한 가족상담 교육 과정 인증제 및 학계와 실습현장의 연계가 이루어지게 됨으로써, 가족상담 실천의 장이 확보되고, 학계와 현장의 협력과 연계가 이루어지고, 학계와 실천현장의 역할을 공유 영역과 특화 영역으로 분화 가능하게 되었다. 향후 가족치료의 학계와 실천현장의 연계의 성격은 대등한 관계에서 권한을 공평하게 가지는 협력적 관계가 바람직하다고 볼 수 있다.

15 Chapter

가족평가

1 가족평가의 의미와 과정

1) 가족평가의 개념

가족평가(Family Assessment)는 개인의 기능이 가족의 기능과 연관이 깊으므로 가족을 하나의 단위로 보고 가족을 진단하고 평가하여 측정하는 것으로서, 가족치료에서 중요한 의미가 있다. 가족평가는 가족을 하나의 '단위'로 보고 가족 내, 외부 체계, 그리고 이들 간의 상호작용을 파악하기 위해 자료를 수집, 분석, 종합하여 가족에 대한 개입을 계획하는 일련의 과정을 말한다.

가족평가의 대상은 가족문제와 가족의 구조 및 관계 유형, 가족과 외부체계와의 상호작용, 가족의 강점, 문제해결을 위한 자원, 내담자 가족의 문제해결에 대한 동기 등이 될 수 있다.

가족평가는 인터뷰와 관찰과 같은 질적 평가 혹은 척도나 체크리스트와 같은 양적 평가가 있다. 그리고 주관적인 평가와 객관적 평가가 있는데, 주관적인 평가는 치료자 관점의 관찰내용과 면접, 내담자의 주관적 지각 등이 있고, 관련 연구문헌이나 내담자 관찰기록 등은 객관적 평가라고 할 수 있다.

2) 가족평가 시 고려사항

가족평가에 있어서 아래와 같은 네가지 고려사항이 있다.

(1) 가족의 복잡성

가족은 둘 이상의 구성원이 끊임없이 외부체계와 상호작용하며 여러 고유요소를 가지는 복잡성이 있으므로 이에 대한 통합적인 평가가 필요하다.

(2) 평가의 철학적 근거

근대주의 입장(가족의 기능, 역기능의 보편적 기준을 따름)과 포스트모더니즘(평가자의 가치와 내재된 맥락을 따름) 입장의 철학적 차이가 있다. 최근에는 전문가의 평가는 최소화하고 내담자의 평가를 존중하는 추세이다.

(3) 평가의 단위 및 정보를 얻는 방법

평가의 단위 및 정보출처에 따라 평가의 결과가 달라질 수 있다. 평가의 단위가 개인, 2인, 가족 전체일 경우와 정보를 누구에게 얻는가에 따라 평가결과가 달라질 수 있다.

(4) 가족상담모델에 따른 평가에 대한 관점 차이

치료자가 선호하는 가족치료모델에 따라 평가의 초점이 다를 수 있다. 그러나 모든 가족치료자들이 가족들을 관찰하고, 그들과의 상호작용을 통해 임상적 판단을 내리는 것은 공통점이다.

3) 가족평가 과정

(1) 초기 단계의 평가

가족을 만나는 초기 단계에서 일상의 가벼운 대화를 통해 기본적인 정보를 얻고 가족상담의 계획을 세우는 단계이다. 내담자 가족의 이름과 연령, 발달 단계, 관계망 등에 대한 내용을 확인한다. 어떻게 상담에 오게 되었는지, 문제에 대한 가족원의 생각은 각각 어떠한지, 문제를 해결하기 위해 어떤 노력을 했는지, 가족의 강점, 알콜중독의 문제여부, 가족의 의사소통 유형, 가족의 성역할과 구조 등을 탐색한다.

(2) 중기 단계의 평가

가족상담 과정 속에서 평가와 치료적 개입은 반복하여 이루어진다. 평가에 기반하여 치료적 개입을 선택하고 치료적 중재에 대한 효과성을 검증하는 단계이다. 회기가 진행되어도 가족 과정이 향상되지 않고 정체된다면 그 이유를 파악할 필요가 있다. 치료자는 한 걸음 물러나 가족 과정을 관찰하고, 가족 간의 대화가 정체될 때에만 개입하도록 한다. 가족원이 갈등에 직면해 불안해할 때 치료자가 불안을 조절하거나 최소화해서 가족이 덜 방어적으로 도울 수 있다.

가족원의 상호 이해가 촉진되는가? 상담이 정체되지 않는가? 문제에 대한 개인의 책임감이 인식되고 있는가? 치료에서 피하고 싶은 어려운 관계가 있는가? 상담자가 특정 가족원의 역할을 맡고 있지 않는가에 대해 동료와의 자문이나 지도감독을 통해 점검한다.

(3) 종결 단계의 평가

종결 단계에서는 가족의 문제가 어느 정도 해결되었는지를 파악한다. 가족이 목표를 이뤘을 경우 치료자가 횟수를 줄이거나 회기간격을 늘리는 것이 좋겠다는 생각이 든다면 종결의 신호라고 볼 수 있다. 종결 단계에서 가족은 그동안 상담에서 배운 내용을 회고하고 강화하는 시간을 갖는다.

제시된 문제가 해결되었나? 가족 상호작용이 개선되었나? 가족원 각자의 목표가 이루어졌나? 미래에 비슷한 문제발생 시 효과적으로 다룰 수 있나에 대해 평가한다.

2 가족평가 방법

1) 면접(인터뷰)

면접에서 기본적이며 중요한 도구는 언어이며, 이를 매개로 내담자와의 대담관계에서 증상의 어려움이나 가족의 대처, 가족의 기능을 평가한다.

경청과 요약, 질문 등의 기본적인 기술을 사용하면서 개방적이고 편안한 분위기의 제공이 필요하다.

2) 관찰

관찰은 가족원의 실제 상호작용을 잘 살펴보고 그들의 언어적 · 비언어적 교류를 평가하는 방법이다. 관찰은 상담의 전 과정에서 이루어지는 가장 기초적이며 질적인 진단방식으로 가족조각, 실연(enact) 등의 기법과 일방경(one way mirror), 녹화 등의 장치를 활용할 수 있다.

3) 검사

검사는 도식적 검사와 계량적 검사가 있다. 도식적 검사로는 가계도, 생태도 등 다세대 역동과 사회적 관계망 등이 있고, 이 검사는 시각적으로 확인 가능한 장점이 있다. 계량적 검사는 가족기능을 측정하기 위한 표준화 혹은 비표준화 검사들을 말한다. 가족평가를 위한 검사도구별 특징은 아래와 같다.

3 가족평가 도구

1) 가계도(제4장 보웬의 다세대가족치료 참조)

복잡한 가족유형 형태와, 가족 성원 각 개인과 가족 속에서 반복되어 나타나는 유형이나 사건들을 볼 수 있게 해 준다.

(1) 가계도의 형식

① 표준기호를 사용하여 가족원과 가족의 구조를 서술해 준다.

② 표준기호를 사용하여 가족관계 유형을 나타낸다(예: 친밀, 적대 등).

③ 가족의 만성적 질병이나 문제를 기재한다.

④ 직업, 학력, 종교, 가정폭력, 알코올이나 흡연문제, 이사 등의 정보를 기재할 수 있다.

(2) 가계도 면접의 개요

① 제시된 문제에 대한 질문

② 가족구조(가구)에 대한 질문

③ 부모의 출생가족에 대한 정보를 수집

④ 조부모 세대에 대한 질문

⑤ 문화적 배경(사회계층, 출신지역)이나 출신국가(국제결혼 등)에 대한 질문

⑥ 성역할 태도에 대한 질문

⑦ 주요 생활사건(사망, 질병, 전쟁 등)에 대한 질문

⑧ 가족관계(단절, 연합, 지배 등)에 대한 탐색

⑨ 가족역할에 대한 탐색

⑩ 가족의 강점(유머, 신앙, 용기 등)에 대한 탐색

⑪ 개인의 기능(정신적 문제, 중독, 의료적 문제, 법적 문제 등)에 대한 탐색

(3) 가계도 해석

① 가족의 구조 및 구성을 알 수 있다.

② 생활주기상 가족의 위치를 알 수 있다.

③ 세대에 걸쳐 반복되는 유형을 알 수 있다.

④ 가족역할과 기능의 균형 여부를 알 수 있다.

2) 생태도

생태도는 가족과 가족의 생활공간 안에 있는 사람 및 기관 간의 연계를 그림으로 나타낸 것으로, 가족 내 역동과 가족 외 역동에 대한 많은 정보를 얻을 수 있다

(1) 생태도 작성방법

① 우선 중앙에 원을 그리고 원 안에 내담자 가족의 지도(가계도)를 그려 넣음

② 현재 함께 살고 있지 않은 가족은 원 밖에 배치

③ 내담자 가족에 영향을 미치는 환경체계(학교, 직장, 복지관 등)들을 원 밖의 주변에 배치

④ 환경체계를 표시하는 원 안에 관련 사항을 간략하게 기입

⑤ 내담자 가족체계와 모든 환경체계 간의 상호교류를 기호로 표기(상호교류의 성격에 따라 강한 관계, 약한 관계, 갈등관계 등을 표시하는 다양한 선을 사용)

(2) 생태도의 예

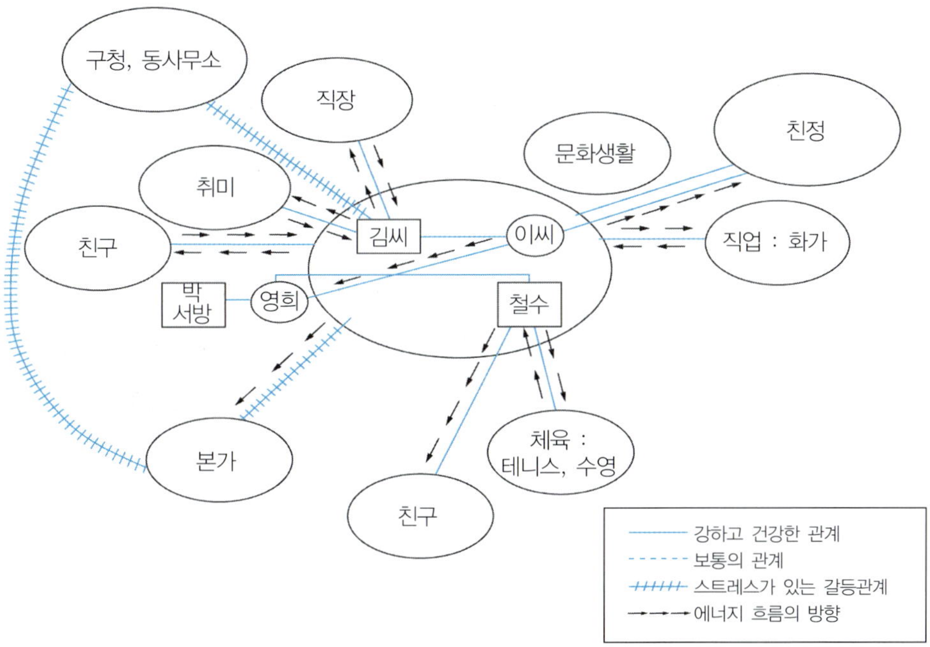

[그림 15-1] 생태도

3) 검사도구-TCI

(1) 도구의 목적 및 주요 개념

TCI(Temperament and Characther Inventory)

Backspace는 C.R.Cloninger의 심리생물학적 인성모델에 기초하여 개발된 검사다.

TCI는 기존의 다른 인성검사들과 달리 한 개인의 기질과 성격을 구분하여 측정할 수 있다는 큰 장점이 있다.

기질과 성격을 종합적으로 평가하는 TCI를 통해서 한 개인의 사고방식, 감정양식, 행동패턴, 대인관계 양상, 선호 경향 등을 폭넓고 정교하게 이해할 수 있다.

기질은 보통 타고난 것으로 평생을 걸쳐서 잘 바뀌지 않는다고 하고 후천적인 어떤 환경 영향에서 경험하느냐에 따라 달라지는데 이런 부분을 성격이라고 한다.

(2) 평가방법

검사지와 응답지를 주어 검사받게 한 뒤, 치료자가 가치 중립적이며 성장 지향적인 기질과 성격을 이해할 수 있게 전문적 지식을 갖춘 상담자가 해석한다.

(3) 결과해석과 적용

결과해석은 내담자에 대한 탐색으로 연결될 수 있으며, 부부관계에서 각자의 기질과 성격이 다르다는 사실을 확인하는 것은 관계를 상호 보완적으로 작용하도록 돕는다. 검사 활용할 때는 서로 다름과 취약한 부분, 강점 등을 이해하고, 수용, 변화하도록 돕는 데 초점을 둔다.

4) 검사도구–ENRICH

(1) 도구의 목적 및 중요내용 핵심체크

부부 및 커플관계 평가도구로 결혼 향상이나 치료의 방향을 제시해 준다.

부부관계의 강점과 약점을 파악하여 치료과 결혼 향상에 도움을 주고, 원가족에 대한 이해를 도우며, 개인, 커플, 가족의 목표를 세울 수 있도록 도와준다.

(2) 평가방법

부부가 다른 공간에서 검사 받는 것이 바람직하다. 검사결과를 받는 데 약 2주가 걸리므로, 다음 치료 날짜를 잡을 때 이를 고려해야 한다.

(3) 결과해석과 적용

부부관계의 강점 영역은 부부가 높은 일치감과 더불어 만족감을 나타내는 영역이다.

성장필요 영역(약점)은 부부가 낮은 일치감과 만족감을 나타낸 영역으로 변화가 요구된다.

부부 유형을 다섯 가지로 나누어 부부치료 계획을 수립하는 데 참고할 수 있다.

5) 순환모델

(1) 도구의 목적 및 주요 개념

가족기능의 핵심 영역으로 응집성과 적응성을 선택하여 가족 유형을 범주화하도록 돕는다.

순환모델을 바탕으로 개발된 평가도구로서 내부자 척도(자기보고식)인 FACES와 외부관찰자 척도인 CRS가 있다.

(2) 평가방법 및 검사의 적용

가족의 응집성과 적응성에 대한 FACES나 CRS를 활용한 종합적 평가를 통해 지도상에 가족 유형을 표시할 수 있다.

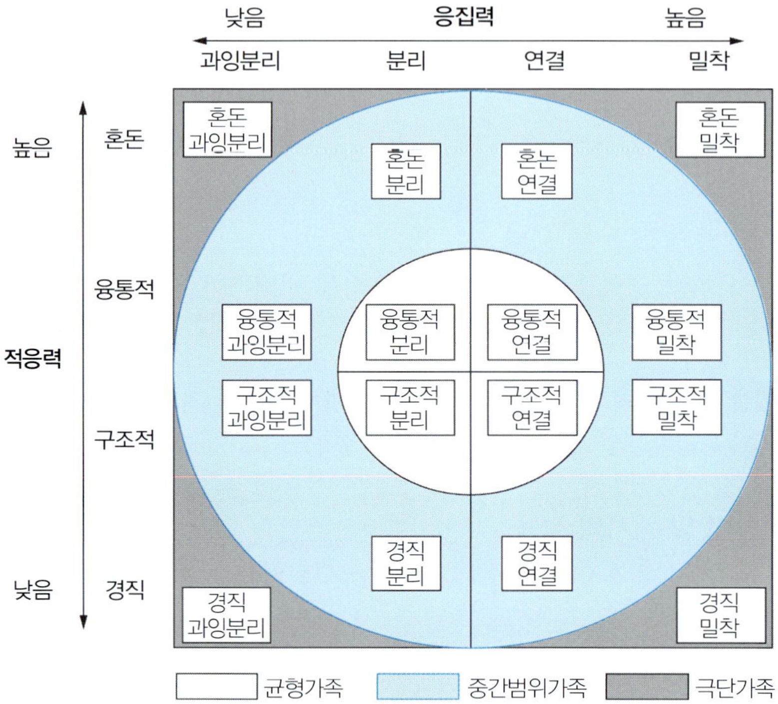

[그림 15-2] 순환모델

4 가족평가의 주체

1) 가족체계모형에 따른 전문가 중심의 평가

치료자는 가족체계 이론에 기초하여 개별 가족원 한명 한명에 대한 정보보다 그들의 관계 유형과 구조, 그리고 이것을 유지하는 규칙에 주목하고, 평가의 초점을 전체 가족 과정에 둔다.

(1) **전체성**: 가족이 일치되고 일관성 있는 가족 이미지를 가질수록 편안하고 예측 가능한 의사소통이 이루어질 수 있다.

(2) **상호 의존성의 정도:** 적당한 연결감(친밀감)과 적당한 분리감(자율성)을 보장하는 가족체계가 가장 기능적이라고 할 수 있다.

(3) **경계의 투과성:** 명확한 경계는 가족원의 발달수준과 외부의 변화에 적절하게 분명한 경계를 유지하여 자율성과 독립성을 보장하는 한편, 융통성을 발휘해 원활한 의사소통과 정서적 지원을 교환할 수 있도록 도와준다.

(4) **가족규칙의 경직성:** 시간에 걸쳐 가족행동을 제한하는 관계상의 합의를 말한다. 상위규칙은 '규칙을 총괄하는 규칙'으로, 가족원이 하위규칙을 어떻게 유지하고 변화시킬 것인가에 대한 규칙을 의미한다.

(5) **가족신화:** 가족원이 공유하는 잘못된 기대와 신념으로, 역기능적 가족이 상호작용을 유지하는 과정에서 이를 합리화하는 데 조직적인 신념으로 활용한다.

(6) **위계와 가족권력:** 가족원 중 누구에게 권력이 집중되어 있는지, 누가 가장 영향력 있는 사람인지, 가족원 중 누가 통제받는 입장인지 등에 주목하여 가족 내 권력과 위계를 평가할 수 있다.

(7) **하위체계:** 가족의 하위체계 기능을 살펴보고 재배열하거나 위계구조를 변화시키기 위한 개입을 계획한다.

(8) **상위체계:** 가족체계 내의 가족원 모두의 사회적 관계망을 조사하는 것으로, 생태도나 다이어그램을 활용할 수 있다.

(9) **가족 의사소통의 평가:** 의사소통의 명확성, 양, 질, 자기 노출이 잘 되는지 여부, 의사소통의 유형 등을 평가한다.

2) 포스트모더니즘에 따른 내담자 중심의 평가

가족기능에 대한 평가는 사회·문화적 맥락에 따라서, 전문가의 지식, 권력에 의해서 또는 가치가 내재된 여러 맥락 내에서 영향을 받는 행위이다. 문제와 해결 방법에 대해 전문가는 상담자가 아닌 내담자이며, 상담자는 단지 가족의 이야기와 목표 반응에 대한 정보를 요청해야 하는 입장이라는 견해를 가진다. 따라서 내담자에 대한 전문가의 평가는 최소화되고, 내담자가 문제의 해답을 가지고 있다는 입장으로 내담자가 찾을 수 있도록 내담자 본인의 평가 비중은 증가된다. 전문가와 내담자가 체계적이고 협동적인 과정을 거쳐 통합적으로 평가한다.

상담자 자기평가 항목

- 상담자는 중산층 핵가족을 준거로 하는 정상가족 이데올로기를 내면화하고 있지 않나?
- 상담자를 가족내 성별, 권력 불평등에 관심을 갖고 있나?
- 상담자는 가족이 처한 빈곤과 차별 문제에 대한 사회적 맥락에 관심을 갖고 있지 않나?
- 상담자의 신념체계와 내담자 가족의 신념체계는 어떻게 상호작용하고 있나?

평가 문제

01 다음 중 가족생활주기에 대한 설명으로 알맞은 것은?

① 가족의 기능과 역할을 평가할 때 고려해야 하는 기본 개념이다.
② 길레스피와 스태만은 처음으로 가족발달적 관점에서 고전적 가족생활주기 개념을 소개하였다.
③ 카터와 맥골드릭은 가족생활 주기 중에서 부부관계에 대한 단계를 중시하였다.
④ 란섬은 정상 가족의 가족생활주기에 관심을 가졌다.

[정답] ❶

02 가족 역사를 파악하고, 가족환경에 대한 총체적인 파악을 위해 시간대별로 가족생활을 정리한 것은?

① 가계도 ② 가족연대기
③ 집 평면도 ④ 가족인형극

[정답] ❶

03 가족평가가 어려운 이유가 아닌 것은?

① 누구로부터 정보를 얻느냐에 따라 평가결과가 달라진다.
② 가족평가 도구가 충분히 개발되어 있지 못하다.
③ 두 명 이상으로 구성되어 있어 집단특성을 그려내기 어렵다.
④ 가족치료모델에 따라 평가내용이 달라질 수 있다.

[정답] ❷

04 다음은 어떤 가족평가방법에 대한 설명한 것인가?

• 투사적 방법으로 가족이 뭔가 하고 있는 것을 그리도록 함으로써 내담자의 자기 개념뿐 아니라 대인관계 영역에서 내담자의 감정을 끌어 낼 수 있다.
• 가족집단의 체계적 역동을 파악하는 데 도움을 주는 방법이다.

① 가족조각 ② 가족지도
③ 역할극 ④ 동적 가족화(KFD)

[정답] ❹

05 접수상담에서 상담자가 점검해야 할 내용과 거리가 먼 것은?

① 가족상담을 의뢰하게 된 계기
② 가족의 최근 변화와 문제탐색
③ 치료에 참여하는 가족의 범위
④ 가족상담 효과에 대한 가족원들의 기대

[정답] ❹

16 Chapter

가족상담의 윤리적 쟁점

가족상담은 한 개인이 아니고 가족 혹은 커플이라는 집단(group)체계(system)을 관점으로 하는 전문적 서비스에 대한 시대적 요구에 부응해야 하고, 이에 따르는 예기치 못한 상황에 대한 적절한 대처가 요구된다.

따라서 부부, 가족을 함께 면접해보는 훈련, 가족집단 역동의 이해, 상담자의 중립적 위치 등에 대한 전문적 지식과 경험이 필요하다.

여러 가지 상황에 대한 적절한 대처가 요구되며, 법이나 윤리 차원에서의 문제해결을 모색해야 하는 경우도 상당수 발생할 수 있으므로 윤리적 딜레마를 해결해야 하는 상담자와 내담자의 정신건강을 관리하는 것은 매우 중요하다. 따라서 전문가에게 일반적으로 통용되는 윤리원칙들과 함께 치료 대상이 개인에서 가족으로 확대되고 있다.

한국의 가족상담은 역사가 그리 길지 않으므로, 관련 윤리규정이 계속 정비되고 있다. 이 같은 현실 속에서 일부에서는 가족치료를 임상적 개입의 문제로만 볼 뿐, 윤리적 차원의 문제라는 인식조차 안 되는 경우도 발생하고 있다. 따라서 이에 대한 합리적인 방침의 마련과 치료자가 윤리적 문제에 대한 민감성을 키우는 전문가 자세는 윤리적 문제의 발생 소지를 줄이고, 문제 발생 시 효과적인 대처를 위해 중요하다. 임상가들은 다양한 윤리적 딜레마를 해결하는 데 실질적인 도움을 주기 위해 윤리적 의사결정모델을 제시하고 있다.

•각 상담관련 학회에서는 윤리강령을 제정하기 시작.
– 미국상담학회(American Counseling Association, ACA): 1996년 처음 제정
– 한국상담학회: 미국과 독일의 심리학회의 윤리기준 참고. 2002년 8월 처음 제정
– 한국상담심리학회: 미국심리학회와 미국상담학회의 윤리기준 참조. 2003년 5월 처음 제정.
→ 한국의 상담 역사는 1958년 기점이후로 지금까지 윤리규정이 계속 정비되고 있다.

• 가족상담분야 윤리강령항목

AAMFT Code of Ethics	한국가족치료학회 윤리강령
• 내담자에 대한 책임(Responsibility to clients) • 비밀유지(Cofidentiality) • 전문가로서의 능력과 품위유지(Professional competence & integrity) • 학생과 피지도감독자에 대한 책임(Responsibility to students and supervisees) • 연구출판윤리(Research and publication) • 온라인상담윤리(Technology-assisted professional service) • 전문가로서의 평가(Professional evaluations) • 재정관리(Financial arrangements) • 홍보 윤리(Advertising)	• 내담자에 대한 책임 • 비밀유지 • 전문가로서의 능력과 품위유지 • 학생과 피지도감독자에 대한 책임 • 연구참여자에 대한 책임 • 전문직에 대한 책임 • 타전문가와의 관계 • 윤리문제 해결

1 가치와 윤리

1) 가치

개인이 특정한 상황에서 가족 안에서 여러 이슈들이 어떻게 행동해야 할지를 결정하고자 할 때 지침이 되는 것을 말한다. 상담자의 가치체계의 요소는 전문적 가치, 개인적 가치, 사회적 가치가 있다. 가족구성원에 의해 바람직하다고 생각하는 것 혹은 개인이 선호하는 것을 말한다.

즉, 상담사가 '더 옳다'고 생각하는 쪽으로 내담자를 끌고자 할 가능성도 있다. '상담사의 중립성', '내담자의 자기결정권보장', '내담자에게 유익한 것을 하고 해로운 것을 하지말 것'이라는 윤리적으로 작용된다.

2) 윤리와 윤리적 딜레마

윤리는 마땅히 지켜야 할 도리, 인간 행위의 규범에 관하여 판단기준이 되는 것으로, '행동화된 가치'를 말한다. 가족치료 실천에서 윤리적 딜레마는 두 가지 이상의 상충되는 가치와 그에 따른 윤리적 의무가 존재할 때 발생한다. 즉 '다른 행동을 취할 더 나은 이유가 있는 상황'이라고 정의할 수 있다(Woody, 1990: 133). 예를 들어, 매 맞는 아내의 신변보호 과정에서 부부갈등에 대한 정보가 직장에 알려지게 되는 경우에 가족상담자는 구성원의 안전보장과 비밀보장이라는 두 가지 윤리적 의무 사이에서 딜레마 상황에 처하게 된다.

2 가족상담의 주요 윤리원칙

가족상담자의 윤리원칙은 정신건강분야 전문직의 윤리원칙과 공통점이 있다. 다음은 가족치료자가 내담자, 동료가족치료자, 훈련생, 연구대상, 사회일반을 포함하는 다양한 대상과의 관계에서 기본적으로 지켜야 할 윤리원칙을 미국 부부.가족치료학회(미국결혼가족치료학회(AAMFT:American Association for Marriage and Family Therapy)윤리강령과 한국가족치료학회, 한국상담학회 부부가족분과, 한국상담심리학회 등 한국가족관계학회의 윤리강령을 토대로 설명하였다.

1) 가족상담자의 역할과 내담 보호

(1) 긍정적인 환경 조성자의 역할

가족의 말을 잘 듣고 수용하며 공감하면서 잘 지지해 주어야 한다. 또한 상담과정에서 변화가 허용될 수 있는 안전한 환경과 분위기를 만들어 주고 이를 촉진하고 지속시키는 일을 해야 한다.

(2) 객관적인 중립자의 역할

상담사는 가족구성원에게 언어, 행동, 감정 표현을 객관화 시킨다.

(3) 안내자의 역할

전문가로서 확신을 가지고 임해야 하며 가족치료 계획 및 과정 이론개입을 이해시키고 설명하는 역할을 하게 된다.

가족원의 역기능적인 행동이 새로운 기능적인 행동방식으로 바뀌도록 돕고 변화를 촉진 시키도록 안내 역할을 한다.

(4) 내담자 중심, 보호 개인특성 존중

가족관련 가치관이 개입될 경우 치료자는 내담자의 인종, 성별, 종교, 출신국가 등에 관계없이 전문적 서비스를 제공하고 내담자를 공정하게 대우해야 한다.

(5) 이중관계 금지

치료자는 내담자와의 사적 관계를 피하기 위해 모든 노력을 기울여야 한다.

(6) 상담사 역전이, 삼각화 문제

상담사는 자신의 미해결된 과제, 또는 편파성에 대해서 자각하고 필요시 수퍼비전등을 통해 중립성 유지에 힘쓰도록 한다.

상담사는 부부 · 가족상담임을 전제로 하고 개인상담과 병행할 수 있는데 이때 상담과정에서 가치관, 역전이, 삼각화 등의 문제가 될 수 있다.

(7) 자기결정권 존중

치료자는 내담자의 결정할 권리를 존중하되, 내담자가 책임 있는 결정을 내릴 수 있도록 도와주어야 한다.

(8) 미성년 자녀에 대한 부모의 알 권리

미성년 자녀라 할지라도 상담내용을 부모에게 다 알릴 필요는 없다. 따라서 내담자녀에게 상담내용이 부모에게 비밀로 유지된다는 것을 원칙적으로 알려 주고 시작한다. 그러나 안전과 관련하여 부모가 알아야 할 경우라고 생각되는 것은 "너와 의논한 후에" 부모님께 알려드리게 될 것이라고 미리 말한다. 내담아동/청소년의 최상의 이익에 초점을 두고 상담 정보를 무리하게 공개하지 않는다.

(9) 치료종결이나 의뢰에 대한 책임

치료자는 내담자가 상담적 관계로부터 도움을 받고 있는 것이 분명하다고 판단되는 경우에만 상담적 관계를 지속해야 한다.

(10) 고지된 동의

상담을 시작하기 전에 필요한 절차로, 내담자로 하여금 자신의 권리와 책임에 대해 충분히 이해한 상태에서 치료에 동의하도록 하는 절차를 말한다.

고지된 동의에 포함되어야 할 내용

- 비밀보장의 한계
- 상담기록의 성격과 범위
- 상담자의 직책, 경험, 훈련, 전문영역
- 상담모델과 상담계획과 치료대안
- 예상되는 치료기간
- 상담에 따르는 위험
- 비용 및 청구방법
- 내담자의 상담중단 권리

2) 비밀보장

(1) 비밀보장 원칙

상담자가 내담자와의 신뢰관계에 근거하여 얻은 정보를 내담자의 사전 동의 없이는 타인에게 발설하지 않는 것을 말한다.

(2) 가족원 간의 비밀보장 원칙

가족상담 중 개별가족성원과 별도 면접이 진행되는 경우 상담자가 내담자와의 신뢰관계에 근거하여 얻은 정보를 내담자의 사전동의 없이는 타인에게 말하지 않는 것을 말한다.

이런 경우 상담자가 비밀과 공유된 이야기 구분이 쉽지 않고, 상담 중 내담자가 비밀로 해달라고 요청할 때 '왜 그 이야기를 비밀로 해야 하는지, 그것이 알려지게 되면 무엇이 두려운지'를 내담자와 상담과정을 통해 비밀 자체에 대해 작업을 하는 것이 필요하다.

(3) 치료대화에 관한 비밀유지 특권

상담자가 상담 과정 중 알게 된 내담자에 대한 정보를 내담자의 사전동의 없이 법적 소송 중에 상담자가 증인으로서 외부(법정)에 상담내용을 공개할 수 없도록 하는 내담자의 법적 권리를 말한다.

(4) 단, 비밀유지 특권의 예외 상황은 아래와 같다.

① 내담자가 신체적 자해나 타해의 위험에 처해 있을 때

② 아동, 장애인, 노인 등 보호대상자에 대한 학대나 유기주장이 있을 때

> 내담자인 자녀가 비밀유지를 원하는 약물남용, 비행, 혼전임신등과 같은 미성년자녀에 대한 정보는 내담자에게 알려야 하는가?
> 내담자를 포함한 사람의 생명과 안전우선원칙과, 내담자의 유익함이라는 원칙에 부합하는가?

③ 학대, 폭력, 위험성 등을 이유로 법원이 명령했을 때

(위 내용의 경우 비밀보장은 불가함을 미리 고지 서약서 작성하고 상담을 시작한다.)

④ 가정폭력이 있을 때

폭력의 위협이 있는 상황에서 부부상담이 원활하지 못할 가능성과 부부상담이 또 다른 가정폭력의 도화선이 될 가능성을 고려하여 위협적인 가정폭력이 현재 진행 중인 경우 상담하지 않는 것을 원칙으로 한다.

어느 정도 6개월 이상 폭력이 멈춘 후 법원명령의 부부상담을 진행할 때 상담 만남 시간 약속을 서로 다르게 남편을 30분 먼저 오도록 하고, 아내는 그 후 도착하도록 하여 개별 약속시간을 한다. 회기별 상담을 마칠 때도 30분 전 아내를 먼저 보내고, 그 후 남편을 보낸다.

첫회기에서 반드시 부부개별상담으로 가정폭력 여부에 대한 빈도를 확인 체크하도록 하여 필요시 '여성위기전화 1366', '가정폭력상담소', '아동권보장원', '해바라기센터' 등과 연계하여 서비스를 제공한다.

상담 중에라도 가정폭력 등의 문제가 나타나면 위험 정도를 체크하고 기관연계 및 부부상담을 중단할 수도 있다는 것을 상담계약 동의서를 미리 받는다.

가정폭력이 있는 상담 시 비상벨, CCTV, 법원증언 등으로 상담사의 안전문제를 고려해야 한다.

⑤ 외도 중인 내담자의 부부상담

부부상담으로 온 내담자 중 한 쪽이 은밀하게 외도 진행 중인 경우는 부부상담이 적절하지 못하다. 이 경우 상담을 이용한 상대 배우자의 불만을 잠재움으로써 외도를 지속시키는 부작용으로 더 큰 문제나 어려움에 봉착될 수 있다.

그러나 부부 중 한명을 개인상담 내담자로 상담할 수 있으며, 부부를 각각 따로 다른 상담사에게 의뢰하는 것이 바람직하며, 부부상담의 큰 틀 안에서 개별상담과 가족상담을 혼용하는 것은 가능하다.

3) AAMFT Ccde of Ethics의 전문적 평가

① Performance of Forensic Services(**법의학 서비스 수행**)

가족치료사는 공식적 혹은 비공식적 형태의 면담, 컨설팅, 평가, 보고서, 사정 등의 형태로 법적 서비스를 행할 수 있다.

② Testimony in Legal Proceedings(**법적절차에서의 증언**)

가족치료사는 법정에서 전문가로서의 의견이나 사실관계 증언을 할 때 정당한 근거에 기초하여 최대한 정확하게, 객관적이고 공정하게 그리고 특정 영향력으로부터 독립적으로 하여야 한다.

③ Competence(**가족상담 전문가로서의 역량**)

가족치료사는 법적 증언을 할 때 자신의 학력 및 경력을 통해 그 전문성을 표현한다.

④ Informed Consent(**고지에 대한 동의**)

가족치료사는 평가대상이 되는 사람에게 평가가 될 수도 있음을 알리고 평가의 절차, 정보나 의견서의 용도, 비용부담 관련, 법률시스템 안에서 치료의 역할 등에 대해 알리고 이에 대해 대상자의 서면 동의를 받기 위해 최선의 노력을 한다.

⑤ Avoiding Conflicts(**갈등 피하기**)

가족치료와 평가는 명확하게 구분하다. 가족치료사는 법적 상황에서 이 두 역할의 충돌을 최대한 피해야 하며, 잠정적인 이익 충돌 가능성에 대해 내담자에게 알려야 한다. 법적인 문제가 관여되어 있을 경우는 가족치료사는 치료시작 시 치료사로서의 자신의 역할과 비밀보장의 한계 등을 명확하게 알려야 한다.

⑥ Avoiding Dual Roles(**이중관계 피하기**)

가족치료사는 특별히 법이 정하는 경우 이외에는 법적 효력이 있는 평가서를 제공한그 내담자에게 치료를 제공하지 않도록 한다. 그 반대로 내담자였던 사람에 대하여 평가서를 작성하지 않는다.

⑦ Separation of Custody Evaluation from Therapy(**양육권 평가와 치료의 분리**)

가족치료사는 양육권이나 면접교섭권 문제에 연루된 아동이나 성인을 치료할 때 아동의 양육, 거주, 방문 등에 대한 평가를 수행하지 않도록 하여 이익충돌이 일어나지 않도록 한다. 다만, 평가를 수행하는 법원 조사관이나 정신건강 전문가 등에게 치료자의 관점에서 필요한 정보를 제공할 수 있다. 이 경우 반드시 내담자들에게 정보제공에 대한 동의를 받아야 한다.

⑧ Professional Opinions(**전문가 의견**)

법적인 평가서를 제공하는 가족치료사는 자신이 직접 면담하지 않은 사람에 대하여 전문가로서의 의견을 제공해서는 안된다. 즉, 자신의 능력과 정보의 한계를 명확히 밝혀야 한다.

⑨ Changes in Service(**서비스 변경 사항**)

내담자들은 치료 서비스의 역할에 변화가 있을 경우, 또는 그것이 법에 의해 강제되는 경우에 이에 대하여 전달받아야 한다.

⑩ Familiarity with Rules(**규칙 숙지**)

법적효력이 있는 평가를 제공하는 가족치료사들은 관련된 법과 규정을 잘 알고 있어야 한다.

4) 훈련생 및 연구대상에 대한 책임

상담자는 피고용인이나 훈련생이 자신을 신뢰 또는 의존하는 점을 이용하여 자신의 이익을 추구하는 행위를 해서는 안 된다.

5) 가족상담 전문직에 대한 책임

비밀유지 및 내담자 중심 보호와 상담사 보호를 조직의 회원 혹은 피고용인으로서 전문직에서 요구하는 수준의 서비스를 제공할 책임이 있다.

6) 비용에 대한 합의

상담자는 상담서비스나 슈퍼비전에 대해 적절한 비용을 부과해야 한다.

7) 서비스에 대한 홍보

자신의 가족상담서비스를 홍보함에 있어 상담자는 자신의 능력, 교육, 훈련, 경험을 정확히 밝혀야 한다.

3 가족상담의 윤리적 딜레마

부부 · 가족상담자는 상담적 관계는 물론 교육이나 지도감독, 연구, 자기계발, 전문직과의 관계, 사회와의 관계 등을 두루 포함하는 다양한 영역에서 윤리적 딜레마에 당면하게 된다.

상담사의 원가족문제, 현재 가족 문제 등으로부터 분화되지 못할 경우 역전이 문제도 쉽게 발생할 수 있다.

이러한 경우 상담사는 자신의 역적이 혹은 편파성에 대해서 자각하고 필요시 수퍼비전 등을 통해 중립성 유지에 힘쓰도록 해야 하며, 역량 부족일 경우 내담자 중심 보호를 위해서 다른 상담자에게 연계하는 것이 좋다.

상담장면 이외의 기회를 상담사를 따로 접촉하려는 가족원이 있는 경우, 선물, 내담자 호소 등으로 무의식적 욕구 등으로 삼각화 문제 등으로 이어지지 않도록 상담자는 잘 분별해야 한다.

1) 누구를 내담자로 볼 것인가에 대한 세가지 입장

① 체계로서의 가족에 초점을 두는 입장

② 가족 대 개인의 균형을 강조하는 입장

③ 개인의 내담자 복지에 초점을 두는 입장

2) 어떤 비밀을 어디까지 보장해야 하는가?

① 고지된 동의: 서명을 받는다.

② 비밀정보를 다루는 방법: 상담사와 내담자 간 비밀로 인한 특수관계가 발생할 수 있어서 비밀정보를 기록할 때 사실(fact)만 기록하고 의견을 기록하지 않는다.

3) 그 외 딜레마

① 이혼전후 상담시 법 체계에서 협조를 요구할 때 제공할 의무가 있는가?

- 법원의뢰 상담시 조관측과 상담사 간의 애매한 협력적인 관계로 법원은 서면자료를 선호할 수 있다. 서면자료 제공은 팩트(fact)에 기초한 정보를 기록하고 '의견'은 가급적 넣지 않는다.
- 내담자 아동의 최상의 이익이라는 관점에서 바른 판단근거와 책임은 딜레마이다. 따라서 상담사는 의견 제공할 때 가급적 구두로 하고 객관적 팩트만 제공한다. 또한 내담자의 동의를 받아야 한다.
- 법정에서 증언이 필요할 때 상담사는 객관성, 근거기반으로 하며, 서면자료 제

공시 내담자의 동의를 얻어 제공되는 자료를 내담자가 미리 검토하게 한 후에 서면 동의를 받는다. 법이 강제하는 상황이 아니라면 의무는 아니라 협조의 차원인 경우가 많다. 회기 기록은 가급적 간략하게 객관적으로 기록한 것을 제공하는 것이 바람직하다.

- 양측 변호사들이 사례에 대한 자료(기록, 심리검사, 녹화나 녹취 등)를 요청할 경우 상담의 전문성을 입증하는 내용(학력, 자격증, 경력 등)을 고지하고, 관계자 외의 다른 사람이 포함되어 있다면 그 사람의 동의가 필요하며, 동의가 없다면 유출 불가능하다.
- 정보 전송시(이메일) 비밀번호 설정 등으로 주의를 기울일 필요가 있으며, 내담자(법적보호자)가 그 자료에 대한 검토 공적 공개에 따른 서면동의한 경우에만 제공할 수 있다.

② 내담자가 원치 않은 결과가 나올 경우 어떻게 할 것인가?

ex) 배우자를 심리적으로 문제있는 사람으로 증명하려고 상담을 받으러 왔는데 본인의 문제가 더 보여질 경우

③ 치료자와 내담자의 다중관계는 어디서 부터인가?

ex) 같은 종교단체를 다닐 때, 내담자가 아는 사람을 상담에 소개해 줄 때 등

④ 정신과 진단명을 부부나 가족상담에서 가족 구성원들에게 알려야 하는가?

ex) 배우자가 결혼 전 혹은 결혼 후 정신적 질병이나 신체적 질병이 있을 경우

4 윤리적 의사결정모델

다양하게 발생될 수 있는 치료자의 윤리적 딜레마의 해결을 위해 아래와 같은 윤리적 의사결정방법을 활용할 수 있다.

- 윤리원칙 1 : 생명보호의 원칙
- 윤리원칙 2 : 평등과 불평등의 원칙
- 윤리원칙 3 : 자율성과 자유의 원칙
- 윤리원칙 4 : 최소한 손실의 원칙
- 윤리원칙 5 : 삶의 질의 원칙
- 윤리원칙 6 : 사생활보호와 비밀보장의 원칙
- 윤리원칙 7 : 진실성과 정보개방의 원칙

1) 상담자의 윤리적 의사결정을 위한 세가지 방법

① 윤리적 사정

② 윤리규칙 검토

③ 윤리원칙 검토

상담자가 윤리적 딜레마를 해결하기 위해 보편적인 윤리원칙 검토방법은 윤리원칙을 중요한 것부터 덜 중요한 것 순서대로 나열하고, 일단 순서가 확정되면 높은 순위의 원칙을 먼저 지키고 난 뒤, 낮은 순위의 원칙을 지킨다.

2) 동료나 슈퍼바이저의 자문

3) 전문가조직 윤리위원회의 자문

윤리적 의사결정은 치료자의 지식의 영역인 동시에 훈련의 영역이며, 상담자의 전문성 및 가치관 윤리적 '근력'을 키워야 한다. 많은 가족상담치료자의 경험 속에서 윤리적 결정과 딜레마일 때 윤리적 판단과정은 동료 및 팀장, 수퍼바이저 자문, 기관의 규정 검토, 학회 윤리위원회 자문을 구하는 순서로 협력적 의사결정과정으로 진행된다. 부부 · 가족상담 전문상담사는 공동체 의식으로 윤리강령을 지키기 위한 지속적 노력이 필요하고 특정 상담사례 사안의 경우, 상담자 보호를 위해 자문과정을 문서화 하는 것이 필요하다.

5 가족상담에서 윤리적 딜레마 사례

① 상담을 마친 후 상담자와 내담자가 다중관계 상황에 직면할 경우

상담 이후 상담자는 아래와 같은 다중관계 상황의 윤리적 딜레마에 직면할 수 있다.

- 내담자와 친구로 지내기
- 고용인에게 상담 제공하기
- 내담자를 고용하기
- 현재 그리고 과거의 내담자와 사업 시작하기
- 학생과 슈퍼바이지에게 상담 제공하기
- 치료자의 교육 코스에 등록하도록 허락하기
- 파티에 내담자 초대하기
- 내담자에게 물건 팔기

깁(Gibb, 2005)는 다중관계로 인해 발생된 부정적 결과를 경험한 내담자들은 "강력한 손상"으로 인해 고통을 경험했고, 치료자와 우정관계 형성을 후회하지 않는다고 한 내담자들조차도 고통, 혼란감, 거북함, 상실감 등 많은 부정적 감정을 보고했다고 한다.

따라서 치료자는 내담자와 다중관계를 형성하는 것에 주의가 필요하며, 이 관계가 시작되기 전에 내담자 혹은 동료 전문가들과 충분한 의견교환과 검토가 필요하다.

출처: Anderson & Kitcher, 1996; Nigro, 2004b.

② 내담자들이 주는 선물

내담자들이 상담자에게 선물을 주는 경우, 치료자에게 특별한 사람이 되고자 하거나, 양질의 서비스의 수단으로 삼거나, 치료의 문제(상담자의 관심 유도, 치료자와의 분리불안 등)와 연결될 수 있으므로 주의가 필요하다. 내담자가 상담자에게 선물을 주는 경우에서 중요한 것은, 선물이 제공된 상황, 상담자의 태도와 선물의 영향력이다.

내담자가 선물을 주는 맥락에 대한 이해와 상담자로서 선물을 원하거나 사양하는 자신의 동기를 먼저 고려해야 한다. 일부 선물의 경우 존경이나 감사의 표시일 수 있기 때문이다. 만약 선물이 더 나은 서비스를 위한 대가(내담자에게 상담자가 조정당할 수 있음)이거나 혹은 내담자의 역기능의 징후일 경우에는 선물을 받는 것이 내담자의 복지를 방해하고 치료적 진전을 방해하는 결과가 되므로, 상담자는 이를 받아들여서는 안 된다.

그러나 모든 선물을 절대적으로 거절하는 것도 역효과가 있을 수 있다. 내담자의 문화에 따라 사전에 선물을 받지 않는다는 고지를 할 수도 있고(Herlihy & Corey, 1997), 오히려 선물에 대해 부담을 느낄 수 있으므로 상담자는 선물에 대해 내담자가 속한 문화에 대한 이해 후 결정하도록 한다. 아래와 같은 경우는 선물이 윤리적일 수 있다.

※ 선물이 윤리적인 경우

- 내담자의 복지를 위협하기보다 증진할 경우
- 선물로 인해 상담자가 객관성을 잃지 않을 수 있고, 서비스의 질을 향상시킬 내담자의 의도가 없을 경우
- 내담자의 문화적 기준에서, 감사의 의미로 적절하고, 금전적 가치(미국의 경우 20$ 내외)
- 치료에서 선물을 주는 행동이 반복적으로 일어나지 않는 경우

출처: Borys & Pope, 1989; Gibson & Pope; 1993; Nigro, 2004a.

③ 내담자가 우연히 상담자와 같은 교회를 다니게 되었을 때 윤리적 문제

상황 : 수줍음이 많은 내담자가 우연히 치료자가 다니는 교회를 다니기 시작했고, 그 사실을 치료자가 알게 되었다. 이 상황은 두 사람이 치료적 관계에 있으므로 윤리적 딜레마에 해당된다. 치료자가 이 상황에서 고려해야 할 윤리내용은 아래와 같다.

- 내담자의 정서적 안정과 내담자의 상담
- 성급한 결정보다 일단 상담자가 일시적으로 교회 참석을 멈추고, 이 문제를 내담자와의 회기로 다룬다.
- 교회가 작고 연대감이 강할 경우 상담의 종결까지 상담자가 다른 교회로 옮기는 것도 고려할 수 있다.
- 교회가 커서 유지할 만할 경우 교회의 공식적 만남 이외에는 시간을 갖지 말고, 교회 내에서도 장시간 접촉은 피하는 것이 좋다.
- 교회 내에서의 상호작용은 가능하나 간단한 선에서 횟수가 잦지 않도록 한다.
- 교회 내 다른 구성원들에게 둘의 친분을 무엇이라 이야기할지에 대해 의논한다.
- 만일 이 부분이 충분히 논의되지 않은 채 발생되는 문제들에 대한 책임은 내담자가 아닌 상담자에게 있다.

출처: Ethics in Counseling & Psychotherapy, Elizabeth Reynolds Welfel(2006).

④ 아들의 담임교사가 자신의 친구의 상담을 의뢰할 때 윤리적 문제

상황 : 아들의 담임교사가 우울한 자신의 친구를 치료자에게 소개하려는 상황은 장래 내담자와의 이중관계로 윤리적 문제가 생길 수 있으므로, 치료자는 다음과 같은 윤리 내용을 고려해야 한다.

- 담임교사와 친구(내담자) 사이가 매우 친밀여부를 살핀다.
- 담임교사와 친구가 매우 친밀할 경우 담임교사가 친구라고는 하나 상담적 경과나 상담 효과에 영향을 미칠 수 있고, 혹은 상담회기에 직접 참여할 가능성도 있어서 다중관계의 위험성은 커질 수 있다.
- 담임교사의 친구(장래의 내담자)는 친구(담임교사)가 알고 있는 상담자에게 상담받기를 꺼릴 수 있다.
- 그럼에도 불구하고, 상담자를 선택했다면 회기 내에 이에 대해 내담자와 충분한 이야기를 나누어야 한다.
- 이야기 중 내담자가 다른 상담자를 원한다면, 자신의 명함 이외의 적절한 전문가 1~2명을 같이 소개하도록 한다.
- 상담자의 최종 선택은 상담자의 금전적 이득보다 내담자 복지를 위해서 이루어져야 한다.

출처: Ethics in Counseling & Psychotherapy, Elizabeth Reynolds Welfel(2006).

⑤ 학교상담에서의 윤리 원칙(미국 ASCA 윤리강령 참고)

※ 학교상담에서의 윤리적 이슈들

가. 교사들 간 의사소통 vs 상담자의 비밀보장 규칙 사이의 충돌

나. 어려움을 겪고 있는 학생을 도울 의무 vs 부모들의 저항

다. 또래 상담프로그램의 윤리

라. 자살충동을 느끼는 학생들이 있는 학교 상담사의 의무

마. 학교에서 집단상담으로 파생될 수 있는 복잡한 문제들

바. 중등교육 졸업 후의 윤리적인 문제

A. 학생들에 대한 비밀 보장(Issac & Stone, 1999; Helms, 2003)

- 학교상담 전문가는 비밀보장의 목적(의도), 목표, 기술과 그 절차의 규칙, 법적인 비밀보장의 한계에 관해 학생들이 상담받기 전에 알려준다.
- 학생이나 타인에게 위험을 초래할 만한 일 혹은 법적인 공개조치에 따른 경우가 아니라면 비

밀을 누설하지 않는다.

- 상담관계에서 얻은 정보는 학생의 동의하에서만 타인에게 공개할 수 있고, 이는 상담자의 윤리적 의무이다.

B. 부모/보호자와의 비밀보장(Fischer & Sorenson, 1996; Asca, 1997; 1999)

- 학교상담 전문가는 부모에게 상담자와 학생 사이의 상담의 비밀유지 특성을 알려준다.
- 학교장면에서의 청소년과의 작업은 부모/보호자와의 협력이 필요할 수 있음을 인식한다.
- 부모/보호자에게 학생에 대한 윤리적 책임을 고려하면서 정확하고, 종합적이며, 적절한 정보를 객관적으로 전달한다.
- 학생에 관한 정보는 부모/보호자의 뜻을 존중해 줄 수 있도록 그에 합당한 노력을 기울인다. 이혼이나 별거 부모의 경우 법원의 명령 혹은 중요한 정보에 대해 알려는 선의의 노력을 한다.
- 부모의 법적 권리와 학생(내담자)의 비밀유지 사이의 윤리적 딜레마의 경우, 학생의 상담 내용, 학생의 연령, 이 문제에 대하여 부모가 도움을 줄 수 있는 능력을 갖추고 있는지의 여부, 어떠한 조치가 학생에게 긍정적인 영향을 줄 것인지에 관해 판단이 필요하다.

C. 다른 전문가들과 정보공유

- 학교상담 전문가는 전문가 자문을 위한 내담자에 대한 적절한 가이드라인(인적사항 비밀보장)을 지켜야 한다.
- 학생의 적절한 평가 및 상담을 돕기 위해 필요한 정확하고, 객관적이며, 간결하고, 의미 있는 자료를 전문가 동료들에게 제공한다.
- 만약 학생이 다른 상담자나 다른 정신건강 전문가에게 상담 받고 있다면, 상담자는 학생과 부모/보호자의 동의를 얻은 후 그 다른 전문가에게 정보를 주고, 학생의 혼동과 갈등을 피하기 위한 방안을 강구한다.
- 다른 전문가와 학생의 정보를 공유할 때 정보의 공개에 대한 부모의 권리에 대해 잘 알고 행동한다.

출처: Ethics in Counseling & Psychotherapy〉, Elizabeth Reynolds Welfel(2006).

평가 문제

01 윤리강령에 있는 '비밀보장 예외상황 또는 예외조건'에 해당하지 않는 것은?

① 명백히 내담자를 도울 목적으로 녹음 및 녹화를 할 경우
② 내담자의 생명이나 사회의 안전을 위협하는 경우
③ 내담자가 감염성이 있는 치명적인 질병이 있다는 확실한 정보를 가졌을 경우
④ 법적으로 정보의 공개가 요구되는 경우

[정답] ❶

02 〈보기〉 중 상담 윤리강령의 기능에 해당하는 것은?

보 기

ㄱ. 상담자로 하여금 자신의 사생활과 인격을 보호하는 근거를 제공한다.
ㄴ. 내담자에 대한 상담자의 의무를 분명히 하고, 이러한 의무를 이행하도록 한다.
ㄷ. 상담자의 활동이 전문직으로서의 상담기능과 목적에 저촉되지 않도록 보장한다.
ㄹ. 상담자가 직무수행 중의 갈등을 어떻게 처리해야 할지에 관한 기본입장을 제공한다.

① ㄹ
② ㄴ－ㄹ
③ ㄴ－ㄷ－ㄹ
④ ㄱ－ㄴ－ㄷ－ㄹ

[정답] ❹

03 〈보기〉 중 상담자가 상담에 대해 제공해야 할 정보는?

보 기

ㄱ. 상담자의 자격
ㄴ. 비밀보장의 한계
ㄷ. 상담 시간과 요금
ㄹ. 회기의 녹음과 녹화
ㅁ. 상담자의 의도와 목표

① ㄱ－ㄴ
② ㄱ－ㄴ－ㄹ
③ ㄱ－ㄴ－ㄷ
④ ㄱ－ㄴ－ㄷ－ㄹ－ㅁ

[정답] ❸

04 상담윤리강령에 있는 '내담자의 복지'에 해당하지 않는 것은?

① 상담의 최우선적 책임은 내담자의 존엄성을 존중하고 내담자의 복지를 증진시키는 것이다.

② 상담자는 자신의 고유한 가치, 태도, 신념, 행위가 사회에서 어떻게 적용되는지를 인식한다.

③ 내담자에게 전문적 도움을 주는 것이 어렵다고 판단되면 상담자는 상담관계를 시작하지 않는다.

④ 상담자는 인간의 기본적 권리, 존엄성, 가치를 존중하지만 연령이나 성별, 장애에 대한 차별 인식은 필요하다.

[정답] ❹

05 상담 관련 학회들의 윤리적 강령에 따른 기준을 잘 알고, 또 그것을 지키는 이유로 옳은 것을 모두 고른 것은?

ㄱ. 내담자가 바른 결정을 하도록 돕는다.
ㄴ. 전문성과 관련해 법적인 도전을 받을 수 있다.
ㄷ. 상담전문가 자격 면허 취득 및 유지와 관련이 있다.
ㄹ. 상담전문가는 인간으로서 지녀야 할 권리를 가지고 있는 사회적인 직업이다.

① ㄱ, ㄴ　　② ㄴ, ㄷ

③ ㄱ, ㄷ, ㄹ　　④ ㄴ, ㄷ, ㄹ

[정답] ❷

06 〈보기〉에서 동양상담에 관련되는 것들 중에 옳은 것을 모두 고른 것은?

보 기

ㄱ. 동양상담의 핵심은 마음과 관계다.
ㄴ. 동양상담의 기원은 지역과는 무관하다.
ㄷ. 동양상담에서는 정해진 상담목표가 없다.
ㄹ. 동양을 관통해온 유·불·도라는 사상적 흐름을 바탕으로 형성되고 발전되어 왔다.

① ㄱ, ㄹ　　② ㄱ, ㄴ, ㄷ

③ ㄱ, ㄴ, ㄹ　　④ ㄱ, ㄷ, ㄹ

[정답] ❶

07 다음은 자살위기상담에 대한 설명이다. 이들 중에서 가장 적합한 것은?

① "죽고 싶다"는 말을 습관적으로 하는 사람들이 많이 있다. 상담에서 "죽고 싶다"는 말을 하는 내담자들 중에 약 5~10% 정도만 위기평가나 위기조치가 필요하다.
② 내담자가 자살위기 문제를 가지고 있다면, 자살이나 죽음에 대한 이야기는 피하고, 가급적 삶의 희망에 대해서만 이야기를 해야 한다.
③ 내담자가 심각한 자살위기 문제를 가지고 있을 때는 내담자에게 비밀보장에 대한 약속을 하면 안 된다.
④ 자살위기 문제를 다룰 때는 지지요법보다는 통찰요법이 더 적합하다.

[정답] ❸

08 위기상담으로 개입하려 할 때 고려해야 할 요인으로 적절하지 않은 것은?

① 상담을 받을 의지가 있는가?
② 타인에게 해를 끼칠 가능성이 있는가?
③ 심리적 외상이 있는가?
④ 자기 스스로를 보호할 수 없는 상태인가?

[정답] ❶

09 위기상황에 있는 내담자를 면접할 때 필요한 기술과 책임사항으로 적절하지 않은 것은?

① 면접의 초점 맞추기
② 상담자 자신 돌보기
③ 강한 감정에 초점 두기
④ 분석에서 문제해결로 전환하기

[정답] ❸

10 상담자가 내담자를 이해하고 평가하기 위한 내용으로서 가장 적합하지 않은 것은?

① 상담 또는 정신과적 치료경험이나 신체적 건강상태
② 성격장애나 반사회적 행동과 같은 성격적 측면의 증상들
③ 가정생활이나 학교생활에서 여러 가지 대인관계적 양상들
④ 상담에서 치료적 관계를 저해하는 도덕적 행위

[정답] ❹

11 유능한 상담자의 자질에 관한 설명으로 적절한 것은?

① 인격적인 성숙을 완전히 이루어야 유능한 상담자가 될 수 있다.
② 유능한 상담자는 다른 사람에게 자신을 그대로 내보이지 않는다.
③ 유능한 상담자는 역전이를 일으키는 상담관계는 지속하지 않는다.
④ 유능한 상담자는 온정적이고 깊은 인간관계를 발전시켜 나갈 수 있다.

[정답] ❹

12 다음 중 유능한 상담자의 인간적 특성에 관한 설명 중 잘못된 것은?

① 유능한 상담자는 자기 정체감을 가지고 있다.
② 항상 진지한 태도를 유지하여 유머 등은 사용하지 않는다.
③ 변화에 개방적이다.
④ 상담자로서의 자신의 힘을 인정하고 수용할 수 있다.

[정답] ❷

13 상담에 대한 설명으로 적절한 것은?

① 상담활동의 주체는 상담자이다.
② 내담자는 상담자의 조력자이다.
③ 상담은 내담자의 자각 확장을 이루도록 조력하는 활동이다.
④ 상담은 내담자의 전반적인 문제를 모두 해결해 주는 과정이다.

[정답] ❸

14 위기상담 시 각 단계별 기법이 적절하게 연결되지 않은 것은?

① 위기문제 평가 단계－반영적 경청
② 위기당사자 능력 증대 단계－구체화
③ 잠재적 해결책 고려 단계－브레인스토밍
④ 성공적인 해결책 선택 단계－직면

[정답] ❹

15 가족생활주기 중 자녀가 자립을 원하는 단계로서, 부모-자녀관계에 큰 변화가 있고, 일반적으로 자녀가 들락거리게 되어서 가족의 경계는 점차 유연해지는 단계는?

① 어린 자녀를 둔 가족
② 노년기를 보내는 가족
③ 독립하는 자녀를 둔 가족
④ 사춘기(청년기) 자녀가 있는 가족

[정답] ❹

16 가족상담을 실시할 때 가장 기본적으로 지켜야 할 사항은?

① 가족의 현재보다는 과거에 초점을 두고 실시한다.
② 가족관계상 문제를 선형적 인과론적 관점에서 보도록 한다.
③ 가족을 하나의 체계로 보고 관계적 측면, 상호작용적 측면을 중시한다.
④ 누가, 무엇이 문제를 일으키는지, 원인규명에 초점을 두고 인과관계를 매우 중시한다.

[정답] ❸

17 가족상담의 철학적 가정에 대한 설명 중 틀린 것은?

① 상담자와의 관계에서 전문적 순환성을 갖는다.
② 마음의 구성원리로 비합산의 원리를 지니고 있다.
③ 병리적인 초점을 정신 내면의 과정을 탐색하는 데 둔다.
④ 이론적 특성으로 생물학적 이론의 배경을 지니고 있다.

[정답] ❸

18 다음 중 가족상담의 이론적 원리에 영향을 준 요인이 아닌 것은?

① 선택 이론
② 항상성 이론
③ 일반체계 이론
④ 사이버네틱스 이론

[정답] ❶

19 가족을 이해하는 데 도움이 되는 여러 개념을 설명한 것이다. 바르게 된 것은?

① 원가족 — 결혼으로 인해 만들어진 새로운 가족
② 가족규칙 — 가족이 갖고 있는 가족 이데올로기
③ 가족신화 — 가족이 지속적으로 보여주는 행동 유형
④ 가족항상성 — 가족 간에 평형을 유지하려는 경향성

[정답] ❹

20 다음 중 해결중심 가족상담, 이야기 가족치료와 같은 혁신적인 가족상담 모델 개발의 배경으로 작용한 것은?

① 본질주의　　② 기계론적 관점
③ 포스트모더니즘　　④ 역할이론

[정답] ❸

21 다음 중 가족을 사정(assessment)할 때 포함되어야 할 내용에 해당되지 않는 것은?

① 가족역동
② 개입계획
③ 위기와 스트레스 사건
④ 가족발달 단계와 발달과제 수행정도

[정답] ❷

22 가족상담의 철학 및 가정에 대한 설명 중 맞는 것은?

① 기계론적 세계관을 가진다.
② 주체/객체의 이원론으로 접근한다.
③ 상호 의존적 전체성을 중시한다.
④ 문제발생의 법칙과 원인에 초점을 둔다.

[정답] ❸

23 가계도(genogram)에 관한 설명 중 틀린 것은?

① 남편과 아내의 3대에 걸친 가족원 정보와 생활사건을 표기한다.
② 세대에 걸쳐 반복되는 사건이나 정서적 과정에 관한 자료를 조직하기 위해 사용한다.
③ 내담자의 현재 문제와 가족의 정서체계의 연관성에 대한 이해를 돕고 변화동기를 높이고자 사용한다.
④ 정서적 단절관계를 -------- 로 표기한다.

[정답] ❹

24 가족상담을 종결할 때 고려할 사항과 관련이 적은 것은?

① 제시된 문제의 해결정도
② 가족원 간의 관계 개선정도
③ 상담자의 합류 정도
④ 미래에 대한 자신감

[정답] ❸

부록

나를 알립니다

안녕하세요?

오늘 여러분과 함께 참 만남의 시간을 갖게 되어 기쁩니다.

저는 고향은 ________________이고, 이름은 __________입니다.

저의 집은 _____________________________________에 있고요.

함께 살고 있는 가족은 __________________이고, _________명입니다.

요즘 들어 가족 중 저를 가장 행복하게 해 준 사람은 ___________인데,

그 이유는 ____입니다.

지금까지 살아요 "인생살이 만족도"는 _____________% 정도지만,

10년 후의 모습에서는 _____________%가 될 것을 확신합니다.

나의 가족으로부터 얻고 싶은 점수는 ___________점 정도라고 생각하고

그 평가에 대해 _______________________________한 심정입니다.

오늘도 내가 행복한 이유는 ________________________이지요.

만일 내가 한 달간 여행을 떠난다면 ______________와 함께 하고 싶습니다.

그 이유는 ______________________________________입니다.

나의 취미는 _____________이고, 음식은 _____________를(을)

좋아하는 색은 ___________이고, 장래희망은 __________입니다.

나를 자연물에 비유해 별칭을 짓는다면 ______________라 하고 싶습니다.

그 이유는 _________________________________이기 때문입니다.

♡나는   라서 좋다.

성격유형검사

※ 다음 문장을 읽고 자신의 평소에 행동하던 사항에 모두 (V) 표를 하세요.

나는 일단 결정하면 행동으로 옮긴다. ( ) 여러 번 생각한 끝에 결정을 내린다. ( ) 나는 어떤 일이든 따지려 든다. ( ) 나는 몇 번이고 생각하고 검토한다. ( ) 나는 앞에 나서기를 꺼린다. ( ) 나는 조심성이 많다. ( ) 자신의 의견을 잘 표현하지 않는다. ( ) 나는 끈기가 있다. ( ) 나는 부끄럼을 잘 탄다. ( ) 나는 조용한 편이다. ( ) 나는 끈기가 없다. ( ) 동정심이 많기보다는 냉철하다. ( ) 솔직하고 직선적이다. ( ) 잘 긴장하고 침착하지 못하다. ( ) 나는 쉽게 당황한다. ( ) 지시나 충고를 쉽게 받아들인다. ( ) 나는 규칙을 잘 지킨다. ( ) 자신의 의견을 잘 제안하지 못한다. ( ) 다른 사람들이 하는 대로 잘 따른다. ( ) 필요한 경우 정해진 규칙도 어긴다. ( ) 나는 지시나 충고를 받으면 불쾌하다. ( ) 나는 급진적이고 변화를 좋아한다. ( ) 내 주장대로 한다. ( ) 나는 모든 일에 잘 참는다. ( ) 나는 혼자서도 일에 잘 참여한다. ( ) 배짱이 두둑하여 두려운 것이 없다. ( ) 법이나 질서를 쉽게 무시하기도 한다. ( ) 다른 사람의 도움을 자주 구한다. ( ) 상상력이 풍부하다. ( )	예민하여 조그만 일에도 놀라는 편이다. ( ) 나는 부드럽고 점잖아 보인다. ( ) 쾌활하고 대화하기를 좋아한다. 충동적이며 계획을 자주 변경한다. ( ) 나는 마음이 따듯하다. ( ) 새로운 환경에 늘 도전 한다. ( ) 행동을 통해서 쾌감을 느낀다. ( ) 나는 부드럽고 점잖아 보인다. ( ) 나는 침착하지 못하다. ( ) 생각보다 행동이 앞선다. ( ) 나는 늘 혼자 있기를 좋아한다. ( ) 나는 낙엽을 좋아한다. 달을 보면 울고 싶은 기분이 든다. ( ) 아무런 근심 걱정이 없다. ( ) 나쁜 일은 쉽게 잊어버린다. ( ) 평화로운 시골 풍경과 한가함을 좋아한다. ( ) 모든 것이 잘 되어 간다고 생각한다. ( ) 나는 아무 걱정이 없다. ( ) 나는 마음을 편안하게 갖는다. ( ) 나는 덜렁대지 않는다. ( ) 나는 흥분하는 일이 별로 없다. ( ) 남의 말을 듣기가 싫다. ( ) 모든 일에 앞장서야 후련하다. ( ) 나는 늘 명령하는 위치에 있고 싶다. ( ) 나는 어디서나 리더 자가 되고 싶다. ( ) 나는 생각보다 행동이 앞선다. ( ) 나는 누군가를 사랑하고 싶다. ( ) 나는 마음이 따듯하고 민감하다. 무엇인가 기발한 생각이 떠오른다. ( )

1. 위에서 'V' 표시한 문항 번호를 아래 표에서 번호를 찾아 번호에 'V' 표시를 하세요.
2. 번호에 3~4개 'V' 표시된 성격유형을 찾아 'O' 표시를 하세요.
3. 1~2개 'V' 표시된 성격유형을 해석할 때 참고하고, 3~4개 'V' 표시된 번호를 중심으로 성격유형을 해석하세요.

문항번호 (V)	1	2	3	4	5	6	7	8	9	10	11	12	13	14	15	16	17	18	19
성격유형	사고형				내성형				냉담형			흥분형				순종형			
문항번호 (V)	20	21	22	23	24	25	26	27	28	29	30	31	32	33	34	35	36	37	38	39
성격유형	독립형				강인형(대담형)				민감형				사교형				행동형			
문항번호 (V)	40	41	42	43	44	45	46	47	48	49	50	51	52	53	54	55	56	57	58
성격유형	고독형				태평형			안정형				지배형				예술형			

성격유형검사 해석

번호	성격유형	성격유형 특성
1	사고형	대체로 이론적이고 사물에 대한 깊은 사색과 논리적인 두뇌로 문제를 신중히 처리하며 반성과 책임감이 강하다.
2	내성형	사람 앞에 나서기를 수줍어하고 매사에 소극적이다. 의사표명을 제대로 하지 않고 안으로 생각을 추적하며 혼자 행동하기를 좋아한다.
3	냉담형	누가 봐도 차갑다고 느껴진다. 감정이 별로 없고 싸늘하여 오만하단 오해를 받기 쉽다.
4	흥분형	다혈질로 곧잘 소리치고 감정 노출이 심하다. 흥분하면 전후를 가리지 못하는 기분과다.
5	순종형	복종하기를 좋아하고 누구에게나 고분고분하다. 얌전하고 차분하여 어디서나 잘 어울린다.
6	독립형	의지가 강하여 남의 간섭을 싫어한다. 신념이나 행동이 뚜렷하여 매사를 독자적으로 판단하고 언제나 자기주장대로 해 나간다.
7	강인형 (대담형)	끈기가 있고 인내심이 강하여 하고자 하는 일을 쉽게 포기하지 않는다. 고통을 참고 강행하는 습성이 있다.
8	민감형	감정이 예민하여 매사에 희비가 교차된다. 직감력이 강하여 이성보다 감성에 치우치기 쉽다.
9	사교형	매사에 적극적이며 능란한 사교술로 여기저기 동참하는 것을 좋아한다. 활달하고 화술이 뛰어나며 환경적응이 빠르다.
10	행동형	말보다 행동이 앞서며 현실적 감각이 뛰어나고, 남 앞에 서기를 좋아한다. 매우 정열적으로 임한다.
11	고독형	말이 없고 혼자 있기를 좋아하며 매사에 조심스럽다. 조용한 곳을 찾아 자아도취에 빠지기 쉽다.
12	태평형	덜렁대며 신경이 둔하고 낙천적 타입이며 매사를 좋은 쪽으로만 생각하고 걱정이 별로 없다.
13	안정형	신중하고 침착하여 감정을 잘 나타내지 않으며, 어디서나 뿌리를 내린 듯이 믿음직하고 듬직하다.
14	지배형	남으로부터 지시 받는 것을 기피하며 유아독존으로 관장하기를 좋아한다. 남을 이끌고 지배하기 위하여 언변을 통한 설득하는 기술이 탁월하다.
15	예술형	낭만과 사색을 즐기며 홀로 명상하기를 좋아한다. 감정이 풍부하다. 창의적이다.

〈커뮤니케이션 유형검사〉

나의 커뮤니케이션 유형

• 유형진다 : SCAF 유형법
• 방법 : 가로 항을 하나의 묶음으로 보고 자신과 가장 가깝다고 생각되는 말에 4~1점까지의 숫자를 써 넣는다.

	A	B	C	D
1	단호한(　)	열정적인(　)	충실한(　)	신중한(　)
2	자주적인(　)	사교적인(　)	순종적인(　)	주의깊은(　)
3	적극적인(　)	호감주는(　)	동의하는(　)	정확한(　)
4	직접적인(　)	낙천적인(　)	배려하는(　)	분석적인(　)
5	주장강한(　)	말많은(　)	우유부단(　)	비판적인(　)
6	대담한(　)	친근한(　)	너그러운(　)	자제하는(　)
7	즉시하는(　)	자신있는(　)	변함없는(　)	논리적인(　)
8	굳건한(　)	재미있는(　)	양보하는(　)	내성적인(　)
점수				

(A : 성취형, B : 표출형, C : 우호형, D : 분석형)

• **유형별 특징과 대화법**

– Speaker(표출형)
칭찬받는 걸 좋아한다. 끊임없이 자기표현을 한다.
맞장구를 쳐 주며 적극적 경청해줘야 한다.(리액션이 중요)
말이 많으며 감정적이고 동정심이 많다.
마음이 약하며 감정표출을 많이 한다.
감정에 호소하는 것이 좋다.

– Carer(우호형)
기존 관계를 중시하는 데 관심이 많다.
'좋은 게 좋은 것'이라는 사고가 강하다.
평화주의자, 피스메이커이다.
주고 듣는 편이며 의견 피력을 잘하지 않는다.
(그러나 속으로는 다 생각한다.)
온화하며, YES표현을 잘 하지만 진정한 의미가 아니다.
일보다는 과정 중심, 관계 중심적이다.

– Achiever(성취형)
자기주장이 강하고 과시욕이 강하다.
성취감을 중요시한다.(성과중심)
인정받기 좋아하며 과정중심이다.(결정–과정–이유순으로 대화)
변명을 잘 하지 않으며, 성격이 급한 편이다. 분석형과 대화가 잘 안 된다.
경쟁심을 좋아한다.
성과 중심, 일 중심적이다.

– Finder(분석형)
디테일한 테이터를 취합하여 분석, 집중력이 강하다.
메모하는 것을 좋아하며, 기록, 몰입을 잘한다.
'왜'라는 질문을 자주한다.
객관적인 근거자료를 중시하며 양보다는 질을 중요시한다.
즉각적인 대답은 잘 하지 않는다.
데이터, 통계자료에 약하며, 과정, 이유, 설명을 많이 해줘야 한다.
급한 결정을 못하므로 생각할 충분한 시간을 줘야 한다.

[커뮤니케이션 유형검사 해석]

• **유형별 특징을 알 수 있는 예**

– Speaker(표출형)
자장인지 짬뽕인지 먹고 싶은 걸 바로 답한다.

– Carer(우호형)
'니들이 먹는 것', '나도 같은 것'이라고 답한다.

–Achiever(성취형)
중국집에 제일 먼저 전화한다. 나머지 사람에게 무엇을 먹을지 묻는다.

–Finder(분석형)
쉽게 답하지 못한다. 머리로 생각하며 왜 그것을 먹어야 하나... 과거에 먹었던 것과 현재의 나의식욕, 먹은 후 상태에 대해 분석하기 위해 시간이 필요하다.

〈감정을 표현하는 단어〉

※ 감정을 표현하는 단어들

자신의 감정을 적절하게 표현하기 위해서는 느낌에 관련되 어휘들을 많이 알고 그것들을 실제로 사용해 보면 도움이 될 것이다. 느낌에 관한 말들은 여기에 나열된 것보다 훨씬 더 많이 있으므로, 평소에 어떤 감정을 느낄 때마다 그 느낌에 알맞은 단어를 찾아내어 이 목록에 덧붙여 나간다면 좋을 것이다.

행복함 · 즐거움 · 사랑						
기쁜	벅찬	포근한	흐뭇한	상쾌한	짜릿한	시원한
반가운	후련한	살맛 나는	신바람 나는	아늑한	흥분되는	온화한
안전한	느긋한	끝내주는	날아갈 듯한	괜찮은	쌈박한	정다운
그리운	화사한	자유로운	따라로운	감미로운	황홀한	상큼한
평화로운						

슬픔 · 회한 · 좌절						
뭉클한	눈물겨운	서운한	처량한	울적한	위축되는	허탈한
애끓는	애처로운	외로운	후회스러운	울고싶은	북받치는	쓸쓸한
주눅드는	공허한	허전한	침울한	적적한	낙심되는	우울한
참담한	맥빠지는	애틋한	애석한	비참한	풀이 죽은	암담한
무기력한	거북스러운	막막한	서글픈	안타까운	짓눌리는 듯한	
마음이 무거운	자포자기의	절망스러운	죽고싶은	뭔가 잃은 듯한		

분노 · 미움 · 싫음						
얄미운	열 받는	지겨운	못마땅한	권태로운	불쾌한	불만스러운
불편한	지루한	찝찝한	떨떠름한	심술나는	언짢은	후덥지근한
씁쓸한	괘씸한	야릇한	성질 나는	약오르는	쌀쌀한	짜증스러운
분한	속상한	하찮은	원망스러운	신경질 나는	더러운	부담스러운
귀찮은	역겨운	핏대나는	미칠 것 같은	끔찍한	기분 나쁜	세상이 싫은
메스꺼운	따분한	넌더리나는	피하고 싶은	혐오스러운	꼴보기 싫은	

고통 · 두려움 · 불안 · 놀라움						
당황스러운	초조한	무서운	긴장되는	어이없는	억울한	조급한
걱정스러운	참담한	두려운	어리둥절한	놀라운	멍한	가혹한
조마조마한	막막한	답답한	참을 수 없는	겁나는	섬뜩한	난처한
죽을 것 같은	떨리는	충격적인	위태위태한	기가 막힌	정신이 번쩍 드는	
전전긍긍하는	어이없는	살벌한	조바심을 태우는	큰일날 것 같은		

신체부위로 말하는 느낌				
목이 메이는	가슴아픈	쓰라린	소름끼치는	전율을 느끼는
몸서리쳐지는	피가 끓는	쑤시는	두근두근하는	애간장이 타는
구역질 나는	진땀나는	숨가쁜	속이 빈 것 같은	다리가 후들거리는
간담이 서늘한	배가 아픈	넋잃은	몸 둘 바를 모르는	속이 부글부글 끓는
가슴이 저미는	숨막히는	골 때리는	얼굴이 화끈거리는	머리칼이 곤두서는
터질 것 같은	쓰러질 것 같은	간이 콩알만 해지는	손에 땀을 쥐는 듯한	

힘과 관련된 느낌						
활기찬	힘찬	생생한	의기양양한	든든한	격렬한	열렬한
당당한	팔팔한	엄청난	자신만만한	패기 만만한	야생마 같은	강렬한
충만한	싱싱한	무기력한	기죽은	넋나간	왜소한	미약한
미세한						

부끄러움 · 죄책감 · 의심					
부끄러운	쑥스러운	수줍은	멋적은	민망한	창피스러운
계면쩍은	어색한	미안한	애매한	야릇한	뻔뻔스러운
어중간한	미심쩍은	서투른	묘한	조롱 당한	뒤가 캥기는
아리송한	자책하는	이상한	창피한	죄스러운	안심이 안 되는
벌거벗은	영문 모를	한심한	뭔가 아닌 것 같은		쥐구멍을 찾고 싶은
쪽팔리는	무거운	캄캄한	가라앉는 듯한		

소외감 · 기타			
그저 그런	뭔가 저지르고 싶은	마음을 닫고 싶은	밥맛 떨어지는
무감각한	뒷전에 물러난 듯한	중간에 끼인 듯한	버려진
궁지에 빠진	왕따 당한 듯한	마음이 급한	녹초가 된
덫에 걸린	뭐가 뭔지 알 수 없는	정리가 안 된 듯한	무관심한
주체할 수 없는	양다리 걸친 것 같은	뒤틀린 것 같은	쉬고 싶은
벼랑에 선 듯한	기대고 싶은	퇴짜맞은	들뜬
피곤한	걷어차인	혼란스러운	

〈부모-자녀 간의 일반 대화 VS 감정코칭식 다가가는 대화 사례〉

CASE 1 초등생 딸이 학교에서 친구와 다투고 집에 돌아왔을 때

〈일반적으로 흔한 대화〉

딸 : (울면서) 엄마! 친구랑 싸웠어. 마음이 아파.

어머니 : (언성을 높이면서) 왜 친구랑 싸우고 그래. 바보같이 울기나 하고. 들어가서 씻고 공부해.

〈감정코칭식 다가가는 대화〉

딸 : (울면서) 엄마! 친구랑 싸웠어. 마음이 아파.

어머니 : (딸을 안아주면서) 친구랑 싸워서 마음이 아프구나. 엄마도 예전에 친구랑 싸웠을 때 많이 슬프고 힘들었는데.. 이런 기분이 들지 않기 위해서 어떻게 하면 좋을까?

CASE 2 집안형편 때문에 갑자기 이사를 가게 된 경우

〈일반적으로 흔한 대화〉

어머니 : (우울한 목소리로) 다음달에 화성동으로 이사가기로 했어.

중2 딸 : (깜짝 놀라면서) 이사를 가요? 왜 이제야 그런 얘기를 해요? 난 안 가요!

어머니 : 뭐라구? 가기 싫으면 말어.

고2 아들 : 저도 이 동네가 좋고, 친구들도 있어서 이사가기 싫어요.

어머니 : 야! 친구가 밥먹여 주니? 이사하면 5천만 원이 남는데 무슨 소리들을 하고 있는 거야! 철딱서니 없이. 쯧쯧.

〈감정코칭식 다가가는 대화〉

어머니 : (우울한 목소리로) 다음달에 화성동으로 이사가기로 했어.

중2딸 : (깜짝 놀라면서) 이사를 가요? 왜 이제야 그런 얘기를 해요? 난 안 가요!

어머니 : 이사가기 싫은 모양이구나.

아들 : 정든 친구들고 있고 이 동네를 떠나기 싫어요.

어머니 : 그래 어릴 적부터 함께 지낸 정든 친구들을 떠나고 싶지 않은 모양이구나.

아들 : 네, 영수, 철수 얘네들은 얼마나 좋은 친군데요. 대화도 잘 통하고.

어머니 : 그래. 정든 사람과 헤어지는 건 정말 섭섭하고 힘든 일이야. 나도 좋은 친구랑 가까이 살면서 지내고 싶거든.

아들 : 꼭 이사가야 해요? 안갈 수 없나요?

어머니 : 안 갈 수 있으면 너가 정말 좋아하겠다. 친구들과 헤어지지 않아두 돼고. 니 말을 들으니 나도 마음이 무겁다. 학교를 전학가면 당분간 적응하기 힘들고 친구들도 낯설어서 재미도 없을 거 같고. 옛 친구들도 그립고 그럴 거라서….

아들 : (눈물이 핑돈다.)

어머니 : 니가 대충 알겠지만 정말 장사가 어려워. 생각하다 못해 이 집을 내놨고, 화성동으로 이사하면 5천만 원은 남으니까 그걸 보태서 새로운 장사를 시작해보려고 해. 네 대학 학비도 마련하고….

아들 : (우울한 목소리로) 알았어요. 하는 수 없지요.

어머니 : 고맙다. 너도 많이 힘들텐데 엄마의 상황과 우리 집 형편을 이해해주는 모습을 보니 대견하고 엄마도 마음이 아프다.

〈역기능 가족상담 사례〉

격리된 가족-비행 자녀를 둔 가족

〈청소년비행의 특징〉

청소년비행은 어려운 가정뿐 아니라 좋은 가정에서도 일어날 수 있고, 연령은 점차 낮아지는 추세이다. 비행의 형태가 집단화되거나, 물질적으로 풍요로워도 비행을 하는 놀이형 비행이 증가하는 추세이다.

〈현대네 가족배경〉

고1인 현대는 대기업을 다니는 아버지와 부동산일을 하는 어머니의 외동아들이다. 할머니를 모시면서 고부갈등이 심했으며, 부모님은 자주 다투셨고, 아버지의 외도까지 알게된 어머니는 부동산일을 시작했고, 당시 중2 였던 현대를 홀로 남겨둔채 술을 자주 마시고 새벽에 귀가하였다. 현대는 집에 오면 아무도 없어서 하교 후 PC방에 가거나 친구들과 어울려서 오토바이를 타다보니 오토바이 레이서의 꿈을 갖게 되었다. 부모들은 현대가 오토바이 레이서가 되는 것을 반대했고, 오토바이를 사달라고 하는 제안도 거절했다. 그러던 중 어머니가 자궁암 판정을 받게 되어 병원에 입원하고 항암치료를 시작하게 되었다. 아버지는 경제적 책임을 지느라, 어머니는 자신의 암치료를 받느라 경황이 없었고, 현대는 레이서의 꿈을 포기하라는 부모에 대해 불신, 분노감과 상처를 받고 어머니의 병원에는 가보지 않고 친구들과 밤늦게까지 어울린다. 돈이 모자라게 된 현대는 친구들과 술을 마시고 문을 잠그지 않고 주차해 놓은 차에서 동전을 훔치는 모습을 CCTV에 찍히게 되었고, 친구의 오토바이를 타고 가다가 승용차를 추돌해 법적 처벌을 받게 되었다.

〈개입 방안〉

- 부모-자녀 간에 스스로가 가족원과 사회 구성원으로서 잘 기능하지 못한다는 열등감을 극복하면서, 가족들이 서로에게 가진 분노, 불신, 고립된 고통의 내용을 솔직히 털어놓을 수 있도록 하였다.
- 이후 서로의 고통에 공감과 수용의 태도를 보이고, 가족이 서로의 책임을 회피하고 있는 자신의 모습을 직면하도록 도와 가족 내의 불만이 줄어들고, 부부간, 부모-자녀 간의 애정관계가 회복되었다.

공생관계의 가족-가정 내 폭력 자녀를 둔 가족

〈정현이네 가족〉

1. 호소문제 : -아들(정현)이 부모를 우습게 알고 폭력을 행사
2. 가족관계 및 문제

   고1인 정현이(남)는 6살 때까지 교사 아버지와 출판사를 운영하시는 어머니의 바쁜 일로 인해 친 조부모님 댁에서 양육되었다. 조부모님은 친손주를 귀여워하시고 예뻐하셨다. 유치원 무렵부터 집으로 돌아온 정현이는 어머니와 아버지에게 행동화를 보이거나 반항적인 말투로 대화하였고, 얼마 전 아버지의 고성과 폭언에 아버지의 뒤통수를 주먹으로 때리는 사건이 일어났다. 부모들은 충격과 두려움에 상담실을 찾았다.
3. IP의 특징

   최근 정현이는 학교나 가정에서 분노를 억제할 수 없으며, 돈이 필요할 때는 부모에게 어리광을 부리다가도 화가 나거나 기분이 나빠지면 언어적, 신체적 폭력이라는 양면적 태도를 보이고 있다. 집에서 짜증이 난다면서 부모에게 욕을 하거나 문을 부수거나 하지만, 학교나 밖에서는 암전한 아이로 보여진다. 지능은 높지만 자신이 타인의 마음을 다 안다고 여기는 등 행동과 사고는 미숙함을 보인다. 또래들과 잘 어울리지 못해 심리적인 고립감, 공허감, 자기비하를 자주 호소하다가 최근에는 일본 애니메이션 덕후라고 자칭하면서 애니매이션의 주인공들을 거의 신격화하듯이 숭배하는 모습을 보인다.
4. 부모의 특징

정현이의 아버지는 자녀에게 어떻게 다가가야 하는지 잘 모르고 자녀의 문제는 어머니에게 모두 일임하는 태도를 보이다가, 어머니가 자녀를 감당할 수 없을 때 언성을 높이거나 폭언을 하며 자녀는 이런 아버지의 모습에 폭발적인 분노와 경멸의 말과 행동화를 보인다.

아버지는 부자의 연을 끊고 싶을 정도로 아들과의 유대관계가 고통스러움을 표현한다.

어머니는 부모를 우습게 보고 행동화하는 자녀가 무섭고 자신이 컨트롤 할 수 있다는 자신감이 부족하다. 그러나 자녀의 먹을 것과 생활에 대해서는 지나칠 정도로 관여하고 보호하려고 한다. 어머니는 자신의 권위를 세워야 할 필요가 있다고 판단되면, 친밀하고 자녀의 눈치를 살피는 평소 태도와 정반대로 명령조의 강한 말투를 사용하면서 자녀에게 권위를 세우려고 한다.

5. 부모의 원가족 배경

어머니는 무서운 어머니와 현재까지 자신에게 명령을 하는 오빠가 있고, 원가족의 많은 책임으로부터 자유롭지 못하고 큰 부담을 느낀다. 아버지는 통제적이고 냉정한 아버지와 순종적인 어머니 사이에서 자라면서 아버지의 따뜻한 경험이 거의 없다.

〈개입 방안〉

- 어머니, 아버지 모두 원가족으로부터 친밀한 부모-자녀관계에 대한 긍정적 경험이 없어 지금의 자녀와 어떻게 관계 그림을 그려나가야 할지에 대한 계획과 자신감이 부족하다는 인식을 하였다.
- 폭력적인 자녀와의 갈등 시 부모 각자의 원가족 대상의 투사적 동일시가 일어나고 있고, 그로 인해 부모자아가 아닌 강압적인 부모 앞에서 어쩔 줄 몰라하던 자녀자아로 회귀하고 있는 자신의 모습을 인식하였다. 따라서 갈등상황에서 단호하고 부드럽게 자신과 자녀 모두 자기진정하기를 제안하도록 하였다.
- 부모-자녀체계가 조부모체계와 교차연합되지 않도록 독립적인 부모의 의사결정, 규칙, 행동지침 등을 분명히 하였고, 이를 어겼을 경우 자녀가 받을 패널티와 보상에 대한 세심한 지침을 수립하였다.
- 부모교육 시 아버지는 자녀에게 관심을 갖고 대화 및 즐거운 시간을 공유하고, 어머니는 자녀를 이끌어 주겠다는 생각을 버리고, 자녀의 자율성을 존중하고 자녀의 일은 스스로 결정하고 책임질 수 있도록 반 발자국 뒤에서 지지해주도록 하였다.
- 아들 정현이는 부모와 함께 있는 것이 편안하고 지지받는 경험을 할 수 있었고, 이 가족의 역기능적인 피드백 고리는 더 이상 효력을 발휘하지 않았다.

가족상담 및 가족치료 수업계획서

과목코드		분반		과목명		학점 및 시수	
담당교수		연구실		이메일		전화	
성적평가						평가방법	등급
교 재 명	가족상담 및 가족치료 (출판사 : 양성원), 김지영, 박선영						
교과개요 및 목표	가족상담은 가족이 직면하고 있는 다양한 문제들을 짚어보고, 가족구성원의 관계에서 파생되는 문제들에 대처하기 위한 적극적인 개입 방법이다. 가족상담의 이론들을 이해하고 가족상담 현장에서 적용할 수 있는 기술을 익힐 수 있으며, 가족상담 및 가족치료 기법을 제공한다. 구체적인 수업목표는 다음과 같다. 1. 가족상담에 대한 필요성을 이해한다. 2. 가족상담이 기반하고 있는 가족체계 이론의 주요 개념을 이해하고 설명할 수 있다. 3. 가족상담 및 가족치료의 실제 과정을 배우고 익힌다. 4. 자신의 원가족을 심층적으로 이해하고 통찰할 수 있다. 5. 가족상담 및 치료의 실제에서 적절하게 다양한 이론들을 통합하여 개인, 가정, 사회에 상담기법을 적용할 수 있다. 6. 현대사회의 가족상담 및 치료 이슈가 되는 내용들을 살펴보고 실제 사례들을 통한 흐름을 통찰할 수 있다. 7. 가족상담 및 가족치료 상담전문가 필기시험 대비에 자신을 가질 수 있다.							
수업운영 방식	1. 발표 : 주제를 선택하여 그룹 발표. 가계도를 통한 자신 원가족 이해하고 토론. 2. 강의 및 PPT, 동영상 기타 등 3. 과제물 : 가계도 그리기							

주차	수업내용	교재범위 및 과제물	비고
1주	오리엔테이션 및 자기소개	강의계획 설명	토론
2주	제1부 가족상담의 이해	제1장 가족(부부)상담의 이해 1. 가족(부부)상담의 개념 2. 가족(부부)상담의 필요성 및 특징 3. 가족(부부)상담의 목표 4. 가족(부부)상담의 발전 5. 가족(부부)상담의 이해	강의 · 토론
3주	전기 가족상담의 기본개념	제2장 체계이론 1. 일반체계 이론 2. 사이버네틱스 이론 3. 생태체계 이론	강의 · 토론 PPT

주차	수업내용	교재범위 및 과제물	비고
3주		4. 체계이론의 기본 개념과 가족의 특성 5. 가족체계의 역기능 개념	
4주	제2부 전기부부 · 가족상담료모델과 실제 대상관계 가족상담	제3장 1. 이론적 배경 2. 상담 목표 3. 주요 개념 4. 상담 기법 및 사례	강의 · 토론 PPT
5주	보웬의 다세대 가족상담	제4장 1. 이론적 배경 2. 상담 목표 3. 주요 개념 4. 상담 기법 및 사례	강의 · 토론 PPT
6주	사티어의 경험적 가족상담	제5장 1. 이론적 배경 2. 상담 목표 3. 주요 개념 4. 상담 과정 5. 상담 기법 및 사례	강의 · 토론 PPT
7주	중간고사기간(과제 제출)		
8주	미누친의 구조적 가족상담	제6장 1. 이론적 배경 2. 상담 목표 3. 주요 개념 4. 상담 과정 5. 상담 기법 및 사례	강의 · 토론 PPT
9주	전략적 가족상담	제7장 1. 이론적 배경 2. 상담 목표 3. 주요 개념 4. 상담 과정 5. 상담 기법 및 사례	강의 · 토론 PPT
10주	인지행동 가족상담	제8장 1. 이론적 배경 2. 상담 목표 3. 상담 기법 및 사례	강의 · 토론 PPT

주차	수업내용	교재범위 및 과제물	비고
11주	제3부 후기 부부 · 가족상담모델과 실제 해결중심 단기 가족상담 이야기치료	제9장 후기 가족상담 이론 1. 포스트모더니즘과 2차 사이버네틱스 2. 후기 구조주의 3. 구성주의와 사회구성주의 4. 울트라모더니즘 가족상담 제10장, 제11장 1. 이론적 배경 2. 기본 전제 및 상담 원리 3. 상담 목표 및 상담 과정 4. 상담 기법 및 사례	강의 · 토론 PPT 동영상 사례 실습
12주	가트맨 부부상담	제12장 1. 이론적 배경 2. 상담 목표 3. 상담 과정 4. 상담 기법 및 사례	강의 · 토론 PPT 사례 실습
13주	제4부 가족 사정(Assessment)과 평가	제13장 가족위기상담 제14장 가족생활주기와 한국의 가족상담 1. 가족생활주기의 의의와 관점 2. 가족생활주기별 주요 발달 과제 3. 한국 가족의 구조적 변화와 가족생활주기 4. 이혼과 재혼가정의 가족생활주기 5. 한국의 가족문제 및 가족상담 사례 6. 가족상담의 효과성 및 가족상담사 자격의 제도화 제15장 가족평가 1. 가족평가의 의미와 과정 2. 가족평가 방법 3. 가족평가 도구 4. 가족평가의 주체	강의 · 토론 PPT
14주	가족상담의 윤리적 쟁점	제16장 가족상담윤리 1. 가치와 윤리 2. 가족치료의 주요 윤리원칙 3. 가족치료의 윤리적 딜레마 4. 윤리적 의사결정모델	강의 · 토론 PPT
15주	기말고사(과제 제출)		

[참고문헌]

강진령, 이종연, 유형근, 손현동(2009). 상담자 윤리. 학지사.

김경철(2020). 인류의 미래를 바꿀 유전자 이야기. 세종서적.

김경철, 김지영, 김해영(2022). 개인 맞춤 영양시대가 온다. 클라우드나인.

김규수, 오현숙(2005). 가족치료-이론과 실제. 양서원.

김용태(2006, 2007). 가족치료이론, 학지사.

김유숙, 전영주, 김수연(2003). 가족평가 핸드북, 학지사.

김유숙(2010). 가족치료. 학지사.

김주환(2011). 회복탄력성. 위즈덤하우스.

김주환(2024). 내면소통. ㈜ 인플루엔셜.

김진숙, 김창대, 이지연 공역(2013). 대상관계 이론과 실제. 학지사.

김태련, 이명선 공역(1995). 무엇이 여성을 분노하게 하는가. 이화여자대학교 출판부.

김현아 외(2018). 상담 철학과 윤리(개정판). 학지사.

박태영(2002). 가족생활주기와 가족치료. 학지사.

박태영(2010). 가족치료사례와 질적분석. 학지사.

박태영, 김현정(2004). 친밀한 가족관계의 회복. 학지사.

박태영, 김선희, 김혜선 외(2014). 매트릭스와 네트워크를 활용한 가족치료 사례 질적 분석. 학지사.

송정아, 최규련(2007). 가족치료 이론과 기법. 하우출판사.

여성을 위한 모임(1999). 일곱 가지 여성콤플렉스. 현암사.

이영분, 신영화, 권진숙, 박태영, 최선령, 최현미(2008). 가족치료: 모델과 사례, 학지사.

이영분, 김유숙, 신영화, 최선령, 최현미(2015). 사례로 배우는 가족치료 및 가족치료. 학지사.

이화여자대학교 사회복지학과 편(1995). 가족치료총론. 동인.

임윤희(2013) 외 10인 공저. 부부 및 가족상담. 한국상담학회 상담학 총서5. 학지사.

장동숙 역(1997). 5가지 사랑의 언어. 생명의 말씀사.

정현숙(2009). 가족생활교육. 신정출판사.

정문자, 송성자, 이영분, 김유순, 김은영, 어주경(2006). 해결중심가족치료 사례집. 학지사.

정문자, 송성자, 이영분, 김유순, 김은영(2008). 해결중심 가족치료. 학지사.

정문자, 정혜정, 이선혜, 전영주(2012). 가족치료의 이해(개정판). 학지사.

정은(2006). 가족치료의 이론과 실제. 창지사.

제석봉, 김춘경 외 4인 공저(2014). 가족치료. 징민사.

AAMFT Code of Ethics. 2021.
https;//www.aamft.org/Legal Ethics/Code of Ethics.aspx

Ainsworth, M. D. S., Blehar, M. C., Warers, E., & Wall, S. (1978). *Patterns of attachment: A Study of the strange Situation*. Hillsdale, NJ: Erlbaum.

Anderson, C. M., Reiss, D., & Hogarty, B. (1986). *Schizophrenia and the family: A practitioner's guide to psychoiducation and management.* New York: Guilford Press.

Anderson, H. (1993). *On a roller coaster: A collaborative language systems approach to therapy. In the new language of change,* S. Friedman, ed. New York: Guilford Press.

Anderson & Kitchener, K. S. (1996). Nonromantic, nonsesual posttherapy relationships between psychologists and former clients: *An exploratory student of critical incidents. Professional Psychology: Research and Practice,* 27, 59-66.

Anderson, T. (1991). *The reflection team*, New York: Norton.

Arkinson, B. J. (2005). *Emotional intelligence in couple therapy:* Advances from neurobiology and the science of intimate relationships, New York: Norton.

Bateson, G. & Jackson, D. D. (1964). Some varieties of pathogenic organization. *Disorders of Communication.* vol. 12, 270-290.

Bateson, G. (1972). *Steps to an cology of mind: Collected essays in anthropology psychiatry, evolution, and epistemology,* New York: Ballantine.

Bateson, G. (1990). 정신과 자연.(박지동 역. 원제: Mind and nature: A necessary unity). 서울: 까치글방. (원저 1980 출판).

Benner, D. G., & Hill, P. C. (1999). *Baker Encyclopedia of Psychology and Counseling.* Grand Rapids, Michigan: Baker Books.

Berg, I. K. (1992). *Family based services: A solution-focused approach.*(Revised edition).

Milwankee, WI: BFTC Press.

Berg, I. K., & De Jong, P. (1996). Solution-building conversation: Co-constructing a sense of competence with clients(pp. 249-252). *Families and Society*, 77, 376-391.

Berg, I. K. & Miller, S. D. (2001). 해결중심적 단기가족치료. (가족치료연구모임 역. 원제: Working with the problem drinker: A solution-focused approach). 서울: 하나의학사. (원저 1992 출판).

Bertalanffy, L. Von. (1968). *General systems theory: Foundation, development, applications.* New York: George Brazillier.

Borys & Pope, K. S. (1989). Dual relationaships between therapist and client: A mational study of psychologists, psychiatriests and social workers. *Professional Psychology: Research and Practice,* 20, 283-293.

Bowen, M. (1978). *Family therapy in clinical prrctice.* NY: Jason Aronson, Inc.

Boyd-Franklin, N. (2003). *Race, class and poverty. In Normal family processes: Growing diversity and complexity,* 3rd,ed., F. W alsh, (ed). New York: Guilford Press.

Bowlby, J. (1969). *Attachment and loss: Vol. 1. Attachment.* New York: Basic Books.

Bowlby, J. (1973). *Attachment and loss: Vol. 2. Separation.* New York: Basic Books.

Bowlby, J. (1979). *The making and breaking of affectional bonds.* London: Tavistock.

Bowlby, J. (1980). *Attachment and loss: Vol. 3. Loss.* New York: Basic Books.

Bowlby, J. (1988). *A Secure base.* New York: Basic Books.

Capra, F. (1985). 새로운 과학과 문명의 전환. (이성범, 구윤서 역. 원제: The turning point). 서울: 범양사출판사. (원저 1981 출판)

Capra, F. (1998). 생명의 그물: 살아있는 시스템들에 대한 새로운 과학적 이해. (김용정, 김동광 역. 원제: The web of life: A new scientific understanding of living systems). 서울: 범양사출판사. (원저 1995 출판)

Carter,B., & Mc Goldrick, M. (1996). 가족생활 주기와 가족치료. (정문자 역. 원제: The changing family life cycle: A framework for family therapy(2nd ed.) part 2). 서울: 중앙적성출판사. (원저 1989 출판)

Christensen, A., & Heavey, C. L. (1990). Gender and social structure in the demand/

withdraw pattern of marital conflict. *Journal of Personality and social Psychology,* 59, 73-81.

Cloe Madanes (1998). 오창순 역. 전략적 가족치료 이론과 사례. 아시아미디어리서치.

Dattilio, F. M., & Padesky, C. A. (2010). 부부를 위한 인지치료(곽욱환, 김연란, 김윤정, 남주영, 박영애 역). 학지사.

Davidson, R. J. (2003). Seven sins in the study of emotion: Correctives from affective neuroscience. *Brain and Cognition,* 52, 129-132.

De Jong, P., & Berg, Insoo Kim (1998). 허남순, 노혜련 공역. 해결을 위한 면접(Interviewing for solutions). 학문사.

De Shazer, S., Dolan, Y., Korman, H., Trepper, T., McCollum, E., & Berg, I. K. (2011). 한국단기치료연구소 역. 해결중심 가족치료의 오늘, 기적 그 이상의 것. 학지사.

Diane R. Gehart & Amy R. Tut (2008). 유채영, 김연옥 외 공역. 가족치료이론과 실제, CENGAGE Learning.

Doka, K.J. (2016). Grief is a journey: Finding your path through loss. New York: Simon & Schuster. Grollman, E. (1997).

NPR segment: https://www.npr.org/programs/death/971125.death.html

Du vall, E. M., & Miller, B. C. (1985). *Marriage and family development*(6th ed.). New York: Harper & Row.

Ekman, P. (1992). An argument for basic emotions. *Cognition and Emotion, 6,* 169-200.

Ekman, P. & Friesen, W. (1975). *Unmasking the face.* Englewood Cliffs, NJ: Prentice Hall.

Elizabeth Reynalds Welfel. (2006). *Ethics in Counseling & Psychotherapy,* CA: Thomson Books.

Elkin, M, (1990). *Families under the influence,* New York: Norton.

Falicov, C. (1983). *Cultural perspectives in family therapy.* Rockville, MD: Aspen System.

Fish, R. (1965). Resistance to change in the psychiatric community. *Archives of Gneral Psychiatry.* 13, 359-366.

Fischer & Sorenson, G. P. (1996). *School law for counselors, psychologists, and social workers*(3rd ed.). White Plaints, NY: Longman.

Freedman, J., & Combs, G. (2006). 이야기치료의 이론과 실제: 부부치료를 중심으로. (허남순, 이경욱, 여혜숙, 오세향 역. 원제: Narrative therapy with couples... and a whole lot more!). 서울: 학지사. (원저 2002 출판).

Freeney, J. A. (1994). Attachment style, commmunication patterns and satisfactions across the life cycle of marriage. *Personal Relationships*, 4, 333-348.

Galvin, K. M., & Brommel, B. J. (2001). 가족관계와 의사소통. (노영주, 서동인, 원효정 역. 원제: Family communication : Cohesion and Change. 2nd ed.). 서울: 도서출판 하우. (원저 1986 출판).

Gergen, K. (1991b). The saturated family, *Family Therapy Networker.* 15, 26-35.

Gibb, J. J. (2005). Patients experience of friendship with their therapists. A Phenomenological study of non-sexual dual relationship. *Dissertation. Abstracts* International, 65(1), 3707B.

Gibson, W. T., & Pope, K. S. (1993). The ethics of counseling: A national survey of certified counselors. *Journal of Counseling and Development,* 71, 330-336.

Ginsberg, B. G. (2000). Relationship enhancement couples therapy. *In Comparative treatments of relationship disorders,* F. M. Dattilio & L. J. Bevilacqua, (eds). New York: Springer.

Goldstein, E. G. (2001). *Object Relations Theory and Self Psychology in Social Work Practice.* New York: Free Press.

Goldenberg, I., & Goldenberg H.(2002). 김득성 외 공역. 가족치료(Family therapy: An overview). 시그마프레스.

Gottman, J. M. (1979). *Marital interaction : Experimental investigations.* New York: Academic Press.

Gottman, J. M. (1991). Prediction the longitudinal course of marriages. J*ournal of Marital and family Therapy,* 17, 3-7.

Gottman, J. M. (1994). An agenda for marital therapy. In S. M. Johson & L., S. G reenberg(Eds.). *The heart of the matter: Perspectives on emotion in marital therapy*(pp. 256-296). New York: Brunner-Mazel.

Gottman, J. M. (1999). T*he seven principles for making marriage work.* New York: Crown

Publishers.

Greenberg, J. R., & Mitchell, S. A. (1983). *Object Relations in Psychoanalytic Theory.* Cambridge: Harvard University Press.

Green, R. J. (1998). *Training programs: Guidelines for multicultural transformations. In Re-visioning family therapy,* M. McGoldrick, (ed). New York: Guilford Press.

Guerin, P. J., Forgatty, T. F., & Kautto, J. G. (2005). 최선령 외 공역. 가족치료임상에서 삼각관계활용: 보웬의 체계적 가족치료적용. 시그마프레스.

Guntrip, H. J. S. (1975). My experiences of analysis with Fairbairn and Winnicott. *International Review of Psycho-Analysis* 2, 145-156.

Haley, J. (1976). *Problem-solving therapy.* San Francisco: Jossey-Bass.

Haley, J. (1980). *Leaving home.* New York: McGraw-Hill.

Hardy, K. (1993). War of the words. Family therapy, *New Networker*. 17, 50-57.

Hazan, C., & Shaver, P. (1994). Attachment as an organizational framework for research on close relationships: Target article. *Psychological Inquiry*, 5, 1-22.

Helms, J. L. (2003). Barriers to help seeking among 12th graders. *Journal of Educational and Psychological Consultation,* 14, 27-40.

Hendrix, Harville & Hunt, Helen, (1997). *Giving the Love That Heals: A Guide for Parents,* New York: Pocket Books.

Hill, E., & O'Brien, K.M. (2019). Evaluating an online intervention to enhance knowledge, confidence and skills in undergraduate students' responses to bereaved peers. Thesis research.

Hoffman, L. (2004). 가족치료를 위한 재귀적 관점. S. McNamee & K. J. Gergen 편저. **심리치료와 사회구성주의**. (김유숙 역, 원제: Therapy as social construction). 서울: 학지사. (원저 1992 출판).

Issac. M. L., & Stone, C. B. (1999). School counselors and confidentiality : Factors affecting professional choices. P*rofessional School Counseling,* 2, 258-266.

Jacobson, N. S., Christensen, A., Prince, S., Cordova, J., & Eldridge, K(2000). Integrative behavioral couples therapy. *Journal of Consultion and Clinical Psychology*, 61, 85-93.

Jankauskaite, G., & O'Brien, K.M. (2019). Bereaved college students: Examining grief counseling skills among university college counseling center therapists. Thesis research.

John Gott man. (2010). A Workshop for Clinicians. The Gottman Institute.

Kerr, M. E. & Bowen, M. (2005). 남순현 외 공역. 보웬의 가족치료이론. 서울: 학지사.

Kiecolt-Glaser, J. K., & Newton, T. L. (2001). Marriage & Health: His and hers. *Psychological Bulletin,* 127, 472-503.

Klass, D., & Chow, C. (2011). Culture and ethnicity in experiencing, policing, and handling grief. In R.A. Neimeyer, D.L. Harris, & G. Thornton (Eds.), Grief and bereavement in contemporary society: Bridging research and practice (pp. 341-353). New York: Routledge.

Klein, M. (1986). *A Contribution to the Psychogenesis of Manic-Depressive States*. In p. Buckly(Ed.), Essential Papers on Object Relations(pp. 40-70). New York: New York University Press.

Kohut, H. (1981). *International Journal of Psychoanalytic Self Psychology*, 5, 122-131.

Lawson, D. M, & Prevatt, F. F. (2005). 박태영, 김현정 공역. 가족치료사례집. 시그마프레스.

Luepnits, D. (1988). *The family interpreted: Feminist theory in clinical practice*. New York: Basic Books.

Mahler, M. S.(1971). A study of the separation-individuation process and its possible application to borderline phenomena in the psychoanalytic situation. *Psychoanalytic Study of the Child* 26, 403-424.

Martin, T.L., & Doka, K.J. (2008). The influence of gender and socialization on grieving styles. In R.A. Neimeyer, D.L. Harris, H.R. Winokuer, & G.F. Thornton (Eds.), Grief and bereavement in contemporary society: Bridging research and practice (pp. 69-77). New York: Routledge.

McGoldrick, M., (ed). (1998). *Re-visioning family therapy*. New York: Guilford Press.

Milkowitz, D. J. (1995). The evolution of family-based psychopathology. In Inergrating family therapy: Handbook of family psychology and systems theory, R. H. Mikesell, D-D. Lusterman, & S. H. McDaniels, eds. Washington, DC: American Psychological Association.

McGoldrick, M., Gerson, R., & Shellenberger, S. (2005). 이영분, 김유숙, 정혜정 공역. 가계도-사정과 개입(Genograms: Assessment and intervention). 학지사.

Michael, C., & Cooper, M. (2013). Post-traumatic growth following bereavement: A systematic review of the literature. *Counselling Psychology Review, 28*, 18-33.

Michael P. Nichols (2007). 김영애 외 공역. 가족치료. 시그마프레스.

Michael P. Nichols (2009). 김영애 외 공역. 가족치료 개념과 방법, 시그마프레스.

Michael P. Nichols (2013). 김영애 외 공역. 가족치료 핵심 개념과 실제 적용(제5판), 시그마프레스.

Michael P. Nichols (2016). 김영애 역. 가족치료 이론과 실제(제6판), 시그마프레스.

Minuchin, S., & Fishman, H. C. (1981). *Techniques of family therapy*. Cambridge, MA: Harvard University Press.

Minuchin, S. (1988). 가족과 가족치료. (김종옥 역. 원제: Families and family therapy). 서울: 법문사. (원저 1974 출판).

Mirkin, M. P. (1990). *The social and political contexts of family therapy.* Boston: Allyn & Bacon.

Mitchell, S. (1993). Hope and dread in pshchoanalysis. New York: Basic Books.

Pennebaker, J. W. (1990). Opening up: T*he healing power of confiding in others.* New York: Avon Books.

Monica McGoldrick, Randy Gerson, & Sylvia Shellenberger(2005). 이영분, 김유숙, 정혜정 공역. 가계도-사정과 개입. 학지사.

Morgan, E. (1986). 이야기치료란 무엇인가? (고미영 역. 원제: What is narrative therapy?). 서울: 청목출판사(원저 2000 출판).

Nakajima, S., Ito, M., Shirai, A., & Konishi, T. (2012). Complicated grief in those bereaved by violent death: The effects of post-traumatic stress disorder on complicated grief. *Dialogues in Clinical Neuroscience, 14*, 210-214.

Neimeyer, L.A. (2008). African Americans in bereavement: Grief as a function of ethnicity. *OMEGA, 57*, 173-193.

Neimeyer, R.A. (2001). *Meaning reconstruction and the experience of loss. Washington*, DC:

American Psychological Association.

Neimeyer, R.A., Harris, D.L., Winokuer, H.R., & Thornton, G.F. (2011). Grief and bereavement in contemporary society: Bridging research and practice. New York: Routledge.

Nigro, T. (2004 a). Multiple relationships in counseling: A survey of British Colombian counselors. *Canadian Journal of Counseling,* 38, 36-53.

Nigro, T. (2004 b). Counselors experiences with problematic multiple relationships. *Ethics and Behavior*, 14, 51-64.

Ober, A.M., Granello, D.H., & Wheaton, J.E. (2012). Grief counseling: An investigation of counselors' training, experience, and competencies. *Journal of Counseling & Development, 90*, 150-159.

Parkes, C.M., Laungani, P., & Young, W. (2015). *Death and bereavement across cultures*. New York: Routledge.

Phil Joyce & Charlotte Sills (2010). 박의순 역. 게슈탈트 상담과 심리치료 기법. 시그마프레스.

Pittman, F. (1987). T*urning points: Treating families in transition and crisis*. New York:Norton

Post-traumatic research group. (2019). What is PTG? Retrieved from https://ptgi.uncc.edu/what-is-ptg/

Robert Elliott, & Jeanne C. Watson, & Rhonda N. Goldman, & Leslie S. Greenberg. (2013). 신성만, 전명희,황혜리, 김혜정, 김현정, 이은경 공역. 정서중심치료의 이해. 학지사.

Russell, S., & Carrey, M. (2004). (Eds.) N*arrative therapy: Responding to your questions.* Adelaide, South Australia: Dulwich Centre Publications.

Satir, V., Banmen, J., Gerber, J., & Gomori, M. (1991). The Satir Model: *Family therapy and beyond*. Palo Alto, CA.: Science & Behavior Books, Inc.

Satir, V., John Banmen, Jane Gerber, Maria Gomori (2004). 한국 버지니아 사티어 연구회 역. 사티어 모델. 한국사티어연구소.

Satir, V., Satir. 나경임 역(2006). 아름다운가족. 창조문화사.

Seligman, M., and Darling, R. B. (1996). *Ordinary families, special children: A systems approach to childhood disability*, 2nd ed., New York: Guilford Press.

Snyder, D. K., & Wills, R. M. (1989). Behavioral versus insight oriented marital therapy: Effects on individual and interspousal functioning. *Journal of Consulting and Clinical Psychology,* 57, 39-46.

Shaver, P., & Clarke, C. L. (1994). The psychodynamics of adult romantic attachment. In J. Masling & R. Borstein (Eds.), *Empirical perspectives on object relations theory*(pp. 105-156). Washington, DC: American Psychological Association.

Shear, M.K. (2015). Complicated grief and its treatment. New York: The Center for Complicated Grief.

Sternberg, R. J., & Barnes, M. L. (1988). *The psychology of love*. New Haven, CT: Yale University Press.

Stroebe, M. & Schut, H. (1999). The dual process model of coping with bereavement: Rationale and description. *Death Studies, 23*, 197-224.

Stroebe, M., Schut, H., & Boerner, K. (2017). Cautioning health-care professionals: Bereaved persons are misguided through the stages of grief. *OMEGA, 74*, 455-473.

Susan M. Johnson (2006). 박성덕 역. 정서중심적 부부치료. 학지사.

Tedeschi, R. G., & Calhoun, L. G. (1996). The Posttraumatic Growth Inventory: Measuring the positive legacy of trauma. *Journal of Traumatic Stress, 9*, 455-472. doi:10.1002/jts.2490090305

Tedeschi, R. G., & Calhoun, L. G. (2004). Target article: 'Posttraumatic growth: Conceptual foundations and empirical evidence'. *Psychological Inquiry, 15*, 1-18. doi:10.1207/s15327965pli1501_01

Taylor, S. E. (2002). *The tending instinct.* New York : Times Books: Holt & Co.

Taylor, S. E. Cousino Klein, L., Lewis, B. P., Gruenewald, T., Regan, A., Gurung, R., & Updegraff, J. A. (2000). Biobehavioral responses to stress in females: Tend and befriend, not fight and conflict, *Psychological review,* 107, 411-429.

Uchino, B. J., Cacioppo, J., & Kiecolt-Glaser, J. (1996). The relationship between social support and psychological processes. *Psychological Bulletin,* 119. 488-531.

Walsh, F. (1993). Normal family processes, (2nd ed). New York: Guilford Press.

Walsh, F. (1999). Spirituality in families and family therapy. New York: Guilford Press.

Watzlawick, P., Weakland, J., & Fisch, R. (1974). Change: *Principles of Problem Formulation and Problem Resolution*. New York: W. W. Norton.

Welfel, Elizabeth. (2012). *Ethics in counseling & psychotherapy*. CA: Thomson Brooks/Cole.

Whisman, M. A. (1999). Marital dissatisfaction and psychiatric disorders: Results from the National Co-morbidity Study. *Journal of Abnormal Psychology*, 108, 701-706.

White, M., & Epston, D. (1990). *Narrative means to therapeutic ends*. NY: Norton.

White, M. (1998). Some notes by Michael White. In C. White & D. Denborough(Eds.). *Introducing narrative therapy:* A collection of practice-based papers. Adelaide, South Australia: Dulwich Centre Publications.

White, M. (2001b). 이야기치료. 한국가족치료학회 편. 한림대학교 사회복지대학원 제 31회 워크숍 자료집.

White, M. (2004). Narrative Therapy: Mapping narrative therapy. 한림대학교 사회복지 대학원 제48회 워크숍 자료집.

Wiener, N. (1948). Cybernetics. *Scientific American*, 179(5), 14-18.

Winnicut, D. W. (1986). *Object Relations and the Development of the Child*, In P. Buckly (Ed.), Essential Papers on Object Relations (pp.233-253). New York: New York University Press.

Woody, J. D. (1990). Resolving ethical concerns in clinical practice: Toward a pragmatic model. *Journal of Marital and Family Therapy*, 16, 133-150.

Woody, J. D., & Woody, R. H. (2001). In R. H. Woody & J. D. Woody(EDS.). *Ethics in marriage and family therapy(chapter 2)*. American Association for Marriage and Family Therapy.

Worden, J.W. (2009). *Grief counseling and grief therapy: A handbook for the mental health practitioner*(4th Ed.). New York: Springer.

〈참고 인터넷사이트〉

AAMFT Code of Ethics. 2021.

https;//www.aamft.org/Legal Ethics/Code of Ethics.aspx

ENRICH Korea http://www.enrichkorea.org

덜리치센터 http://www.dulwichcentre.com.au

마음사랑 https://maumsarang.kr

미국가족치료학회 http://www.afta.org

미국부부가족치료학회 자료실 http://www.familytherapynesoureces.net

심리치료네트워크 www.paychotherapynetworker.org

심리치료서비스 검색 http://www.therapistlocator.net

서울가정법원 http://slfamily.scourt.go.kr

아동권리보장원 https://www.ncrc.or.kr

애커머가족연구소 http://www.ackerman.org

애반스톤가족치료센터 http://www.dftc.info

여성가족부 http://www.mogef.go.kr

정신건강연구소 http://www.mri.org

조지타운가족센터 http://www.georgetownfamily.org

필라델피아아동지도클리닉 http://www.phillafamily.com

한국가족관계학회 http://www.kafr.or.kr

한국가족치료학회 http://www.familytherapy.or.kr

한국단기가족치료연구소 http://www.brieftherapy.kr

한국사티어연구소 http://www.familycounseling.co.kr

한국상담학회 http://counselors.or.kr

한국상담심리학회 http://www.krcpa.or.kr

해바라기센터 https://www.sunflowercenter.or.kr

[찾아보기]

[인명]

[내용]

[기타]

저자약력

김지영

숙명여대 일반대학원 교육학과 박사 수료(상담, 생활지도)
가트맨 부부치료사, 청소년 상담사, 임상심리사, 상담심리사, 사회복지사
전) 한불화장품(주) CS 상담실장
　진로 · 진학 상담교사
　서울시교육청 진로코디네이터
　서울시 건강가정지원센터 전문상담사
　서울시 청소년상담복지센터 청소년상담사
　경민대학교, 대전대학교 출강
　굿네이버스 아동보호전문기관 부모교육전문가
　우물가부부클리닉, 움심리상담센터, 라온부부가족상담센터 부부가족상담사
현) 우리들부부가족상담센터장
　서울가정법원 진단전문가, 소년위탁보호위원
　위더스평생교육원 교수
수상) 국민 아이디어 공모전 국무총리상(2011)
　교원 자유학기제 아이디어 공모전 교육부장관상(2013)
저서) "진로상담과 직업" (2014), "나는 매일 희망을 보면서 행복하다" (2012)

박선영

숙명여자대학교 일반대학원 교육학과 박사수료(상담 · 생활지도)
국제공인 NLP Trainer심리치료사(NLP Univ. of USA)
사) 한국상담학회 (진로분과)총무 역임
사) 한국상담학회 1급전문상담사(No571, 수련감독)
전) 강원랜드 직원행복 힐링 센터장
　국립 강원대학교 출강, 한림성심대학교 외래교수
　국립 한국방송통신대학교(강원지역대학) 출강
현) 월드미션대학교(LA)겸임교수
　강원특별자치도 교육청 질환교원 심의위원회 위원
　춘천지방법원 가사상담위원
　춘천 참사랑내과의원 부설 심리상담 센터장
수상) 강원도 춘천 교육청 교육장 공로패(2005)
　사) 한국상담학회 표창장(2019)
저서) "진로상담과 직업" (2014)

[3판]
가족상담 및 가족치료

1판 1쇄 인쇄 — 2017년 8월 30일
2판 1쇄 발행 — 2022년 2월 25일
3판 1쇄 발행 — 2025년 2월 28일

저　　자 - 김지영 · 박선영
발 행 인 - 강철원
발 행 처 - 양성원
주　　소 - 경기도 파주시 검산로 173번길 29-12
전　　화 - 031-946-3861(代)
팩　　스 - 031-946-3864
이 메 일 - tnwpub@naver.com
홈페이지 - tnwpub.co.kr
출판등록 - 2015년 8월 31일 제 2015-000211 호

ISBN 979-11-6126-615-2

정가 23,000원

※ 저자와 협의하여 인지는 생략합니다.